DESTINATIONS, CONSEILS, INFOS PRATIQUES

VOYAGER
AVEC SES ENFANTS

LA BIBLE DES PARENTS VOYAGEURS

⤳ CONTRIBUTEURS

SOPHIE CAUPEIL

Iconographe de profession, voyageuse de cœur, Sophie a commencé par un voyage de Paris à Bombay en voiture pour ses 4 ans. Depuis, elle a fait un tour du monde avec son mari et leurs enfants, Gaspard et Elvire, aujourd'hui 15 et 6 ans, de l'Afrique au Sri Lanka en passant par Madagascar, le Mexique ou le Cambodge. Depuis son retour, elle part le plus souvent possible à l'autre bout de la planète, toujours en famille, avec une prédilection pour l'Inde. En véritable experte, elle a écrit les pages pratiques de ce livre qui donnent toutes les clefs pour préparer son départ, voyager en toute quiétude, et aménager son retour. Elle est aussi l'auteur des pages consacrées au camping, au désert et au voyage en bateau. Sophie tient à remercier Claire Lienart, Manuelle et Colette Delaitte, Anne Labretenière, David Lelait, Nadège Tricot, Gérard et Martine Legoubin, Édouard, Gaspard et Elvire.

JEAN-BERNARD CARILLET

Auteur de dizaines de guides Lonely Planet, Jean-Bernard est parti avec sa fille en Polynésie alors qu'elle n'avait que quelques semaines. Depuis, il n'a de cesse de vouloir lui faire découvrir de nouveaux horizons, du Moyen-Orient à la Nouvelle-Calédonie ou aux pays baltes. Globe-trotter hors pair, il sait rendre l'aventure accessible à tous, qu'elle soit sportive ou culturelle. Pour ce guide, il a notamment rédigé les pages thématiques sur la plongée en famille et le safari ainsi que les introductions consacrées à l'Afrique, au Moyen-Orient et au Pacifique.

SANDRINE GALLOTTA

Du Sri Lanka au Mexique, Sandrine a sillonné la planète avant de devenir éditrice et auteur d'ouvrages consacrés aux voyages. Depuis, elle rêve de faire découvrir le monde à sa petite fille. Elle a participé à la rédaction de nombreuses pages de la section *Pays par pays*.

JONATHAN TARTOUR

Grand voyageur à pied, passionné de randonnée, Jonathan n'a pas attendu leur adolescence pour entraîner sa fille et ses deux garçons sur les sentiers de marche à l'étranger. Une façon originale de se retrouver en famille pour découvrir la nature, parfois à l'autre bout du monde. Il nous distille ses conseils dans un texte consacré à la randonnée itinérante.

AUTRES CONTRIBUTIONS

Ce livre est aussi le fruit de l'expertise de nombreux collaborateurs de Lonely Planet. Un grand merci pour leur aide à Marie Barriet-Savev, Cécile Bertolissio, Françoise Blondel, Dominique Bovet, Jean-Bernard Carillet, Sophie Caupeil, Muriel Chalandre, Olivier Cirendini, Christophe Corbel, Régis Couturier, Philippe Cramer, Emmanuel Drogue, Christophe Escudero, Didier Férat, Thomas Fitzsimons, Sandrine Gallotta, Émeline Gontier, Carole Haché, Évelyne Haumesser, Bénédicte Houdré, Carole Huon, Sophie Lajeunesse, Élisabeth Lau, Dominique Lavigne, Julie Marcot, Alice Martin, au Dr Ménager (pédiatre à l'Institut Pasteur de Paris), à Dolorès Mora, Frédérique Sarfati-Romano, Dominique Spaety, Juliette Stephens, Riina Subra, Karine Thuillier, Marie Thureau, Barbara Vernet.

SOMMAIRE

PRÉFACE

Les voyages font grandir. La curiosité, l'horizon, les rêves. Les enfants aussi. Alors pourquoi ne pas franchir le pas et partir en famille ? Que l'on soit apprenti voyageur ou ancien baroudeur, pourquoi faudrait-il rester sagement dans les frontières de l'Hegaxone lorsque l'enfant paraît ?

Voyager avec ses enfants, c'est l'assurance de vivre tous ensemble une aventure hors du commun, une vraie respiration dans votre quotidien. Quoi de plus excitant que de découvrir ensemble le Taj Mahal, aussi scintillant qu'un palais tout droit sorti des livres d'images ? Que d'aller voir de plus près le pays des mangas ? Ou d'imaginer les courses de chars romains sur les lieux mêmes où elles se sont déroulées ? Sur une plage seychelloise peuplée de tortues, sur les routes américaines ou dans la jungle de Tarzan au Costa Rica, bébés, petits ou ados sauront s'adapter bien plus que vous ne l'imaginez. Votre voyage à vous aussi sera transformé : l'accueil sera plus chaleureux, le regard des habitants modifié. De la préparation au retour, le voyage fédérera petits et grands.

Pourtant, bien des angoisses s'acharnent à dessiner des frontières infranchissables : comment choisir sa destination et son mode de transport, comment préparer ses bagages pour affronter un climat différent, ou surmonter sa peur des maladies "exotiques". Le petit dernier supportera-t-il les 24 heures d'avion pour aller voir les kangourous australiens ? L'aînée pourra-t-elle se gaver de fruits sans attraper de vilaines amibes ? Pourrez-vous pratiquer la plongée si vos bambins vous accompagnent ? Ces apparents obstacles sont loin d'être insurmontables, même si emmener sa tribu à l'autre bout du monde demande un certain savoir-faire. La première section de ce livre vous distille conseils et astuces pour en acquérir les bases et éviter les galères.

Quel congé scolaire pour quelle région du monde ? Quel est le décalage horaire, le nombre d'heures de vol ? Que va-t-on trouver pour les nourrir correctement ? Quel livre pourront-ils lire pendant le voyage ? Comment les intéresser de façon ludique à ce qui vous passionne vous ? Autant de questions auxquelles la deuxième partie de l'ouvrage tente de répondre, pays par pays. Activités spécifiques, centres d'intérêt, confort, santé, précautions à prendre… chaque destination est passée au crible pour que vous puissiez choisir en toute connaissance de cause et partir serein. Parce que randonner plusieurs jours au Maroc, ce n'est pas la même chose que d'aller voir les dauphins en Floride ou jouer les explorateurs en Amazonie, ce guide vous donne les pistes à suivre. À vous d'opter ensuite pour le pays qui ravira le jeune garçon remuant, la petite fille aux rêves de princesse ou l'ado féru de sport. Une fois sur place, la joie de les voir s'émerveiller et de s'embarquer dans cette douce aventure laissera vos appréhensions sur le bord de la route. Restera le plaisir de partager ensemble des expériences inoubliables. Mieux que des souvenirs, vous léguerez à vos enfants le goût du voyage. Ils vous en seront éternellement reconnaissants.

→DE L'ART DE BIEN VOYAGER EN FAMILLE

PRÉPARER SON DÉPART

CHOISIR LA DESTINATION… EN FAMILLE !

Partir à l'étranger, oui ! Mais où ? Discutez-en avec vos enfants, parlez-leur des différents pays envisagés, attisez leur curiosité en empruntant des guides et des livres sur la destination à la bibliothèque. Tenez compte de leurs envies et des types de voyage possibles selon leurs **âges** (voir le chapitre *Sur mesure* p. 40). Réfléchissez aussi aux contraintes d'un éventuel **décalage horaire** sur la durée du séjour. Quand le décalage est important (+ de 4 fuseaux), il faut un temps d'adaptation à l'aller comme au retour, surtout pour les enfants : une semaine, c'est trop court ; au retour, prévoyez deux ou trois jours pour que vos enfants reprennent leur rythme avant la rentrée à l'école. Le **coût** du voyage entre aussi en ligne de compte, mais renseignez-vous bien sur les tarifs : parfois, le billet d'avion est un peu cher, mais la vie sur place est si peu onéreuse que 15 jours de dépaysement au bout du monde et de souvenirs inoubliables vous coûteront le même prix qu'une semaine au ski. Pensez à la montagne en été, aux possibilités de camping en Europe… En faisant preuve d'un peu d'imagination, il est quasi toujours possible de concilier ses moyens et ses envies. Enfin, ne vous angoissez pas : un voyage à l'étranger n'est pas synonyme de danger, même si, bien sûr, quelques **précautions** s'imposent – souvent le bon sens est la meilleure des préventions ! Partout dans le monde, vos enfants seront chaleureusement accueillis, et vous ne serez plus des touristes mais une famille rencontrant d'autres familles, ce qui est l'une des plus belles façons de partir à la rencontre d'un pays. Vos enfants vont adorer ! Et vous aussi.

L'Ouest américain, une destination familiale par excellence

LES FORMALITÉS

Avant de partir, assurez-vous que tous vos **papiers** sont à jour. Chacun doit disposer de son propre **passeport**, car il n'est désormais plus possible de faire inscrire les enfants sur celui des parents. Toutefois, un passeport d'adulte (ancien modèle) où figurent déjà des enfants de moins de 15 ans reste valable jusqu'à la date de son expiration, sauf pour les États-Unis. Certains pays demandent un passeport valide 6 mois après la date de retour prévue, ce qui nécessite parfois de refaire ce document même s'il est encore valable pour la durée du voyage. La demande se fait à la préfecture de votre choix. Les enfants doivent être présents au dépôt et au retrait. Il vous en coûtera 20 euros pour les moins de 15 ans et 45 euros jusqu'à 18 ans, pour une validité de 5 ans. Les délais étant très variables, mieux vaut s'y prendre bien à l'avance. La **carte d'identité**, qui permet de voyager dans les pays de l'Union européenne, est gratuite, mais elle exige les mêmes démarches que le passeport.

Les autorités douanières peuvent exiger un document prouvant que l'accompagnant est bien le parent (livret de famille ou acte de naissance par exemple). Si l'enfant voyage avec d'autres adultes que ses parents, une **autorisation de sortie de territoire** est nécessaire. Les demandes se font à la préfecture et elles sont gratuites.

Si la destination choisie nécessite l'acquisition d'un **visa**, il vous en faut un par personne et cela peut représenter un vrai budget. Si vous disposez encore d'un passeport où figurent vos enfants, faites-les inscrire sur le visa, sans quoi ils ne rentreront pas dans le pays.

N'oubliez pas de faire la demande de **carte de sécurité sociale européenne** si vous partez en Europe. Selon le pays, elle vous permet de ne pas faire l'avance des frais médicaux ou d'être remboursé par l'organisme de sécurité sociale du pays sans attendre votre retour. Il faut en faire la demande pour chaque membre de la famille au moins 2 semaines avant le départ, et elle est valable un an.

Si la destination requiert des vaccins obligatoires, le centre de vaccination vous remettra un **carnet de vaccination international**, qui doit vous accompagner durant le voyage.

Vous pouvez conduire sans restrictions dans tous les pays de l'Union européenne et de l'Espace économique européen avec votre permis national en cours de validité. En revanche, le **permis international** est obligatoire pour conduire dans certains autres pays. Il se demande en préfecture, est gratuit et reste valable 3 ans.

Avant de partir, faites des **photocopies** des papiers importants que vous répartirez dans vos bagages (prenez quelques photos d'identité en plus). Photocopiez également les pages importantes du carnet de santé de vos enfants. Notez les numéros de vos papiers (passeport, visa, sécu, assurance…) dans un petit carnet à conserver sur vous pour éviter d'avoir à sortir systématiquement les documents de la famille.

Lorsqu'on part en voyage, il est impératif de souscrire à une **assurance maladie** qui prend en charge les frais médicaux occasionnés sur place et le rapatriement sanitaire. Vous pouvez la contracter auprès d'une agence de voyages, d'une compagnie d'assurance ou d'une banque. Vérifiez bien que le contrat assure toute la famille et que votre pays de destination est couvert ; pointez les prestations auxquelles vous avez droit et celles auxquelles vous n'avez pas droit.

Si vous possédez une **carte de crédit internationale** (Visa®, EuroCard® ou MasterCard®), vous bénéficiez automatiquement d'une assurance médicale et d'une assistance rapatriement qui couvrent généralement tous les membres de la famille : elles ne sont valables que pour les voyages de moins de 90 jours consécutifs et si vous réglez vos billets d'avion ou le séjour avec ce moyen de paiement. Les cartes les plus haut de gamme incluent aussi des assurances annulation, bagages, automobile, neige, vol et perte… Informez-vous auprès de votre banque sur les assurances dont vous bénéficiez grâce à votre carte bancaire et vérifiez aussi les exclusions de votre contrat.

Le site officiel de l'administration française, www. service-public.fr, fournit tous les renseignements sur les papiers d'identité et le remboursement des soins à l'étranger.

PRÉVOIR LES BOBOS
Un check-up avant de partir

Prévoyez un, voire deux mois avant le départ, de faire le **point sur les vaccins** et rappels inscrits sur le calendrier vaccinal de vos enfants (tétanos, poliomyélite, diphtérie, coqueluche), établir si des vaccins supplémentaires sont nécessaires pour ce voyage (voir le tableau p. 10) et si un traitement prophylactique contre le paludisme (voir p. 12) se justifie.

Un pédiatre ou un médecin **spécialiste de la médecine du voyage** saura vous guider pour protéger au mieux votre enfant suivant les périodes et les régions visitées. Il vous fournira une ordonnance pour préparer une trousse à pharmacie adaptée à la destination, mais aussi des informations sur les maladies endémiques et l'état des services de santé sur place.

Il vous recommandera certains vaccins en plus des éventuels vaccins obligatoires : ces vaccinations peuvent être onéreuses et contraignantes, comme celle contre la rage. Cette consultation sur mesure, complémentaire de la visite chez votre pédiatre habituel, est remboursée au tarif de la sécurité sociale. L'obtention du rendez-vous est facile et rapide. Jumelez ce rendez-vous avec les vaccins à faire pour toute la famille, c'est souvent dans les mêmes locaux.

Pour certaines destinations, la vaccination contre la fièvre jaune (anti-amarile) est obligatoire pour pénétrer dans le pays. Ce vaccin (comme celui contre l'encéphalite japonaise et le vaccin anti-méningococcique) doit être administré dans un **centre de vaccination agréé**. En France, on vaccine de moins en moins les bébés contre le BCG, qui n'est plus obligatoire, mais la vaccination est recommandée pour

Un antidiarrhéique : indispensable lorsqu'on voyage loin

nombre de destinations où sévit encore la tuberculose. La vaccination contre l'hépatite A est préconisée pour quasi toutes les destinations tropicales, l'Europe de l'Est et la Russie. Les vaccins contre la typhoïde et la méningite sont également recommandés pour des régions bien précises.

Attention également aux petites misères liées aux **dents** ! Une visite chez le dentiste avant le voyage permet de se mettre à l'abri de nombreuses mauvaises surprises. Mais prenez rendez-vous bien à l'avance. Si l'enfant a une carie, il faut le temps de la traiter. Demandez aussi à votre dentiste de faire une ordonnance en cas de problèmes infectieux. De plus, l'avion, l'altitude et le stress déclenchent parfois des douleurs assez désagréables et il est difficile de consulter à l'aveuglette dans un pays étranger. Dans certains pays, le matériel n'est pas toujours bien désinfecté…

Si votre enfant porte un **appareil dentaire**, prévenez son orthodontiste de son voyage. Faites la trousse avec votre enfant pour ne rien oublier (élastiques, etc.) et mettez-en dans votre sac au cas où votre ado oublierait son matériel sur le bord du lavabo…

Pour les enfants qui portent des **lunettes**, emportez deux paires de lunettes dans des étuis solides et une ordonnance au cas où… Un peu partout dans le monde, de très bons opticiens vous feront des lunettes en un temps record, même là où l'on s'y attend le moins. Pour vos ados, mieux vaut éviter les lentilles de contact dans les pays chauds et secs. Dans tous les cas, s'ils en portent, il faut impérativement les enlever pendant le vol en avion pour éviter des lésions de la cornée et emporter un collyre hydratant compatible avec le port des lentilles.

Problèmes spécifiques

Si votre enfant souffre d'**allergies** et que vous partez dans un pays étranger dont vous ne parlez pas la langue, préparez un petit carnet avec des images

LE POINT SUR LES VACCINS

Maladie	Âge de vaccination	Administration	Rappels
Fièvre jaune (anti-amarile)	Dès 9 mois (6 mois en cas de circonstances épidémiologiques particulières)	⟩ 1 injection : au minimum 10 jours avant le départ ⟩ Validité : 10 ans	Revaccination : valable le jour même si l'injection de rappel a lieu avant l'expiration du délai de 10 ans
Encéphalite à tiques	Dès 1 ans	⟩ 2 injections à 1 mois d'intervalle ⟩ 1 troisième injection 5 à 12 mois plus tard ⟩ Validité : 5 ans	5 ans après la dernière injection, puis tous les 5 ans
Méningite à méningocoques	Dès 2 mois	⟩ 1 injection 10 à 15 jours avant le départ ⟩ Validité : 3 ans	
Hépatite A	Dès 1 an	⟩ 1 injection 2 à 3 semaines avant le départ ⟩ Validité : 10 ans	6 à 12 mois plus tard, puis tous les 10 ans
Typhoïde	Dès 2 ans	⟩ 1 injection 15 jours avant le départ ⟩ Validité : 3 ans	
Rage	Dès l'âge de la marche	⟩ 1 injection à J0 ⟩ 2e injection à J+7 ⟩ 3e injection à J+21 ou J+28 jours	1 an plus tard, puis tous les 5 ans

Le soleil : attention danger !

Si l'accident se révèle trop handicapant, faites marcher votre assurance pour repousser votre voyage.

Précautions liées au climat et à l'environnement

Si agréable soit-il, le **soleil** est un vrai danger pour les enfants. Ne les exposez pas directement aux rayons du soleil et, en particulier, évitez la plage entre 12h et 16h. Prévoyez toujours un chapeau, des vêtements de coton et surtout de la crème solaire à fort indice achetée avant de partir. N'oubliez pas les lunettes de soleil de bonne qualité (même pour un bébé), avec un étui de protection et un cordon pour les plus petits. Si vous vous baignez en plein soleil, faites porter un tee-shirt à votre enfant.

À la montagne, et dans toutes les régions situées en **altitude**, pensez que la réverbération est très forte et que les mêmes précautions s'imposent. L'altitude est à déconseiller avant 1 an (1 200 m max.) ; mieux vaut ne pas dépasser les 2 000 mètres jusqu'à 2 ans, 2 500 mètres entre 2 et 5 ans, et 3 000 mètres entre 5 à 10 ans. On estime qu'à partir de 10 ans, un enfant peut suivre ses parents partout. Pensez à bien couvrir les plus petits pour les balades en montagne, où le climat peut être très changeant. Il existe de petites chaufferettes jetables ou réutilisables à glisser dans la combinaison : faciles à utiliser, elles sont utiles en cas de refroidissement ou simplement pour

découpées et collées d'ingrédients auxquels il est allergique. Il sera ainsi plus facile de savoir si le plat commandé en comprend ou non. Une allergie n'est pas un obstacle au voyage. Mais il faut emporter le traitement préventif habituel.

Pour les **problèmes menstruels** de votre fille, soyez prévoyants. On trouve des protections hygiéniques presque partout dans le monde, mais parfois de mauvaise qualité. On déniche moins facilement des tampons. Attention aux décalages horaires qui peuvent modifier le rythme habituel du cycle.

Que faire en cas d'handicap passager ? Si votre enfant se casse un membre avant le départ, il faut voir avec le pédiatre ou le médecin qui l'a suivi comment gérer la situation. Plusieurs problèmes se posent : la mobilité, l'autonomie, la chaleur, la baignade… Si l'enfant est plâtré, votre médecin peut enlever le plâtre un peu plus tôt que prévu ou bien le remplacer par un plus petit, par une attelle amovible… Il faut bien peser le pour et le contre, revoir éventuellement son itinéraire et en parler avec son enfant. Ne pas oublier d'emporter l'ordonnance pour soulager la douleur, ainsi qu'un mot du médecin expliquant la blessure.

CENTRES DE VACCINATION

La liste complète des **centres de vaccination internationale** par département est visible sur le site du ministère de la Santé : www.sante-sports.gouv.fr

Quelques coordonnées :

Institut Pasteur de Paris :
209-211 rue Vaugirard, 75015
Serveur d'information vocal : 0890 710 811 ;
consultations sur rendez-vous : 01 40 61 38 62

Institut Pasteur de Lille :
1 rue du Professeur-Calmette, 59000
Consultations : 03 20 87 78 00

Centre de vaccination international Air France :
148 rue de l'Université, 75007 Paris
Tél. : 01 43 17 22 00, centredevaccination-airfrance-paris.com

se réchauffer. Il en existe même à placer entre la chaussette et la chaussure pour réchauffer les petits pieds (les chauffe-mains à combustible sont déconseillés aux enfants).

Prévention du paludisme

Le paludisme, aussi appelé **malaria**, est la première maladie infectieuse mondiale. Elle touche principalement l'Afrique, l'Asie et l'Amérique latine. Le traitement n'empêche pas l'infection à 100%, mais, associé à des mesures de protection, le risque de transmission devient alors vraiment très limité. La maladie est transmise à l'homme par les piqûres de moustiques femelles du genre Anophèle qui ont besoin de sang pour la production de leurs œufs. Les moustiques se développent dès qu'il y a présence d'eau (mais jamais au-dessus de 1 500 mètres), et c'est principalement au coucher et au lever du soleil qu'il faut les redouter. Lorsque vous partez dans les zones impaludées (classées de 1 à 3), il faut à la fois se protéger physiquement des moustiques et prendre un traitement antipaludéen approprié (chimio prophylaxie).

Sans piqûre de moustiques, pas de paludisme : la **lutte contre les moustiques** est donc essentielle. Mettez des vêtements couvrants à vos enfants, même dans les pays très chauds : une chemise, un pantalon en voile de coton avant la tombée de la nuit. Prévoyez des répulsifs adaptés, il en existe pour les enfants à partir de 24 mois. On peut imprégner les vêtements et pyjamas avant de partir : 2 kg de vêtements par flacon protègeront pendant 2 mois avec 5 lavages et un repassage à 40°C. Si vous prenez une moustiquaire avec vous, imprégnez-là aussi (le produit est alors efficace 6 mois). Si vous comptez en acheter une sur place, renseignez-vous pour savoir si vous trouverez du produit pour l'imprégner ou si vous trouverez des moustiquaires déjà imprégnées. Avec un enfant de moins de 24 mois, redoublez de vigilance. Couchez-le tôt, toujours sous une moustiquaire. Les petits lits qui se plient façon pop-up dotés d'une moustiquaire sont très pratiques. Vous pouvez emmener en plus une prise avec des tablettes (pensez aux adaptateurs dans certains pays), ça reste efficace. Sachez aussi que la climatisation éloigne les moustiques mais pas le ventilateur. Les huiles essentielles de citronnelles que l'on trouve sur place peuvent être pratiques en complément, vaporisées sur les vêtements le soir ; mais attention, elles sont allergisantes.

Concernant le traitement, tout dépend du pays et, parfois, de la zone visitée à l'intérieur de celui-ci. Le traitement ne peut être délivré que par un médecin qui, selon la région visitée, les conditions de séjour, la saison, etc. saura prescrire la bonne molécule suivant l'âge et les éventuels antécédents. Les médicaments contre le palu coûtent très chers : c'est un vrai budget car, pour la plupart, ils ne sont pas remboursés par la sécurité sociale. Le traitement consiste en la prise de comprimés qui doivent être ingérés pendant les repas. On peut écraser le comprimé et le mettre dans de l'eau, du lait, un yaourt, du miel de la confiture, car les enfants ont parfois du mal à l'avaler. On commence généralement le traitement la veille du départ (à l'exception du Lariam® dont la prise débute 10 jours avant) et on l'arrête après le retour (entre 7 et 30 jours).

La trousse à pharmacie

Mieux vaut prévenir que guérir ! Ne vous encombrez pas de choses inutiles, mais ne lésinez pas sur l'essentiel.

En plus des médicaments spécifiques au pays visité que le médecin traitant vous aura prescrits, prenez les **médicaments adaptés aux points faibles de votre enfant**. On ne pense pas aux bronchites sur une plage tropicale, mais si votre enfant est fragile des bronches, l'avion ou une climatisation un peu forte pourrait bien lui en déclencher. N'oubliez pas de prendre son traitement habituel.

Le paracétamol (Doliprane®, Efferalgan®, etc.) et l'ibuprofène (Advil®, Nureflex®, etc.) sont incontournables en cas de fièvre. L'aspirine ne doit jamais être utilisé dans un pays où sévit la dengue (maladie transmise par certains moustiques), car elle favorise dans ce cas les hémorragies.

Si votre enfant suit un traitement régulier, n'oubliez pas de demander une **ordonnance en dénomination commune internationale** (qui indique la substance active et non un nom commercial) que vous garderez toujours avec vous.

Organisez bien votre **trousse à pharmacie**, quitte à en faire plusieurs pour vous y retrouver. Faites deux sachets, un pour adulte et un pour enfants regroupés dans un même endroit, puis une autre trousse pour les produits d'usage courant : désinfectant, pansements… Vous pouvez aussi glisser ces derniers dans votre trousse de toilette. Le mieux est même d'avoir une minitrousse dans son sac à main avec du paracétamol, des pansements, des lingettes antiseptiques, une dose d'éosine, du désinfectant, un minigel hydroalcoolique, de l'arnica… et de la recharger de temps en temps. Si votre trousse est trop encombrante, enlevez tous les emballages en prenant bien soin de garder les notices et attachez les plaquettes de même type avec des élastiques. Faites un petit carnet avec toutes les notices collées, et conservez-le en lieu sûr. Si le médecin prescrit un sirop, transvasez le liquide dans un flacon du style de ceux que l'on achète pour mettre des doses de shampooing ou autre, sans oublier de marquer le nom dessus, de prendre la pipette et la notice. Idem pour les crèmes qu'il est judicieux de mettre dans des petits pots pour que les tubes ne s'écrasent pas dans le sac à dos.

Les **suppositoires** sont pratiques pour la fièvre chez les enfants en bas âge, mais pas toujours adaptés aux pays chauds. Conservez-les dans un petit sachet (en prenant soin d'emporter la notice) et, 5 minutes avant l'administration, mettez le suppositoire avec son emballage dans de l'eau très froide, ce qui le raffermit suffisamment pour pouvoir l'utiliser. Il existe des trousses médicales sur mesure, avec des modules vendus séparément pour s'adapter au type de séjour, le tout accompagné d'un descriptif et d'un mode d'emploi simple. Pour des voyages dans des pays où les conditions sanitaires des hôpitaux ne sont pas garanties, il existe même des trousses de

LES MÉDICAMENTS DE BASE À EMPORTER

> Médicament contre la douleur et la fièvre en présentation pédiatrique (paracétamol, aspirine, ibuprofène)
> Sérum physiologique (en dose individuelle)
> Éosine (en dose individuelle)
> Crème pour l'érythème fessier (type Mytosil®)
> Crème pour les brûlures (type Biafine®)
> Désinfectant cutané (Biseptine®)
> Baume à l'arnica ou Hemoclar® (ecchymoses)
> Médicament contre le mal des transports (sans ordonnance mais si possible conseillé par le médecin)
> Un antivomitif (type Primperan®)
> Antibiotique à spectre large (type amoxicilline) prescrit par votre médecin
> Soluté de réhydratation orale
> Antidiarrhéique (Tiorfan®, Imodium®)
> Collyre (en unidose)
> Crème apaisante pour calmer les piqûres d'insectes
> Traitement antipaludéen et sprays antimoustiques si vous partez dans une zone à risque

matériel chirurgical stérile que l'on pourra présenter au personnel soignant.

Voyager avec un enfant handicapé

Si l'enfant utilise un **fauteuil roulant**, évitez les coussins en mousse qui favorisent les escarres en cas de chaleur. Le latex est préférable, il permet d'absorber la transpiration. Un morceau de peau de mouton apportera un vrai confort à l'enfant (chaleur en hiver, fraîcheur en été). Emportez le nécessaire pour pouvoir regonfler les roues du fauteuil et n'oubliez pas une petite trousse à outils pour faire les réparations. Sur place, n'hésitez pas à vous adresser à un garagiste ou à un réparateur de bicyclettes qui vous aidera sûrement en cas de problème.

En voyage, le problème quotidien reste les **toilettes**. Un pistolet de petite taille en plastique évitera bien des soucis.

Pensez à emporter en double les **ordonnances en dénomination commune internationale** si votre enfant a besoin d'un traitement médical régulier. Un mot en anglais du médecin ou bien de l'hôpital qui suit l'enfant seront bien utiles pour indiquer les contre-indications et autres… En cas de pépin, contactez le consulat ou l'ambassade de votre pays dans le pays visité.

Pour des informations générales, contactez l'Association des paralysés de France (APF, 17 bd Auguste-Blanqui, 75013 Paris, 01 40 78 69 00, http://www.apf.asso.fr).

Des sites utiles, bourrés d'informations pour préparer son voyage :

> **www.yanous.com :** présentation de destinations avec des listes d'adresses et d'activités adaptées (rubrique Pratique, dans les archives de la sous-rubrique Tourisme-Voyages).

> **http://handivoyages.free.fr :** cette association aide à organiser le voyage. Son site propose de nombreux liens intéressants, notamment vers des sites recensant les bonnes adresses adaptées à l'étranger.

> **roulards-sans-frontieres.blog4ever.com :** plein de renseignement et 5 guides de voyages pour personne handicapée à télécharger (New York, Helsinki, Stockholm, Chypre, Malte).

PARAMÉDICAL : LES INDISPENSABLES

> Un thermomètre médical incassable
> Des compresses stériles
> Des bandes adhésives (type Sparadrap® ou Micropore®)
> Des pansements auto-adhésifs (type Tricostéril®) et des sutures adhésives (type Stéristip®)
> Des pansements pour les ampoules (type Compeel® ou Compeed®)
> Une bande
> De la crème solaire protection enfant
> Ciseaux, coupe-ongles, pinces à épiler pour les échardes (placez-les en soute), brosse à ongles
> Savon de Marseille (pour nettoyer les plaies)
> Solution hydro-alcoolique (pour se laver et désinfecter les mains en toute situation)
> Bain de bouche antiseptique
> Comprimés d'Aquatabs® ou Micropur® forte pour désinfecter l'eau si vous partez dans un pays à risque
> Seringues à usage unique (histoire d'avoir du matériel stérile en cas d'injection)

SAVOIR PRÉPARER LES BAGAGES
Valise, sac de voyage ou sac à dos ?

Elle est belle la valise à roulettes ! Idéale pour circuler dans un aéroport ou sur un trottoir bien lisse. Mais on déchante souvent très vite une fois arrivé à destination… Bien sûr, tout dépend des conditions de voyage. Si vous séjournez de manière fixe à l'hôtel, celle-ci convient très bien. Quant au sac de voyage, il vous semblera bien malcommode (et bien lourd) lorsque vous devrez tenir un petit par la main ou porter un petit bout de choux fatigué.

Si vous n'êtes pas adepte du **sac à dos**, sachez qu'il en existe de toutes sortes. Il est important de passer du temps dans les boutiques spécialisées et de choisir son sac en fonction de sa taille et de la courbe de son dos. Il existe même des sacs spéciaux pour les enfants et pour les femmes. Une bonne alternative au sac à dos ou au sac de voyage : le sac valise. C'est un sac à dos qui a l'avantage de s'ouvrir par le dessus une fois posé à plat. Beaucoup plus pratique d'utilisation. Les bretelles se rangent pour les trajets en avion et le maintien n'est pas trop mauvais. Privilégiez les sacs imperméables et n'oubliez pas les cadenas pour les fermer.

Il y a une astuce pour l'**organisation** de vos bagages pour les voyages en famille : les Sacansacs ! Ce sont des pochettes carrées en coton ou polyamide qui peuvent s'empiler dans le sac, les valises, et qui s'ouvrent par le dessus. Elles existent en différentes épaisseurs et dimensions (30 x 30 cm ou 40 x 30 cm…). On peut les choisir de différentes couleurs et en attribuer un pour chacun. C'est plus facile ainsi de repérer les médicaments, les habits des enfants et les affaires personnelles.

Bien choisir les vêtements

Préparez vos bagages à l'avance, ça vous aidera à penser à tout.

Si vous partez dans des **pays chauds**, n'en emportez pas trop. Les enfants passeront leur temps en short et tee-shirt, et les vêtements seront secs en 2 minutes après lavage. On trouve toujours des tenues très chouettes pour habiller les enfants partout dans le monde. Préférez toujours les matières naturelles comme le coton.

Pour les **pays froids**, vous serez obligé de vous charger un peu plus, mais là aussi les vêtements adaptés sont souvent moins chers dans les pays aux climats rudes. Mieux vaut en tous cas privilégier l'habillage par couches que la collection de gros pulls qui prennent de la place et qui tiennent vite chaud dès qu'on pénètre dans un lieu chauffé.

Important : les **chaussures** ! Ne partez surtout pas avec une paire neuve que l'enfant n'a jamais portée, surtout pour des chaussures de marche. Si vous partez au soleil en plein hiver, mettez-lui à la maison avant de partir : une tong mal faite peut blesser le pied, autant s'en rendre compte avant ! Si vous comptez beaucoup marcher, choisissez pour l'enfant une chaussure pas trop lourde et montante, en toile ou en cuir (une chaussure étanche s'impose pour les zones humides). Pour la montagne, investissez dans une bonne paire de chaussures spécialisées. Pour la mer, n'oubliez pas la paire de méduses (sandales en plastique), indispensable pour se protéger des coraux et des oursins.

Le porte-bébé fait parfois office de sac à dos

Le kit du voyage en famille

Il suffit parfois de quelques objets pour vous simplifier un voyage :

> Une lampe électrique, petite et efficace avec un petit stock de piles (pas de piles carrées, difficiles à trouver)
> Un réveil, pour ne pas rater les avions et les bus
> Un jeu de cartes
> Un jeu de dés
> Des crayons de couleurs et des petits carnets
> Une boîte de gouaches, il en existe de toutes petites qui durent des années
> Un appareil photo
> Un petit enregistreur pour capter les sons locaux, les réflexions des enfants…
> Une trousse de couture
> Un "sac à viande" à la taille de l'enfant pour être sûr qu'il dorme toujours dans des draps propres (faites-le vous-même avec 2 draps simples ou un grand drap en coton léger)
> Un porte-monnaie pour que l'enfant ait toujours trois sous sur lui
> Une gourde
> Une timbale légère et des couverts

> Un sac pour le linge sale afin que tout ne soit pas mélangé
> Deux sacs plastiques glissés au fond du sac qui dépannent pour protéger ou emballer
> Des petites chaufferettes ou mini-bouillotte réutilisables pour les régions froides
> Un petit brumisateur pour les pays chauds

Pour les bébés

> Une poussette ou un porte-bébé suivant le type de voyage : lorsque le pays est praticable en poussette, cette dernière doit être compacte et pouvoir s'allonger pour que l'enfant puisse faire ses siestes
> Une petite couverture
> Une réserve de couches
> Un abri à plage et un petit bateau pneumatique (qui vous servira de lit d'appoint, de parc, de bateau, de piscine et de baignoire, etc.) pour ceux qui partent à la mer
> Une petite serviette-éponge ou un petit plaid pour pouvoir changer l'enfant n'importe où
> Un lit pop-up si l'enfant a moins de 6 mois
> Un doudou et… un deuxième doudou !
> Des tétines et sucettes de rechange
> Des comprimés de stérilisation à froid pour les biberons
> Des tétines et sucettes de rechange

PENDANT LE VOYAGE

Le voyage, c'est en premier lieu le trajet qui vous emportera vers la contrée de vos rêves. Puis c'est l'itinéraire ou le séjour que vous avez prévu. Quelques jours d'adaptation sont parfois nécessaires pour les enfants, mais, très vite, le rythme des vacances s'installe avec ses surprises, de bons moments en famille, et parfois des petits bobos face auxquels il faut pouvoir réagir.

TRANSPORTS, FAIRE LE BON CHOIX

Voyager durant de longues heures en avion, train ou voiture n'est pas toujours facile pour un enfant. Avec quelques précautions et astuces, on peut néanmoins rendre ce moment agréable pour tout le monde.

Par les airs

Pour les destinations lointaines, l'avion est incontournable, mais il a aussi l'avantage de rendre accessible en deux ou trois heures des destinations totalement dépaysantes. Arrivé à destination, c'est aussi un moyen pratique – et parfois peu cher – pour gagner du temps entre deux étapes et pour épargner aux enfants de longs trajets en bus, train ou voiture. Pour les destinations à l'étranger, la **place pour un enfant** de moins de 2 ans (tarif "bébé") revient entre 10 et 30% du prix du billet, mais il voyage alors sur vos genoux. Les bébés de 0 à 6 mois peuvent disposer d'une nacelle (généralement fixée à une cloison face au passager). De 2 à 12 ans, le billet coûte plus ou moins 80% du tarif normal. L'enfant de moins de 2 ans peut aussi occuper une place au tarif enfant. Avec certaines compagnies, il est alors possible de le faire voyager sur un siège auto homologué. Souvent, avec des enfants en bas âge, on vous place en début de section (avec de la place devant pour poser les affaires du bébé, la nacelle, éventuellement une poussette si celle-ci est acceptée en cabine), mais il faut arriver suffisamment en avance pour l'enregistrement : les premiers arrivés sont les premiers servis.

Prenez un maximum de **renseignements** au moment d'acheter vos billets (vous devriez trouver ces infos sur le site Internet des compagnies) :

› Y aura-t-il une nacelle à la disposition de votre bébé et comment y avoir droit (au moment de l'achat du billet ou à l'enregistrement) ?

› Pouvez-vous faire voyager le bébé sur un siège auto ?

› Quels services spécifiques propose la compagnie aérienne pour un tout petit enfant pour les repas (biberon, plateau spécial, petits pots…) ? Parfois, des jeux (coloriages, petits livres) sont distribués : renseignez-vous.

› L'avion prévu pour ce vol dispose-t-il d'écrans individuels ? Certains sont équipés d'une sélection de dessins animés et de jeux vidéo : dans ce cas, les enfants ne voient pas le temps passer ! (Attention toutefois, les plus jeunes supportent souvent assez mal les casques audio fournis dans l'avion.)

Pour les **repas des enfants** en vol, n'oubliez pas de signaler à l'enregistrement l'âge de ceux qui vous

L'avion, un moyen de transport qui sait s'adapter aux petits

accompagnent pour qu'ils disposent d'un plateau-repas adapté. Pour des bébés, vous êtes autorisés à prendre en cabine des aliments liquides et de l'eau (mais on peut vous demander de les goûter au contrôle de sécurité).

Votre **bagage à main** doit être bien "fourni" car, en plus du doudou, des éventuels biberons, couches et lingettes, il faut de quoi occuper l'enfant à l'aéroport, où l'attente peut être longue (notamment pour des vols long-courriers). Prévoyez des petits pots, des biscuits, des briquettes, des jouets pour les plus petits, des crayons de couleur et des coloriages, des livres, un jeu de carte… N'oubliez pas une petite laine pour tout le monde, car, dans l'avion, la climatisation est parfois forte.

À partir de 3 ans, les enfants seront fiers d'avoir leur propre sac qu'ils auront pris soin de préparer avec vous : pas trop gros, ni trop lourd, juste ce qu'il faut pour qu'ils puissent le porter ! Pour les plus petits, une petite surprise que vous aurez pris soin d'y glisser avant de partir les réjouira et les occupera pendant un moment.

La plupart des aéroports européens ont des "**espaces bébés**", certains prêtent aussi des poussettes. Il y a des tables à langer dans les toilettes de la plupart des avions.

Votre enfant compte pour une personne : il a droit lui aussi à un bagage à main, ce qui fait que vous pouvez **emporter en cabine un sac bébé** en plus de votre bagage personnel. Il faut désormais compter avec la réglementation sur le transport des liquides, mais vous êtes autorisés à mettre dans le sac bébé les aliments et médicaments dont votre bébé a besoin : lait en bouteille, petits pots, aspirines et les médicaments sous forme liquide dans un contenant de plus de 100 ml (sur présentation de l'ordonnance, même pour du Doliprane®). Les produits de soins pour votre bébé de type lait et lotion sont, eux, soumis à la réglementation. Ces articles doivent donc faire moins de 100 ml chacun et être placés dans un sac en plastique transparent de 20 cm par 20 cm.

Avec la plupart des compagnies, vous embarquez en priorité lorsque vous êtes avec des enfants. **Une fois dans l'avion**, pensez à faire téter (tétine, biberon ou sein) votre enfant au décollage et à l'atterrissage : le fait de déglutir permet d'atténuer les effets des changements de pression dans les oreilles. Un petit

Une fois sur place, le train est souvent incontournable

bonbon ou un chewing-gum pour les plus grands évitera que leurs oreilles ne se bouchent… En cabine, l'air est sec et pressurisé, ayez à portée de main un petit biberon d'eau pour hydrater régulièrement votre bébé.

Par les rails

En famille, le voyage en train, et en particulier en train de nuit, peut être idéal, pour certaines destinations d'Europe. Se retrouver au petit matin en plein cœur de Londres, Berlin, Rome ou Barcelone, ouvrir la poussette à la sortie du train pour aller boire café et chocolat chaud peut s'avérer vraiment reposant ! Depuis la France, on peut accéder facilement à tous les pays limitrophes et à l'Angleterre, et à tous les pays d'Europe si l'on est prêt à effectuer des changements et à renoncer à la grande vitesse. Aujourd'hui, la plupart des trains desservant l'étranger depuis la France (en particulier depuis Paris) sont gérés par des compagnies privées (Eurostar, Thalys, Talgo…) qui pratiquent leurs propres tarifs. Toutefois, on retrouve à peu près le même type de réductions pour les enfants : le plus souvent, le voyage est gratuit pour les moins de 4 ans si vous les prenez sur vos genoux (ce qui n'est pas forcément une bonne idée pour un long trajet). Les enfants de 4 à 12 ans bénéficient de 25 à 50% de réduction selon les trajets.

Pour avoir les informations les plus complètes pour une destination à l'étranger, le plus simple est de se déplacer dans une agence ou une gare SNCF.

Si, en plus du trajet aller/retour, vous envisagez de vous déplacer en train à l'intérieur d'un ou de plusieurs pays d'Europe, il existe des pass très avantageux :

Le camping-car, idéal pour voyager en famille

la Carte Interail (1 à 30 pays) et l'Eurail pass (1 à 21 pays et certains ferries). Vous choisissez le ou les pays à l'intérieur desquels vous souhaitez circuler, le nombre de jours de validité, etc. Ces pass sont nominatifs et gratuits pour les moins de 4 ans. Les enfants de 4 à 12 ans bénéficient de tarifs spécifiques. Une fois cette carte payée, les trajets sont gratuits.

Pensez à emporter **tout le nécessaire pour le trajet**. En France il n'y a plus de chariots qui passent dans les wagons et l'on n'a pas toujours le courage de se rendre au bar, qui coûte de toute façon très cher. Pour les petits, certains TGV disposent de tables à langer. Arrivez bien en avance pour pouvoir vous installer tranquillement, mettre les valises, la poussette… Pas de stress en partant !

Si vous voyagez en **train de nuit**, n'oubliez pas de choisir les places des couchettes en fonction de l'âge de l'enfant. Dans certains pays, les wagons couchettes ne sont pas mixtes, les familles sont donc séparées.

Par la route

Italie, Espagne, Allemagne… Depuis la France, on accède facilement à de nombreux pays par l'autoroute. Cela peut être une bonne option pour faire des économies. Sur place, on peut sillonner le pays plus librement et on s'épargne une location de voiture ou des trajets en bus et en train.

En premier lieu, investissez dans de bons **sièges auto**. Il faut songer à la sécurité, mais aussi au confort : on est parfois surpris en tâtant les sièges auto destinés à recevoir durant plusieurs heures d'affilée les fesses de nos bambins ! Les enfants doivent bien sûr porter leur ceinture de sécurité, même pour un très court trajet.

Ayez à **portée de main** quelques petits objets pour faciliter le voyage et prévenir les petits pépins. Emportez des oreillers, un grand tissu pour les pauses pique-nique, et ayez toujours un couteau et des timbales dans la voiture. N'oubliez pas le transformateur 12V qui se connecte sur l'allume-cigare et permet de brancher le chauffe-biberon, la petite console de jeux ou l'écran portable. Toutefois, essayez de ne pas mettre vos enfants dès le départ devant des écrans de DVD ou des jeux vidéo ; sortez-les quand l'ennui ou l'agacement pointe. Pour le mal de cœur, prévoyez un petit traitement ; mais ne vous arrêtez jamais sur la bande d'arrêt d'urgence sur l'autoroute même si l'enfant est en train de vomir, attendez l'aire d'autoroute. Pensez au papier toilette pour les arrêts d'urgence, et ayez toujours une grande bouteille d'eau à disposition. S'il fait très chaud ou si le soleil tape fort, mouillez une serviette ou un tissu que vous attacherez à la fenêtre de l'enfant, ça apportera de la fraîcheur. Si vous optez pour la climatisation, ne la mettez pas trop fort, rafraîchissez juste l'ambiance. Tentez d'**organiser le coffre** de manière intelligente et accessible. Ayez un petit sac sur le dessus avec les pyjamas, un change pour chacun pour ne pas avoir à tout sortir en cas de besoin. Ne posez rien sur la plage arrière qui puisse tomber sur les enfants – en vacances, on a tendance à bourrer la voiture ! Réfléchissez à **la meilleure heure de départ**. L'idéal est de se mettre en route aux heures où les enfants sont susceptibles de dormir, mais il faut aussi tenir compte des horaires les plus agréables pour le conducteur, de la chaleur, de la circulation. Pensez à vous arrêter souvent. C'est nécessaire pour le conducteur et cela permet aux enfants de dégourdir leurs jambes : en Europe, certaines aires d'autoroute sont équipées de jeux (pour la France, vous pouvez trouver les listes sur Internet pour établir votre parcours sur www.ilyadubonheurdanslaire.fr). Le site www.automobile-club.org fournit également une foule d'indications sur les conditions de circulation à travers l'Europe.

Une fois sur place, à pied ou à vélo

En voyage, on marche beaucoup même avec des enfants, et même sans se lancer dans une randonnée. Selon l'âge des petits voyageurs, porte-bébé et poussette peuvent être fort pratiques, mais cela dépend des destinations.

Avec un **porte-bébé**, on peut aller partout. Veillez à ce que votre enfant ne soit ni trop petit ni trop grand

Le vélo nécessite un certain équipement

pour y être bien installé. Faites quelques améliorations : un morceau de peau de mouton sous ses fesses, une serviette humide sur l'auvent… et une autre pour rafraîchir de temps à autre le dos du porteur dans les pays chauds.

La **poussette** peut être pratique même jusqu'à 4 ou 5 ans : vous pouvez soulager les jambes de vos enfants durant une promenade et les y laisser dormir si besoin. Mais attention aux villes sans trottoirs, à celles avec des dénivelés et des volées de marches interminables. Dans certains cas, l'engin à roulettes peut se transformer en machine infernale.

Quel que soit l'âge de l'enfant, prévenez-le des **dangers de la circulation**, il est beaucoup plus dangereux de traverser une rue à Dakar ou à Phnom Penh qu'à Rennes… D'autant que, selon les pays, on roule à gauche, la signalisation et le code de la route ne sont pas les mêmes – quand ils sont respectés…

Dans certaines villes, la **foule** et l'agitation peuvent être importantes : si vous craignez de perdre votre bambin, notez sur un petit papier son nom, ainsi que le nom et le numéro de téléphone de l'hôtel, éventuellement votre numéro de téléphone portable, pour qu'il l'ait toujours sur lui (par exemple dans un porte-monnaie). Même s'il est grand et en âge de s'exprimer, ce papier lui sera utile pour surmonter la barrière de la langue.

Si vous envisagez des **balades ou randonnées à vélo** à l'étranger, sachez qu'un enfant, à partir de 8 ans, est assez grand pour parcourir de bonnes distances. Les bébés et les plus petits peuvent être installés dans un petit chariot de location ou dans un siège-vélo (jusqu'à 22 kg), mais toujours avec un casque. Faites en sorte de ne pas avoir de sac à porter lorsque vous partez pour de grandes randonnées. Choisissez plutôt de bonnes sacoches à placer à l'avant et à l'arrière du vélo. Cela peut vous faire jusqu'à quatre compartiments pour ranger cirés et coupe-vent, crème solaire, eau et autres affaires personnelles.

LE QUOTIDIEN, UNE QUESTION DE RYTHME ET D'ADAPTATION

Voyage au long cours ou court séjour, lieux isolés ou villes surpeuplées… Le rythme du voyage en famille dépend de la destination, mais aussi de vos envies, du mode de déplacement et de l'âge de vos enfants.

Il y a tout de même quelques "trucs" à avoir en tête, et avec du bon sens et un peu de vigilance, tout coulera de source, que ce soit à 500 km de chez vous ou au bout du monde.

Si **les premiers jours sont difficiles**, soyez patients ! L'enfant est perturbé par tous ces changements, un peu de temps et beaucoup d'attention règleront les choses. Et, surtout, évitez le stress le jour du départ ! Si vos enfants sont petits, commencez doucement : posez-vous un jour ou deux dans la ville d'arrivée, puis augmentez petit à petit le rythme des activités. En cas de décalage horaire, sachez qu'il faudra 2 à 3 jours à vos enfants pour s'adapter si vous allez au-delà de 4 fuseaux horaires, surtout vers l'ouest (pour cette raison, un voyage d'une semaine dans un pays où le décalage est important n'est pas du tout conseillé). Il faut mettre les enfants dans le rythme du pays en décalant progressivement les repas et les siestes, et, après trois jours, ne pensez plus à l'heure française. Vous pourrez ensuite alterner les phases de mobilité, de repos, profiter de vrais repas et de bons moments tous ensemble.

Pendant le séjour, favorisez la sieste, surtout dans les pays chauds ; suivez le rythme local et faites en sorte que chacun ait son lit pour lire et se reposer. Ménagez moments de détente, de jeux et de création. Laissez les enfants s'exprimer sur ce qu'ils vivent dans un carnet de voyage ou un carnet de bord dans la réalisation duquel chacun a son rôle : des découpages et collages à partir des journaux locaux pour le petit dernier, un reportage photographique pour votre ado… Achetez à vos petits des appareils jetables (ça existe encore !), ou bien un appareil aquatique si vous allez à la mer ; partez à la découverte des jeux traditionnels de la région, du pays… Et n'oubliez pas l'existence des cartes postales, ça fera plaisir à tout le monde !

Le voyage est enrichissant à tout âge, et **les enfants s'adaptent très facilement**. Quel que soit leur âge, la différence de langue et de culture ne leur posera aucun problème pour communiquer et s'amuser. Passés les quelques préliminaires et timidités d'usage, l'enfant sera à l'aise pour jouer avec les enfants du pays, et ce sera le meilleur passeport pour se rapprocher des habitants. Quant à vos ados, sortir de leur contexte social les transformera ! Soyez tout de même vigilants sur leur manière de s'habiller à l'étranger (surtout les filles) ; informez-les avant de partir sur les rites et coutumes du pays visité. Et souvenez-vous, dans un autre pays, vous devenez les seuls repères de vos enfants. Avec vous, ils s'installeront doucement et sûrement dans ce monde nouveau et accueillant.

QU'EST-CE QU'ON MANGE ?

Mais que vont-ils manger ? Rassurez-vous, partout dans le monde ou presque, on trouve des aliments de base : du riz, des pommes de terre, des légumes, des fruits, etc. Dans les régions les plus reculées, dans les parties du monde les moins occidentalisées, les aliments sont frais. Pas de congélateurs ni d'aliments surgelés : les plats sont préparés à la demande et, souvent, selon le souhait de vos enfants.

Quels sont les risques ?

Avec des plats bouillis ou bien cuits, aucun ! Un plat qui n'est pas bon, ça se voit, ça se sent. Pas de parano sur tout ce que l'on va vous servir, mais simplement un peu de vigilance. Prenez l'habitude de goûter avant votre enfant, sous prétexte de lui expliquer ce qu'il y a dedans, de voir si ce n'est pas trop épicé. Dans les pays où l'eau n'est pas potable (voir p. 22),

Un bon petit-déjeuner, rien de tel pour bien démarrer la journée

Les repas peuvent aussi être un moment de détente

il n'est pas conseillé de commander des fruits et des crudités au restaurant. Mais rien ne vous empêche d'acheter des fruits et des légumes frais sur les marchés : lavés à l'eau minérale ou purifiée, et pelés par vous-même, plus aucun risque !
Plus sujets à la déshydratation que les adultes, les enfants ont besoin de **boire beaucoup**, et plus encore dans les pays chauds (1 à 1,25 l/jour pour un enfant de 10 kg, 2 à 2,5 l/jour pour un enfant de 20 kg). Dans ces pays, les sodas sont très présents… et très tentants, car ils ont meilleur goût que l'eau et sont souvent plus frais. Toutefois, ne laissez pas les enfants s'habituer à ces boissons très sucrées qui doivent rester occasionnelles, et de préférence consommées en dehors des repas. Thé à la pomme en Turquie, thé à la menthe au Maghreb, chai à la cardamome en Inde… les enfants adorent ces thés aromatisés, mais ne leur en faites pas boire le soir, ils auront du mal à dormir.
Ayez toujours un **en-cas** dans votre sac pour les petites faims, les attentes un peu longues ou les coups

durs : c'est le petit geste qui fait patienter, qui rassure. Pas de gras (genre chips) ni de chocolat qui ne résiste pas à la chaleur, mais des biscuits secs, des fruits locaux – ou bien leur en-cas favori glissé dans les bagages, qu'ils seront ravis de retrouver les premiers temps avant de vite oublier leurs habitudes !

Les repas, un moment clef de la journée

Les heures de repas changent selon les pays ; parfois on dîne tôt, parfois tard… Mettez-vous autant que possible à l'heure du pays pour pouvoir profiter de ses traditions.
En famille, la matinée est le moment le plus actif, il faut donc partir du bon pied et, pour cela, faire un **petit-déjeuner** de roi. Il doit être copieux sans être lourd pour tenir les enfants un bon moment. Les premiers jours, si les enfants dorment un peu tard à cause du décalage horaire, il faudra s'organiser, car, dans les hôtels, il n'est pas toujours facile d'être servi après 9 ou 10h.
Pour le **déjeuner** ou le **dîner**, s'arrêter dans un petit restaurant, c'est l'occasion de se poser et de passer un temps ensemble. C'est bien connu, manger, ça calme ! Dans beaucoup de pays, les petits troquets sont souvent plus détendus que l'image que l'on a du restaurant en France. Il est donc plus facile d'y manger en famille. Vos enfants s'y sentiront à l'aise et auront vite fait de prendre l'habitude d'aller voir en cuisine ce qu'ils peuvent ripailler. Si votre enfant n'a pas beaucoup d'appétit, ne vous inquiétez pas : c'est dû aux changements de rythme, de climat, de vie… l'enfant est un peu chamboulé. S'il fait très chaud, veillez à ce qu'il boive et vérifiez qu'il n'a pas de fièvre.
Pour **bien choisir son restaurant** à l'étranger, allez là où il y a du monde. Si les gens du coin y vont, c'est bon signe ! Et s'il y a pas mal de clients, il y a peu de risque qu'un plat soit resservi d'un jour sur l'autre. Fiez-vous aux adresses recommandées par votre guide. Entrez, demandez ce qu'ils ont à manger pour vos enfants. Une fois attablés, soyez patients : un plat cuisiné à la demande est plus long à préparer qu'un plat à réchauffer. Inventez un petit rituel avant le repas : carnet de bord, repos, coloriage, partie de cartes…
Si vous **cuisinez** vous-même durant le voyage, profitez des spécialités de la région et des produits

Nourrir les plus petits quand on est loin n'est pas si compliqué

de saison. C'est l'occasion de faire découvrir aux enfants la diversité des goûts, de changer leurs habitudes. Demandez des conseils sur place, essayez les recettes locales pour accompagner vos enfants dans la découverte des saveurs. Prévoyez par exemple des repas à thème ou bien une journée de découverte. Faites-en un jeu, avec loto des odeurs et des goûts. Testez les légumes, les fruits sous différentes formes : crus, cuits, moulinés… Passez-leur le tablier : même tout petits, ils adorent ça !

Le problème de l'eau

Hors Europe, États-Unis, Canada et Australie, mis à part quelques exceptions, **l'eau du robinet** est impropre à la consommation. Il est alors indispensable de refuser les bouteilles d'eau déjà ouvertes et les glaçons dans les boissons. Lorsque vous achetez de l'eau embouteillée, vérifiez que la protection est en place. Au restaurant, n'acceptez que les bouteilles décapsulées devant vous (sachez que les arnaques existent, mais elles sont impossibles à réaliser avec

de l'eau gazeuse). Pensez aussi que le verre a pu être rincé à l'eau courante : n'hésitez pas à poser les gobelets de vos enfants sur la table. Dans ces pays, il faut aussi renoncer aux crudités dans les restaurants, pourtant tentantes par grande chaleur, de même qu'aux fruits déjà pelés ou qui se consomment avec la peau : bref, tout ce qui est susceptible d'avoir été passé sous l'eau !

Les aliments à éviter à l'étranger

Dans beaucoup de pays, notamment en Europe et en Amérique du Nord, l'alimentation ne pose pas de problème sanitaire. Il faut juste s'adapter à la gastronomie locale – et encore, on trouve des frites un peu partout ! C'est un peu plus délicat dans les pays très chauds ou dans ceux où l'hygiène laisse à désirer. Les **viandes** bien cuites ne posent pas de problème (la viande la plus saine étant le mouton, la moins saine, le porc). En revanche, il faut éviter les viandes froides et les viandes crues. Consommez le poisson s'il est vraiment répandu dans la gastronomie locale, et seulement cuit, mais excluez absolument les coquillages. De même, on peut se régaler de grosses crevettes grillées, mais il ne faut pas manger les crustacés froids. Si possible, éliminez aussi les plats contenant des œufs crus ou peu cuits. Côté laitage, ne faites boire aux enfants que du lait bouilli, boycottez les fromages frais et yaourts artisanaux. Enfin, il faudra souvent résister aux glaces, mais foncez si une adresse est recommandée par votre guide ! Il serait dommage de passer à côté du meilleur glacier du monde à Bombay, en face de Chowpatty Beach, dont on peut abuser sans risque.

Allaitement et biberons

Si vous partez avec un petit et que vous l'**allaitez**, c'est idéal au niveau du confort et de l'hygiène. L'enfant est rassuré et, même s'il a tendance à téter plus fréquemment les premiers jours, tout rentrera dans l'ordre dès que le rythme sera pris. Au moment de l'allaitement, sachez être discrète, car l'allaitement en public ne se conçoit pas dans certains pays. Pensez à emporter des vêtements adaptés, des chemises amples… Et un grand foulard pour pouvoir le nourrir sans être vue. Si vous n'allaitez pas, prévoyez plusieurs **biberons** de rechange, car on égare facilement le bouchon ou la tétine… Choisissez ceux en plastique, plus légers et plus faciles à manipuler, et bien larges car plus faciles à nettoyer. Prévoyez un kit dans un petit sac contenant, outre le biberon, une petite éponge, un petit flacon vide que vous remplirez de produit vaisselle et les doses de lait en poudre préparées pour la journée (il existe des boîtes dosettes très pratiques). Le lait en bouteille n'est pas conseillé : les bouchons ferment mal et il ne faut pas transporter une bouteille ouverte dans les pays chauds (une bouteille entamée se conserve 5 jours, mais uniquement au réfrigérateur). En plus du lait, l'enfant a besoin de **boire de l'eau** sans modération s'il fait chaud (environ 150 ml/kg par jour). Attribuez-lui une bouteille à laquelle personne ne touchera en y faisant un signe distinctif. Dans les conditions d'hygiène précaires ou si l'enfant est malade, il faut la désinfecter régulièrement. Et dès qu'il fait chaud, que ce soit à Nice, en Italie ou en Thaïlande, les germes prolifèrent à vitesse grand V. Stérilisez biberons et tétines en les plongeant dans une casserole d'eau bouillante pendant 5 minutes. Vous pouvez aussi stériliser à froid avec des comprimés conçus à cet effet. Pour le lait, avant un an, prévoyez autant de boîtes de lait en poudre que nécessaire. Si vous partez dans un pays très humide ou très chaud, transvasez la poudre dans une boîte bien hermétique.

Si le bébé a plus de 6 mois, diversifiez ses menus avant de partir, mais ne le faites pas une fois sur place, ce serait beaucoup de changements d'un coup. Dans la plupart des pays, on trouve des petits pots dans les supermarchés de toutes les grandes villes, mais ils sont souvent chers et lourds à transporter. Toutefois, dans n'importe quel petit restaurant, on préparera facilement pour votre petit une assiette de légumes, une soupe, une compote.

À partir d'un an, on peut commander du lait chaud ou un chocolat et le transvaser dans un biberon. Dans les pays tropicaux, il ne faut boire le lait que bouilli ou pasteurisé. Si vous emportez des petits pots depuis la France, préférez les petits pots de légumes qui peuvent se manger froids (à la carotte, ils sont agréables au niveau de la consistance). Si votre enfant n'est pas encore en âge de consommer n'importe quel biscuit, les boudoirs peuvent être utiles. Les céréales en poudre sont pratiques pour agrémenter le biberon ou faire une petite bouillie quand on n'a plus de petit pot, mais transvasez le contenu dans

des boîtes étanches, car celles d'origine sont souvent de mauvaise qualité. Vous pouvez aussi trouver ces céréales conditionnées sous forme de sachets, idéales pour voyager. Bien sûr, ne partez pas avec des préparations maison qui ne se conserveront pas. Si votre enfant a plus de 18 mois, il peut abandonner le biberon et prendre une tasse, quelle liberté !

HYGIÈNE ET SANTÉ, DE LA VIGILANCE AVANT TOUT
Les règles de base

Dans les pays où les conditions d'hygiène sont mauvaises, il faut savoir protéger son enfant de la saleté, des insectes, des bactéries dangereuses sans avoir de gestes blessants pour les habitants ou vos hôtes. Les enfants seront d'eux-mêmes vigilants si on leur explique simplement où résident les risques. Avec quelques précautions simples, on peut s'éviter nombre de désagréments.

Se laver les mains aussi souvent que possible, et surtout avant chaque repas et après chaque passage

Pour éviter tout problème, une seule solution : l'eau minérale

Les sodas, à consommer avec modération

aux toilettes. Faciles à transporter et à utiliser, les lotions antiseptiques (très répandues depuis la grippe H1N1) tuent 99,9% des germes. Il suffit d'en mettre 2 gouttes sur les mains et de les frotter. Elles ne nécessitent ni eau ni serviette et ne sont pas grasses. On trouve aussi des lingettes imbibées, idéales pour désinfecter ses mains, mais aussi une table, un verre…

Ne jamais se laver les dents avec **l'eau du robinet** dans les pays à risques, ne pas boire au robinet. Les enfants en ont parfois l'habitude et pour eux une eau qui sort d'un robinet est potable. Leur expliquer les risques.

Savoir **refuser un verre d'eau** dans un pays à risques même chez un hôte très aimable, tout en restant courtois.

Demander les **boissons sans glaçons** (les microbes résistent à la congélation). Dans certains pays, on en met systématiquement. Même sans microbes, une boisson trop froide peut provoquer des maux de ventre chez l'enfant.

Ayez toujours **une petite cuillère et une timbale** sur vous pour les petits. Les plus grands peuvent avoir leur petite fourchette ou leur couteau multifonctions. Lorsqu'on fait **sécher du linge à l'extérieur**, il faut bien le secouer avant de le plier.

Sur la plage, préférez les nattes aux serviettes, elles protègent des parasites contenus dans le sable.

Ne pas laisser les enfants **se baigner dans les eaux douces** (rivières, lacs).

Évitez de marcher pieds nus, et préférez les chaussures en matières naturelles, telles que la toile, plutôt qu'en plastique (sauf pour la mer), qui favorise les macérations et les mycoses. Les enfants peuvent se promener en chaussures ouvertes s'il n'y a pas de risque de piqûres d'insectes ou d'allergie à des végétaux.

Pour le **choix de l'hôtel**, ne vous fiez pas seulement à la propreté du hall et du couloir : demandez à visiter la chambre que l'on veut vous attribuer, jetez un coup d'œil à la literie et aux sanitaires. Il est toujours utile d'avoir un drap de type "sac à viande", cousu à la mesure de l'enfant. Si celui-ci a des accidents nocturnes, pensez à protéger la literie pour ceux qui suivent : mettez dans votre valise une petite alèse (ou fabriquez-en une avec un sac plastique) grâce à laquelle la literie restera présentable.

Pour votre bébé, prévoyez un grand tissu, couverture ou simple pièce de coton, à étendre par terre pour qu'il puisse crapahuter un peu. Le pagne en tissu, vite lavé, vite séché, sert à tout ; oreiller, serviette, drap… Il isole aussi des banquettes suspectes.

Que faire en cas de bobos

Ayez toujours sur vous une petite trousse à pharmacie avec désinfectant, pansement et pince à épiler.

Les **plaies, coupures, cloques et brûlures** doivent être soignées immédiatement après la blessure, car elles peuvent s'infecter rapidement avec la chaleur et la poussière… Nettoyez bien à l'eau (si la région le nécessite, avec de l'eau purifiée) et au savon, afin d'enlever les particules extérieures ; désinfectez avec un antiseptique, puis protégez la plaie avec un pansement, ou une gaze et du Sparadrap®. Renouvelez en surveillant l'état local tous les jours, et consultez si la plaie est douteuse.

Un petit **bobo aux pieds** peut être très handicapant. Vérifiez que les enfants ne sont pas blessés par leurs chaussures et coupez leurs ongles régulièrement. En cas d'ampoule, si la peau est intacte, il faut juste vider la cloque en la perforant avec une aiguille désinfectée, c'est totalement indolore. Si la cloque est déchirée, il faut d'abord couper la peau morte, désinfecter et mettre un pansement, et si possible un pansement spécial ampoule qui facilite la cicatrisation.

En cas de **piqûres** d'insectes, appliquez une crème apaisante sur les lésions. Pensez à couper les ongles des mains très souvent pour éviter les surinfections en cas de grattage.

Ne laissez pas votre enfant jouer avec les **animaux**. En dehors de la rage qui sévit dans beaucoup de régions, l'animal peut juste le mordre, le griffer ou le lécher… Suivront de mauvaises infections et de grandes peurs, sans parler des puces et de toutes sortes de parasites dont on a beaucoup de mal à se débarrasser. Parlez aux enfants, expliquez-leur que ces animaux errants sont sauvages, qu'ils peuvent être dangereux.

En cas de **morsures ou de griffures, de léchage sur une plaie** par un animal, lavez la zone à l'eau (purifiée si nécessaire) et au savon de Marseille pendant 15 minutes, rincez abondamment et appliquez un antiseptique. Si l'animal en question est susceptible de véhiculer la rage (chien ou chat agressif, animal sauvage, chauve-souris), il faut savoir qu'un traitement s'impose même si l'enfant (ou l'adulte) est vacciné. Sans traitement, la rage est mortelle chez l'homme dans 100% des cas. Le traitement doit intervenir pendant la période d'incubation, entre 2 et 8 semaines en moyenne. Il faut donc se renseigner sans délai sur place auprès d'un médecin, d'un hôpital, d'une ambassade ou de la compagnie d'assistance rapatriement pour obtenir l'adresse du centre de traitement le plus proche.

Savoir reconnaître les symptômes de base

Il est important de pouvoir reconnaître les maladies les plus courantes. Une visite chez le médecin ne s'impose pas toujours et, de plus, selon la destination, vous n'en aurez pas toujours à portée de main. L'inconfortable et redoutée **"turista"**, ou diarrhée des voyageurs, n'épargne pas les enfants. Souvent bénigne, elle nécessite toutefois d'être vigilant. La turista est toujours d'origine infectieuse (bactérienne, parasitaire, parfois virale), elle se manifeste par des selles liquides et peut s'accompagner de vomissement, de douleurs abdominales et d'un peu de fièvre.

Ces troubles disparaissent généralement en un à trois jours. Les choses deviennent plus compliquées si la fièvre dépasse 39°C ou si les selles contiennent des glaires ou du sang. Dans ce cas-là, ce peut être le symptôme d'une infection grave et il faut très vite consulter un médecin.

Dans tous les cas de diarrhée (selles liquides et répétées), le premier risque pour l'enfant est la **déshydratation** qui doit absolument être prévenue dès le début. Donnez au bébé ou à l'enfant en bas âge une solution de réhydratation du type Adiaril® : 1 sachet pour 200 ml d'eau (minérale ou bouillie) par petites quantités, mais régulièrement. Si l'enfant vomit, il faut proposer une cuillère toutes les une à deux minutes. Donnez, par la suite, cette solution après chaque selle liquide. S'il est au sein, continuez l'allaitement ; s'il est au biberon, proposez-lui son lait habituel (ou si votre médecin vous l'a conseillé dans ce type de situation, un lait appauvri en lactose de type Diargal® pendant 24 à 48 heures avant de reprendre le lait habituel). Pour l'enfant de plus de 6 mois, donnez-lui de préférence des yaourts (si vous êtes sûr qu'ils sont fiables). Vous pouvez aussi essayer de lui faire boire l'eau de cuisson du riz, très efficace.

Si votre enfant présente des **signes de déshydratation**, il faut aller d'urgence à l'hôpital. Il faut donc pouvoir reconnaître les symptômes : yeux cernés, bouche sèche, grande fatigue (torpeur, somnolence anormale), absence d'urines, pli cutané persistant lorsqu'on pince la peau du ventre, troubles du comportement.

Pour la **réalimentation** pendant une diarrhée, supprimez les fruits et légumes contenant des fibres. Faites manger à l'enfant du riz, de la semoule, des pâtes, des carottes, des bananes, des compotes de pommes, des biscuits, du pain et des biscottes ; ne lui refusez pas de viande ou de poisson s'il a de l'appétit. Proposez-lui des yaourts natures et des fromages. On ne conseille plus de boisson gazeuse à base de cola (beaucoup trop sucrée), mais si ça tente votre enfant, ne lui en refusez pas un verre en plus de son régime. Faites attention avec les antidiarrhéiques (de type Immodium®) qui ne soignent pas mais stoppent la diarrhée : il y a eu beaucoup d'accidents avec des parents qui ont utilisé ce médicament de manière excessive. Si votre enfant mange du sel au restaurant,

RECETTES POUR SE RÉHYDRATER

Voici deux recettes simples efficaces pour la réhydratation.

› **La bouillie de riz** : faites cuire 50 à 60 g de riz dans un litre d'eau non salée. Mixer le riz et ajouter 1/4 à 1/2 cuillerée à café de sel de cuisine et si possible une cuillerée à café de jus de citron (riche en potassium).

› **La solution de réhydratation** (préconisée par l'Organisation mondiale de la santé) : mélangez un litre d'eau stérile, six cuillerées à thé de sucre et une cuillerée à thé de sel.

laissez-le faire, c'est qu'il est un peu déshydraté et le sel lui fait du bien !

Si une **fièvre** est associée à la diarrhée, donnez du paracétamol toutes les 6 heures. Si la diarrhée persiste plus de 48 heures, si l'enfant a des vomissements, du sang dans les selles ou si la fièvre est importante (+39°C), il faut consulter un médecin. Il peut arriver que votre enfant soit **constipé** en voyage. C'est souvent lié aux changements d'habitude ou à l'avion. Ne vous inquiétez pas, tout reprendra son cours rapidement. Assurez-vous d'une bonne hydratation et d'une alimentation riche en fibres et en fruits. Si vous lui donnez de l'huile de paraffine, faites-le à distance de la prise de médicaments antipaludéens dont elle peut diminuer l'efficacité.

En cas de **fièvre**, donnez du paracétamol toutes les 6 heures, hydratez, et consultez rapidement si la température atteint 39°C.

En cas de **vomissements**, donnez à l'enfant de l'eau bien froide : ça réduit les vomissements et facilite la prise de soluté de réhydratation.

Ne négligez pas les **méfaits du soleil**. Si, malgré les recommandations données p. 11, votre enfant est victime d'un gros coup de soleil, donnez-lui un antalgique simple (paracétamol) et veillez à une bonne hydratation. Appliquez une crème de type Biafine® de manière répétée. Les insolations et les coups de chaud sont fréquents et provoquent vomissements, fièvre, déshydratation, diarrhée et grande fatigue : dans ce cas, mettez l'enfant dans un endroit frais (pas de clim trop forte), déshabillez-le et posez des linges humides sur son corps (pas de bain froid, trop violent), faites-le boire et laissez-le se reposer. Un coup de chaleur peut entraîner une déshydratation rapide : observez si votre enfant présente ces signes (un seul suffit pour conclure à la déshydratation) et, si c'est le cas, rendez-vous chez un médecin ou à l'hôpital.

Pour les **poussées dentaires** des petits, l'homéopathie peut être efficace, donnez du Chamomilla ou du Camilia®. Sinon, de même que pour les **douleurs dentaires** des plus grands, donnez du paracétamol toutes les 6 heures. En cas de début d'abcès, percez-le proprement avec une aiguille (désinfectée) et faites-lui faire des bains de bouche antiseptiques. Donnez les antibiotiques prescrits par votre médecin avant le départ si ça ne passe pas. Exigez une hygiène irréprochable des dents de vos enfants, c'est le moment de se laver les dents en famille, de montrer l'exemple sur la durée et la qualité d'un brossage efficace.

Pour les **infections ORL**, pratiquez des lavages de nez et donnez du paracétamol. Le miel est un antibiotique naturel, n'hésitez pas à en proposer à votre enfant, ce sera l'occasion de découvrir les miels locaux qui sont souvent délicieux !

En voyage, les enfants ont souvent des **conjonctivites** dues au vent, au sable, à la poussière… Nettoyez leurs yeux au sérum physiologique et mettez-leur des lunettes de soleil pour les reposer. Un collyre antiseptique (en unidose) peut être appliqué si l'enfant se plaint (une fois ouverts, les collyres ne se conservent pas).

En cas d'urgence, appelez votre ambassade dans le pays de séjour qui saura vous indiquer le centre médical le plus proche, et votre compagnie d'assurance : munissez-vous des renseignements nécessaires (passeport, numéro de sécurité sociale, numéro d'assurance, etc.) avant de téléphoner.

UN RETOUR EN DOUCEUR

BILAN DE SANTÉ

Ce n'est pas parce que vous êtes partis dans des contrées lointaines que vos enfants sont porteurs de microbes dangereux. Vous pouvez toutefois faire un bilan avec votre pédiatre, et lui signaler les événements survenus pendant le voyage. Après un séjour au bord de la mer, un traitement vermifuge peut être judicieux, car le sable contient toutes sortes de parasites. En revanche, consultez immédiatement si au retour votre enfant a de la fièvre, des diarrhées, des urines foncées ou des problèmes de peau, surtout si vous revenez d'une zone tropicale. Le mieux est de demander une consultation spécialisée dans un service de "maladies infectieuses et tropicales" du CHU le plus proche de chez vous (liste complète sur www.astrium. com, rubrique Espace voyageur>Préparer son départ). Si vos enfants ont suivi un traitement préventif contre le paludisme, il est essentiel de respecter la durée du traitement prescrite. Il devra être poursuivi pendant 1 à 4 semaines après la fin du séjour suivant le médicament utilisé. N'arrêtez pas avant, même si tout à coup le voyage vous semble bien loin !
N'oubliez pas de faire les rappels des vaccins que vous avez administrés avant de partir (voir p. 10), sans quoi il vous faudra tout recommencer pour le prochain voyage !
Ah oui ! Les enfants ont souvent étonnamment grandi pendant ces périodes de voyage, et il n'est pas rare qu'aucune paire de chaussures ne leur aille plus en rentrant !

ACCOMPAGNER LE RETOUR

Comptez un ou deux jours pour que vos enfants reprennent leur rythme, et même deux ou trois quand le décalage horaire est important (+ de 4 fuseaux). Prévoyez donc de rentrer quelques jours avant la reprise de l'école.
Même ravis de leur voyage, les enfants sont toujours heureux de retrouver leur chambre et leurs jouets, de reprendre leurs petites habitudes. Ils se remettent dans le bain parfois plus rapidement que les adultes. À ce moment, on se rend parfois compte qu'ils sont ravis de pouvoir reparler français avec tout le monde.

Les jouets rapportés en souvenir prolongent le voyage

Ne pas pouvoir comprendre et parler la langue locale les a parfois frustrés.
Proposez-leur de les aider à préparer un exposé pour l'école sur le pays que vous venez de visiter avec la documentation que vous aurez rapportée et des photos. Les enseignants sont souvent très partants pour ce genre d'intervention, ils agrémenteront sûrement l'exposé d'un petit cours de géographie ou d'histoire suivant l'âge ! Et si vos enfants ont tenu un carnet de bord, incitez-les à le présenter à la classe, ce sont des moments à partager et dont ils seront très fiers. Profitez du retour pour un "débriefing" en famille. Par exemple, réalisez avec eux un grand panneau pour leur chambre, pour continuer le voyage. Faites le tri des photos ensemble, laissez-les faire des choix différents des vôtres, plus proches de leurs souvenirs, faites des petits tirages pour leur chambre, concevez ensemble un bel album de famille. Prolongez le voyage à la bibliothèque ou en leur achetant des livres sur la région, le pays visité, les animaux, les recettes, les aliments découverts pendant les vacances. Cuisinez avec eux et essayez de refaire les recettes qu'ils ont aimées – pâtes italiennes, pains indiens, frites de patates douces africaines… Retrouvez des fruits ou des légumes découverts sur place, il y a de plus en plus de rayons exotiques dans les magasins. Profitez de l'énergie du retour pour installer de nouveaux moments en famille et rêver à de nouveaux voyages ensemble !

DES EXPÉRIENCES À TENTER

⤳ LE CAMPING

Pour revenir à l'essentiel et vivre simplement, vive le camping ! Une façon de voyager économique, qui permet de découvrir un pays à son rythme et de se détendre en famille.

Dès le plus jeune âge, vous pouvez emmener vos enfants en camping. Le rythme est un peu le leur, coucher de bonne heure (sauf dans les grands campings avec soirées organisées), lever aux aurores. Et puis les petits se passent plus facilement d'un matelas et d'un oreiller que leurs parents. En revanche, il faut bien choisir son terrain en fonction de ses enfants et du type de séjour souhaité. Un grand camping avec animation pas loin des plages peut ne pas convenir à des enfants en bas âge. À l'opposé, un petit terrain sauvage perdu dans la campagne pourra ennuyer des adolescents. Mais le camping peut s'intégrer à un voyage itinérant et vous aurez intérêt dans ce cas à varier les plaisirs. N'oubliez pas, dans les pays qui le pratiquent, le camping à la ferme. C'est une bonne formule en famille. Les petits adoreront le contact avec les animaux – parfois, ils pourront monter à cheval ou assister à la traite – et tout le monde appréciera les bons produits fabriqués sur place. De plus, les fermes font souvent tables d'hôtes, ça repose ! Pour les campings proches des plages, pensez à réserver pour les périodes de vacances scolaires. Si vous optez pour l'option "nomade", essayez de faire coïncider vos déplacements pendant les siestes des plus petits.

Une tente ? Deux tentes ? Une grande tente, une tente avec plusieurs chambres ? L'idéal, dès que vos enfants sont en âge (vers 8-9 ans), c'est d'opter pour plusieurs tentes. Pour vous, choisissez plutôt une tente pour trois, vous serez plus à l'aise… Les modèles sont multiples et à présent très abordables. Beaucoup sont faciles à monter. Prévoyez de bons sacs de couchage, les nuits sont parfois fraîches, même en plein été dans certaines régions. Il existe des sacs de couchage à la taille de vos enfants et parfois avec matelas intégré ! Commencez par un petit week-end dans le jardin de vos amis pour tester votre matériel et votre organisation. Faites participer tous vos enfants : les aînés peuvent être responsables des tentes, les plus petits gonfler les matelas, et tout le monde à la cuisine.

Sur place, pour la première nuit dans un camping, essayez d'arriver assez tôt pour monter les tentes et vous installer dans le calme. Dans tous les cas, soyez pied d'œuvre avant la tombée de la nuit. Prêtez attention à la course du soleil pour choisir un emplacement qui restera à l'ombre toute la journée. Veillez à ce qu'il ne soit ni incliné ni bosselé. Vérifiez bien l'installation du couchage de vos enfants, qu'ils ne vous réveillent pas toute la nuit. S'ils ont peur, passez un petit temps avec eux afin qu'ils s'endorment en toute confiance et laissez-leur une veilleuse. Essayez d'organiser vos sacs pour pouvoir retrouver facilement les pyjamas et le doudou. Fermez bien votre tente lorsque vous allez vous promener pour éviter que tous les insectes y entrent. Pour vos repas, prévoyez plutôt de la vaisselle en Inox si vous êtes véhiculé, elle est un peu plus lourde mais facile à laver et plus hygiénique que celle en plastique. Un petit camping-gaz fera l'affaire pour cuire le principal. Préparez un petit kit pour la vaisselle dont un flacon bien hermétique pour le produit. La bassine est essentielle pour la lessive, la vaisselle et le bain du petit ! Toute la vaisselle et les ustensiles de cuisine doivent se ranger dans la bassine. Prenez quelques Tupperware pour conserver les aliments, mais ne gardez pas de nourriture dans votre tente.

N'oubliez pas les lampes électriques. Une veilleuse peut être bien utile. Un grand tissu ou couverture pour les repas en plein air, du produit antimoustique pour vos soirées et prévoyez un pot pour les plus petits qui rechigneront à aller dans la nature (ou aux sanitaires) de nuit.

Pensez au transformateur 12 V qui se branche sur l'allume-cigare, pour recharger la veilleuse ou le chauffe-biberon…

⇢ LA PLONGÉE

Chaque été, vos enfants demandent à aller voir les poissons au fond de la mer ?
Pour bien des destinations, le masque et le tuba peuvent suffire. Mais pourquoi ne pas tenter
un baptême de plongée, encore plus inoubliable.

Dès l'âge de 8 ans (pas avant, pour des questions physiologiques, liées à la maturation pulmonaire), c'est possible, en toute sécurité. Il y a fort à parier qu'ils attraperont vite le virus, d'autant que les enfants sont moins sujets aux phobies et aux appréhensions que les adultes. Tout les fascine, une murène qui se recogne dans un trou, une girelle multicolore, le simple fait de respirer sous l'eau…

Première démarche : choisir une destination offrant des conditions optimales pour les débutants (eaux chaudes et cristallines, lagons, petites criques sécurisantes). Vous aurez l'embarras du choix : îles du Pacifique (notamment les territoires francophones), océan Indien, Caraïbes, Méditerranée… Mais renseignez-vous au préalable sur les saisons idéales (faible pluviosité, absence de vent, mer calme), car la météo est parfois capricieuse (houles, cyclones, courants) à certaines périodes dans les destinations tropicales.

Deuxième étape : se renseigner sur les caractéristiques des sites de plongée. Pour une même destination, il existe des secteurs qui se prêtent mieux à la plongée en famille. Ainsi, en Polynésie, mieux vaut faire plonger ses enfants à Moorea, une île entourée d'un lagon très rassurant, qu'aux Marquises, un archipel dépourvu de barrière de corail et plutôt prisé des plongeurs confirmés.

Troisième étape : se renseigner sur le mode de fonctionnement des centres de plongée locaux, par le biais d'Internet, des guides de voyage, de la presse spécialisée, des forums… Les bonnes questions à se poser : les centres de plongée disposent-ils d'un matériel adapté à la morphologie des enfants (bouteilles "biberons" de 4 ou 6 litres, gilets de petite taille, combinaisons petit modèle) ? Emploient-ils des moniteurs francophones, formés à l'accueil et à la pédagogie des petits ? En effet, l'approche ludique doit être privilégiée, dans des conditions de sécurité maximales (profondeur inférieure à 5 m, sites protégés, richesse de la faune et de la flore). Vérifiez également l'affiliation des centres ; tous doivent être rattachés à un organisme de tutelle ou à une fédération qui encadre l'enseignement de la plongée et structure la pratique selon des règles bien précises. Les "labels" les plus représentés incluent PADI (d'inspiration américaine), SSI et, dans les Dom-Tom, la FFESSM (la fédération française). De l'un à l'autre, les cursus et les méthodes pédagogiques diffèrent peu.

Vient le jour du baptême. Il s'agit d'une balade sous-marine de 20 à 40 minutes en moyenne. Au sec, le moniteur équipe le plongeur en herbe et lui explique les règles élémentaires de sécurité et les signes de communication essentiels. Puis c'est l'immersion… Sur un fond de 3 à 5 m au maximum, le moniteur guide les évolutions de votre enfant, en le tenant par la main, et ne le quitte pas des yeux. La magie opère rapidement, sous l'effet de la découverte de la sensation d'apesanteur, et de la petite faune bariolée qui s'agite devant le masque. Selon les destinations, un baptême coûte de 40 à 60 € en moyenne. Si votre enfant souhaite continuer l'activité, il peut suivre des formations spécifiques, mais il devra attendre 14 ans avant de pouvoir passer le Niveau 1 ou Open Water – ces brevets permettent de plonger dans les centres du monde entier. Aucune formalité n'est requise pour le baptême. L'autorisation parentale suffit. Notre conseil : faites passer une visite médicale à votre enfant avant le départ pour s'assurer qu'il ne présente aucune contre-indication, notamment sur le plan ORL.

LES MEILLEURS SPOTS POUR UN BAPTÊME

⤳ LE BATEAU

La mer vous tente, mais vous n'avez jamais navigué ? Ou vous rêvez d'emmener vos enfants dans les traces de vos voyages de jeunes marins ? De nombreuses possibilités s'offrent à vous suivant l'âge de vos enfants, vos envies et votre destination…

Pour une première expédition en bateau, pourquoi ne pas opter pour un voyage court, 7 jours en moyenne, dans des pays assez proches. Découvrir Louxor et Karnak à bord d'une felouque traditionnelle, caboter d'île en île dans les Cyclades, se reposer dans les criques de Turquie sur un *gület*, autant d'approches de la navigation tout en douceur, idéales en famille. Plus grands, vos enfants adoreront la découverte de la faune sous-marine en Martinique, les paysages du Cap-Vert et les îles incroyables du Pacifique, mais il vous faudra partir au moins 10 jours.

Pensez aussi à la péniche en Europe, très sympathique et familiale ! Assez onéreux, ce voyage au fil de l'eau laissera un souvenir impérissable à vos enfants. Vous piloterez vous-même l'embarcation après une petite formation pour vous habituer à gérer sa longueur. Sachez que les manœuvres pour passer les écluses sont fréquentes et pas toujours faciles. Pensez à partir avec des vélos pour toute la famille, pour aller visiter les villes et les villages au gré de vos arrêts et suivre les chemins de halage.

De façon générale, on peut emmener un enfant même très petit en bateau surtout si l'on dispose d'un équipage. L'âge le plus critique est le moment où le petit commence à marcher. C'est aussi l'âge où il est difficile à occuper, d'autant qu'il ne pourra pas profiter des mouillages pour la baignade. Assurez-vous à l'avance que le bateau soit sécurisé sur tout le pourtour par des filets ou chandeliers solides. Vérifiez qu'il y ait à bord gilets de sauvetage à la taille de vos enfants et harnais. Soyez vigilants même au mouillage avec un enfant en bas âge, ne laissez jamais seul un petit de moins de 6 ans. Les enfants comprennent vite les impératifs de sécurité à bord et le skipper ne se privera pas de les leur rappeler. La meilleure solution pour éviter de voir vos enfants courir partout est de les faire participer aux manœuvres. Ils y parviendront très bien à partir de 7 ans, mais n'hésitez pas à leur laisser la barre ou le GPS, ou à leur faire tracer la route sur les cartes plus tôt.

Le soleil est redoutable en mer, car la réverbération est très importante. N'oubliez jamais la crème solaire, la casquette et le T-shirt, des lunettes avec cordons pour ne pas les perdre.

Pour les repas, si vous cuisinez vous-même, organisez vos journées pour pouvoir préparer à manger lors des mouillages. Sachez vous ravitailler au gré de vos trouvailles à terre, mais le fruit de votre pêche sera pour vos enfants un trésor et une manière de redécouvrir le poisson sous toutes ses formes. Prévoyez d'avoir toujours quelque chose à manger dans le cockpit pour caler l'estomac et éviter d'avoir à rentrer dans le bateau si vous êtes vous-même un peu barbouillé.

Suivant l'âge de vos enfants et votre destination, prenez des brassards, un ciré, des bottes, des vêtements chauds même si vous partez au soleil (le vent et la nuit apportent de la fraîcheur).

Prenez beaucoup de coloriages, crayons en tout genre, papiers et carnets pour les occuper et stimuler leur imagination… Le bateau est un lieu de vie exigu et qui manque d'intimité (c'est moins vrai pour les péniches). Prévoyez des pauses à terre pour que chacun puisse évacuer ses frustrations éventuelles.

Pour le mal de mer : assez inévitable, il touche rarement les plus petits et est souvent réservé au voyage en monocoque. Prévoyez néanmoins un traitement le cas échéant. L'idéal est de l'avoir essayé avant votre croisière et d'emmener celui qui réussit le mieux à votre enfant.

↘ LA RANDONNÉE

Vos enfants rêvent d'aventure, de grands espaces ou de forêts enchantées ? Il est temps de partir avec eux en randonnée pendant plusieurs jours lors d'un voyage à l'étranger. Avec la randonnée itinérante, fini l'aller-retour, vous disposez de temps, le temps de vous arrêter, d'observer un edelweiss, d'admirer un aigle qui tournoie, le temps de jouer, de construire un moulin le long d'une rivière, le temps de bavarder, parfois de se confier.

Et puis il y a la promesse de l'étape. Qu'il s'agisse d'un refuge, d'un simple gîte ou d'un bivouac, ce sera souvent le lieu des meilleurs souvenirs. L'aspect pédagogique n'est pas à négliger non plus. La nature est une école de la vie. Respect de l'environnement, autonomie, entraide et prise de conscience des risques sont autant de qualités qui se développeront naturellement au cours de la randonnée.

À partir de quel âge peut-on envisager ce type d'aventure ? Dès 4 ans, il existe une solution idéale, l'animal de bât. Selon le pays, il s'agira d'un âne, d'une mule ou d'un dromadaire. Non seulement il permet de transporter le bout de chou fatigué, mais il contribue à créer une ambiance et participe au transport des bagages. À partir de 8 ans et jusqu'à 12 ans, la capacité d'endurance des enfants s'améliore nettement. Ils peuvent accomplir, par leurs propres moyens, des randonnées itinérantes complètes et même porter un petit sac. Pour que la randonnée reste synonyme de plaisir, limitez les étapes à 15 kilomètres ou 4 heures de marche effective. Au-delà de 12 ans, c'est le mental qui va primer. Partez avec des amis de leur âge ou randonnez dans des régions exotiques. Le poids maximum du sac à dos ne doit pas excéder 12% du poids de l'enfant.

Comment choisir sa randonnée ? En termes de durée, l'optimum se situe entre 4 et 7 jours, suffisamment pour bénéficier de l'atmosphère grande randonnée tout en évitant les risques de lassitude ou de fatigue accumulée. L'altitude aussi est un facteur à prendre en compte. De 2 à 5 ans, 2 500 mètres est un maximum, jusqu'à 10 ans, restez en deçà de 3 000 mètres. Ensuite, les précautions à prendre sont les mêmes que pour un adulte.

Si vous décidez de partir avec une agence spécialisée, n'hésitez pas à opter pour une formule rando-liberté qui allie la tranquillité d'esprit d'une randonnée organisée à l'autonomie d'un groupe sur mesure sans accompagnateur. Si vous préférez partir par vos propres moyens, prévoyez des marges. Qu'il s'agisse du poids des sacs, du nombre et de la longueur des étapes ou du niveau physique nécessaire, visez toujours en deçà de ce que vous estimez possible. Vérifiez aussi que votre assurance inclut bien l'activité randonnée.

Dernier point essentiel, l'équipement. Veillez à ce que vos enfants soient correctement protégés des intempéries et du soleil (lunettes, casquette à visière, crème solaire). N'hésitez pas à investir dans une vraie paire de chaussures de marche, elle limitera les risques d'entorse et de glissade. Et puis n'oubliez pas l'équipement plaisir : une paire de jumelles, une boussole et, pour les plus grands, un couteau de poche. Une fois en route, ayez à l'esprit que le rythme doit rester celui de vos enfants. Et puis surtout, surtout, vivez pleinement ces moments privilégiés.

RÉGIONS PROPICES À LA RANDONNÉE ITINÉRANTE

> **Afrique du Sud :** parc national Tsitsikamma.

> **Canada :** région du Charlevoix au Québec.

> **Espagne :** parc naturel du Cabo de Gata Nijar en Andalousie.

> **Finlande :** parc national d'Oulanka à la limite du cercle polaire.

> **Irlande :** comté du Kerry.

> **Italie :** parc national de la forêt Casentinesi dans les Apennins.

> **Maroc :** massif du Mgoun.

> **Nouvelle-Zélande :** parc national Abel Tasman.

> **Roumanie :** région des Maramureș.

> **Suisse :** Val d'Anniviers dans le canton du Valais.

→ LE DÉSERT

Le désert, c'est une expédition au vrai goût d'aventure. Possible en famille avec des enfants dès 4 ans, elle vous ouvrira des portes inattendues.

Pour une première expérience, l'Afrique du Nord est proche et compte des déserts magnifiques. Vos enfants seront enchantés par le mode de vie nomade et les paysages qu'ils découvriront ! Ils vont pouvoir dévaler les dunes, tenter d'apprivoiser un renard, découvrir les maisons troglodytiques de Tunisie, grimper dans les arganiers au Maroc, écouter des contes berbères sous la tente… Les voyagistes proposent des formules à partir de 4 ans, avec des réductions pour les 4-12 ans, souvent pour 8 jours, dont 4 jours de marche. Les enfants peuvent être portés par un chameau ou une mule selon les endroits. Vous bénéficiez en plus d'un cuisinier. Il vous fera découvrir la gastronomie locale et vos enfants pourront participer à la confection des plats. Si vous devenez adeptes du désert, de son rythme et de son calme, vous pouvez alors élargir vos voyages à la Jordanie et découvrir Pétra, à l'Égypte et à son désert Blanc mais aussi aux réserves indiennes des États-Unis, à l'Australie, au désert d'Atacama au Chili…

Les tentes sont souvent fournies et installées dans les formules proposées par les voyagistes. Elles sont généralement grandes et agréables, mais vous dormirez tous ensemble. Ne vous chargez pas trop, même si ce sont les chameaux qui portent. Prévoyez des vêtements en coton à manches et jambes longues pour vous protéger du soleil. Prenez aussi des vêtements chauds, les soirées sont fraîches et les nuits froides ! N'oubliez pas la lampe frontale, la gourde, les lunettes de soleil, la casquette ou le bob et un grand chèche pour se protéger du soleil et des vents de sable. Pensez au collyre pour nettoyer les yeux des enfants qui sont mis à rude épreuve par le soleil, le vent et le sable.

Prévoyez de bonnes chaussures. Investissez avant de partir dans des modèles adaptés et des chaussettes en coton. Prenez des pansements spéciaux pour les ampoules. Ne laissez pas vos enfants marcher pieds nus, ils risquent de se blesser ou de se faire piquer par une bête. Essayez de ne pas dormir à même le sol et secouez toujours vos sacs de couchage et vos vêtements avant de les enfiler. Sachez qu'un scorpion ne pique que s'il est dérangé et qu'il est réellement dangereux au-delà de 5 cm.

Il est difficile de faire ses besoins discrètement dans le désert et il faut parfois marcher beaucoup pour être un peu caché. Accompagnez toujours vos enfants dans ce cas-là, même s'ils désapprouvent…

Si vous partez seuls dans le désert avec un guide local, attendez que vos enfants aient au moins 8 ans et soient habitués à marcher. Commencez par une nuit dans le désert ou un week-end à l'occasion d'un voyage au Maghreb. Préparez bien votre itinéraire et prenez un guide qui soit recommandé et confirmé. Prévoyez de quoi manger, beaucoup de fruits secs, d'aliments nourrissants qui se conservent (les sardines) et d'aliments précuits. Tout doit être facile à cuisiner, car la cuisson peut être un problème en cas de vent. Prenez un réchaud avec recharge de gaz. Choisissez des emballages en carton qui finiront dans le feu. Optez pour de la vaisselle en Inox, facile à nettoyer et hygiénique ou bien des assiettes en carton que vous brûlerez. Emportez avec vous tout ce qui ne se brûle pas. Prévoyez de quoi vous asseoir, les sièges de camping ultralégers sont très pratiques, car le sable est chaud le midi. Pour les bidons d'eau, tout dépend de la durée, mais en gros on compte 2 litres d'eau par jour et par personne.

→ LES RÉSERVES ANIMALIÈRES

Observer la faune dans son environnement naturel, c'est le succès garanti pour toute la famille. Vous comme vos enfants serez émerveillés devant le spectacle des animaux.

Les enfants sont fascinés par le monde animal, mais pas par toutes les espèces. Les oiseaux, trop distants, trop petits, trop furtifs, ne les passionnent guère, à l'exception de certaines espèces emblématiques comme le quetzal ou l'ara, visibles au Costa Rica. Pour un premier voyage en famille consacré à l'observation des animaux, privilégiez les destinations où évoluent les "Big Five" (lion, éléphant, rhinocéros, léopard, buffle), notamment les réserves animalières du Kenya, de Tanzanie et d'Afrique du Sud. Ces espèces, aisément reconnaissables et faciles à observer de près, "parlent" aux enfants, qui peuvent les rattacher à des scènes déjà présentes dans leur imaginaire. Attention aux préjugés. Contrairement à ce que l'on imagine, l'espèce qui marque le plus les enfants n'est pas le lion. Tous les organisateurs de safari le disent : la vision d'un lion repu devient vite lassante. En revanche, l'observation d'un troupeau (gnous, zèbres, éléphants, buffles) est plus spectaculaire, car il y a du mouvement, du rythme, de l'action. L'idéal est d'assister aux grandes migrations animalières, par exemple celle des gnous au Kenya et en Tanzanie, à certaines époques (renseignez-vous auprès des agences spécialisées).

Si votre budget ne vous permet pas de vous offrir un safari (durée moyenne : une semaine), il existe quantité de parcs animaliers à travers le monde, facilement accessibles (à la journée) et financièrement très abordables. Dans les parcs nationaux canadiens, des aires aménagées permettent d'observer des ours et des élans, sans même sortir de sa voiture. Les enfants adorent !

Pensez également aux refuges animaliers, dans lesquels des espèces ont été placées à des fins de protection. Ni zoo ni réserve sauvage, ces sites permettent d'approcher certaines espèces rares dans d'excellentes conditions, en limitant les déplacements. Au Costa Rica, la réserve de Las Pumas, à Cañas, abrite des ocelots, des jaguars, des couguars et des jaguarundis, qui évoluent en semi-liberté. On est sûr de les voir de près.

Pensez à intégrer une dimension ludique et pédagogique à l'observation animalière : incitez vos enfants à réaliser un carnet de voyage, à prendre des photos des espèces avec un appareil numérique, à conserver les tickets d'entrée des parcs, à utiliser des livres de reconnaissance, à collectionner des feuilles, des écorces, des pierres. Il restera des souvenirs et, à leur retour, ils seront fiers de montrer ce qu'ils ont vu à leurs copains…

Dans la plupart des parcs et réserves, des guides spécialisés proposent des animations et des marches d'approche aux visiteurs. Faites appel à leurs compétences. Ils connaissent le terrain et savent expliquer, en des termes simples, les scènes de la vie animale auxquelles assistent les enfants : le rôle des prédateurs dans la chaîne alimentaire, l'importance de la biodiversité… Ils leur communiquent ainsi une gamme très étendue de connaissances. Ils apportent également une dimension humaine et culturelle à l'observation, comme dans le parc du Kakadu, en Australie, où les guides aborigènes transmettent une partie de leurs savoirs et de leur culture.

Bien entendu, avec des enfants, les considérations sanitaires sont primordiales. Qui dit faune sauvage dit nature vierge, insectes (dont moustiques), infrastructures limitées, surtout dans les zones tropicales et subtropicales. Renseignez-vous sur les conditions sanitaires locales, et la présence ou non de paludisme, et équipez-vous en conséquence. Et n'oubliez pas vos jumelles !

OÙ RENCONTRER LA FAUNE SAUVAGE

> **Afrique du Sud :** Kruger National Park (p. 114)

> **Australie :** parc de Kakadu (p. 214)

> **Brésil :** réserve Mamirauá (p. 190)

> **Costa Rica :** parc national Los Quetzales (p. 196)

> **Équateur :** îles Galápagos (p. 200)

> **États-Unis (Ouest) :** les Rocheuses (p. 204)

> **Kenya :** les réserves de Masai Mara, Tsavo et Amboseli (p. 120)

> **Sri Lanka :** les parcs nationaux de Minneriya, Uda Walawe, Yala ou Kaudulla (p. 178)

> **Tanzanie :** le cratère du Ngorongoro et les plaines du Serengeti (p. 138)

SUR MESURE

Plutôt actifs ou contemplatifs, passionnés d'histoire ou amoureux des animaux ? Voici quelques pistes pour trouver la destination qui comblera les envies de vos enfants.

POUR RÉJOUIR LES TOUT-PETITS

» Rencontrer le Père Noël et visiter la grotte dans laquelle ses amis les elfes préparent du pain d'épices en Finlande. p. 70

» Barboter au milieu des poissons dans les eaux chaudes de Guadeloupe et de Martinique. p. 206

» Construire des châteaux de sable et grignoter des churros sur les plages d'Espagne. p. 68

» Séjourner dans une ferme et observer de près les animaux en Allemagne. p. 48

» Admirer les moulins à vent douillettement installé dans une remorque pendant que papa pédale aux Pays-Bas. p. 92

» Se promener en calèche autour des remparts de Marrakech, au Maroc. p. 126

POUR QUE LES PLUS REMUANTS SE DÉFOULENT

» S'initier au ski ou dévaler les pistes comme un champion dans les Alpes suisses. p. 108

» Pratiquer la voile, le ski nautique et la plongée sous-marine aux Baléares. p. 54

» Faire le plein de sports nautiques et profiter des plages parmi les plus belles de la Méditerranée en Tunisie. p. 140

» Descendre les rivières en raft, canoë, kayak, jet boat ou surf raft en Nouvelle-Zélande. p. 218

» Se lancer à l'assaut des plages de Belgique en char à voile. p. 56

» Taquiner la vague après quelques cours de surf à la Réunion. p. 132

VIVRE COMME ROBINSON

» Se prendre pour un naufragé sur les îlots de Thaïlande. p. 180

» Chercher les coco-fesses sur les plages paradisiaques des Seychelles. p. 136

» Entrer dans la peau d'un pirate sur l'île Sainte-Marie, sur la côte est de Madagascar. p. 122

» Louer un cabanon sur une plage de Goa et vivre au rythme du soleil. p. 162

» Dormir les pieds dans l'eau dans un bungalow sur pilotis à Tahiti. p. 220

» Passer la nuit dans un bungalow au pied d'un site maya et se réveiller avec le vol des pélicans au Mexique. p. 208

SUR LA ROUTE DE L'AVENTURE

» Jouer au gaucho dans la Pampa argentine avant d'aller admirer les glaciers et les icebergs. p. 186

» Approcher les plus hautes montagnes du monde lors d'un trek facile au Népal. p. 174

» Explorer la canopée en téléphérique ou sur des ponts suspendus au Costa Rica. p. 196

» Traverser les paysages enneigés du Canada en traîneau à chiens ou en motoneige. p. 192

» Sillonner le bush australien jusqu'au fantastique rocher d'Uluru (Ayers Rock), le plus grand site sacré des Aborigènes. p. 214

» Grimper jusqu'au cratère de l'Etna et observer les coulées de lave en Sicile. p. 104

» Partir pour un safari à dos de chameau dans les dunes du désert du Thar, en Inde du Nord. p. 160

APPROCHER LES ANIMAUX

» Nager avec les tortues géantes, les bébés otaries et les manchots aux Galápagos. p. 200

» Observer le quotidien des orangs-outans en Malaisie. p. 170

» Jouer dans l'eau avec les dauphins à l'île Maurice. p. 128

» Grimper dans une jeep pour observer les éléphants, les léopards et les singes dans les parcs naturels du Sri Lanka. p. 178

» Observer les baleines et les rorquals en Islande. p. 78

» Rencontrer les "Big Five" dans les réserves du Kenya p. 120, de Tanzanie p. 138 ou d'Afrique du Sud. p. 114

» Marcher sous l'eau avec un casque de scaphandrier pour jouer avec les poissons et les raies à Tahiti. p. 220

CHEVALIERS ET PRINCESSES

» Marcher sur les pas de Sissi et enfiler des vêtements de princesse en Autriche. p. 52

» Chasser les fantômes dans les châteaux d'Écosse. p. 66

» Visiter le véritable château de Dracula en Roumanie. p. 100

» Revivre l'époque des croisades au krak des Chevaliers et dans les autres forteresses médiévales de Syrie. p. 150

» Se prendre pour la Belle au bois dormant au château de Neuschwanstein en Allemagne. p. 48

» Jouer au ninja ou au samouraï entre deux prises dans un studio de cinéma au Japon. p. 166

» Partager le faste des maharajas dans le kaléidoscope coloré du palais de Mysore, en Inde du Sud. p. 162

DESTINATION PARCS D'ATTRACTIONS

» Faire le tour des parcs à thème à Orlando, depuis l'incontournable Disneyworld jusqu'au tout nouveau parc dédié à Harry Potter dans l'est des États-Unis. p. 202

» Découvrir un monde tout en Lego à Billund, au Danemark. p. 64

» Vider son porte-monnaie dans les manèges du Prater, le grand parc de la capitale autrichienne. p. 52

» Se prendre pour un cow-boy à Sioux City, un grand parc reconstituant une ville du Far West aux Canaries. p. 60

» Dévaler le toboggan aquatique Wild Wadi Waterpark pour dominer la ville et la mer, à Dubaï. p. 144

» Rejouer la ruée vers l'or des années 1880 en Afrique du Sud, à Gold Reef City. p. 114

» Se mouiller dans le parc aquatique Sea World, l'un des parcs de loisirs de la Gold Coast, en Australie. p. 214

SUR LES TRACES DES IDOLES

» Observer les rassemblements des *cosplay-zoku*, ces jeunes aux looks extravagants semblant tout droit sortis d'un manga à Tokyo. p. 166

» Visiter les villages et les décors naturels utilisés pour le tournage de *La Menace fantôme* en Tunisie. p. 140

» Jouer au paparazzi à Hollywood et suivre les traces des cow-boys dans le Far West d'autrefois dans l'ouest des États-Unis. p. 204

» Rapporter une paire de baskets et une casquette assortie dénichée dans un magasin de New York. p. 202

» Enfiler le maillot de l'équipe de foot du Brésil et jongler sur la plage comme Ronaldo. p. 190

» Suivre les pas des Beatles ou de Pete Doherty et faire le plein de T-shirts branchés à Londres. p. 50

AU TEMPS DES GLADIATEURS ET DES DIEUX ANTIQUES

» Côtoyer les dieux de l'Olympe en Grèce et en Crète. p. 72

» Marcher sur les pas des empereurs au Colisée et au Forum romain à Rome ou plonger dans le quotidien d'une ville antique à Pompéi. p. 80

» Explorer une bibliothèque romaine, dans les ruines de la cité d'Éphèse, en Turquie. p. 152

» Visiter les temples antiques quasi intacts de la Sicile. p. 104

» Découvrir les pyramides et les temples d'Égypte, et descendre le Nil à bord d'une felouque comme le faisaient les pharaons. p. 118

» Emprunter les pas des Romains en déambulant dans l'immense ville antique de Djemila en Algérie. p. 116

POUR UN WEEK-END EN FAMILLE

» S'émerveiller devant les châteaux de contes de fées de Lisbonne et marcher sur les pas des grands explorateurs dans la ville voisine de Belém. p. 96

» Observer les tailleurs de pierre à l'œuvre à la Sagrada Familia, s'amuser au parc Güell et profiter des animations de las Ramblas à Barcelone. p. 68

» S'immerger dans le décor de théâtre de Venise, se balader en gondole ou en vaporetto, et assister à une régate. p. 80

» Voir Big Ben, la relève de la garde et savourer l'ambiance d'une comédie musicale à Londres. p. 50

» Visiter la forteresse Pierre-et-Paul, être surpris par les dômes colorés des églises et grimper dans un ancien vaisseau de guerre à Saint-Pétersbourg. p. 102

» Plonger dans le monde de la bande dessinée, se régaler de gaufres et de chocolat à Bruxelles. p. 56

POUR APPRENDRE D'AUTRES MODES DE VIE

» Passer une nuit dans un campement touareg au Mali. p. 124

» Prendre des cours de djembés sur les plages du Sénégal et s'initier au batik dans un petit village. p. 134

» Dormir en pleine jungle dans un lodge géré par une communauté amazonienne en Équateur. p. 200

» Aller à la rencontre des tribus kanakes et participer à des activités de tressage, de pêche ou de sculpture en Nouvelle-Calédonie. p. 216

» Découvrir le mode de vie des Indiens d'aujourd'hui et assister à un *pow wow* au Canada. p. 192

» Rencontrer les Samis, peuples d'éleveurs de rennes en Norvège. p. 88

LES MERVEILLES DU MONDE QUI VONT LES ÉPATER

» Déambuler sur la Grande Muraille de Chine, la seule construction humaine visible du ciel. p. 158

» Découvrir l'immaculé Taj Mahal et les scintillants palais du Rajasthan en Inde du Nord. p. 160

» Monter sur un dromadaire et approcher avec la majesté d'un pharaon les pyramides de Gizeh. p. 118

» Escalader les pyramides des grandes cités mayas et aztèques du Mexique pour dominer la jungle. p. 208

» S'engouffrer dans un canyon pour découvrir Pétra, la cité cachée dans les montagnes roses de Jordanie. p. 148

» Voir surgir au milieu de la jungle les centaines de temples d'Angkor. p. 156

» Toucher du doigt la fascinante mosquée en terre de Djenné. p. 124

⇢ PAYS PAR PAYS

Europe

Pour bien des familles, le premier voyage, c'est en Europe ! Pas de souci d'hygiène ou d'alimentation, une facilité d'accès (et de retour au cas où...), un système de soins qui tient la route : pour une fois, l'Europe élargie est rassurante !

Tout le monde a ses repères, y compris les enfants. Harry Potter animera le voyage en Angleterre, la Petite Sirène nagera à leur côté au Danemark, Sissi rendra l'Autriche aussi sucrée qu'une pomme d'amour, Tintin transformera l'escapade à Bruxelles en une aventure palpitante. Dans chaque pays, les plus jeunes marcheront sur les traces de leurs héros, simplifiant les étapes culturelles. Et rien de mieux que les ruines gréco-romaines et les châteaux forts pour les intéresser enfin à l'Histoire !

D'autant que les plages bien équipées ou les stations de montagne tout confort ne sont jamais bien loin pour alterner visites et vie en plein air. Les distances sont courtes. Pas besoin des bottes de sept lieues ou d'interminables heures de bus inconfortables pour varier les plaisirs. La possibilité d'y conduire une voiture soi-même rend la vie plus simple. Pour les destinations les plus proches, l'utilisation de son propre véhicule allège en partie le budget des parents voyageurs. Car les prix élevés peuvent rebuter plus d'une tribu. L'Europe n'est pas toujours un bon plan pour le porte-monnaie. Mais les billets d'avion *low cost* et la location de maisons ou d'appartements entre particuliers évitent quand même de casser la tirelire.

Alors pépère, le Vieux Continent ? Une marche dans la campagne roumaine, une balade en canoé sur un lac finlandais, une croisière familiale entre les îles croates vous feront changer d'avis : partir en Europe, c'est déjà l'aventure, le stress des parents en moins.

ALLEMAGNE

L'Allemagne n'est pas considérée comme un pays touristique et, pourtant, les châteaux romantiques, la vie au cœur d'une nature très accueillante, les curiosités culturelles combleront les petits voyageurs.

L'Allemagne, une destination bien plus ludique qu'on ne le croit

LES ENFANTS ADORERONT…
Berlin ludique
» Une balade en bateau sur la Spree pour admirer la ville et ses sites historiques de façon originale et sans se fatiguer.
» Les spectacles du théâtre de marionnettes Firlefanz.
» Le jardin zoologique, l'un des plus grands au monde, abrite des espèces rares, dont le panda géant. Le site comprend aussi un aquarium.
» Les dinosaures du Muséum d'histoire naturelle de l'université de Humboldt. Leurs squelettes géants impressionneront les plus jeunes, comme les météorites venues de Mars.
» Une baignade dans l'une des nombreuses piscines couvertes ou de plein air que compte la ville.

Les châteaux de contes de fées
» Les châteaux forts de la moyenne vallée du Haut-Rhin, aussi appelée "Rhin romantique".
» Le château de Neuschwanstein, en Bavière ; le plus populaire des châteaux d'Allemagne leur paraîtra familier : il a servi de modèle à celui de *La Belle au bois dormant* de Disney.
» Moins grand et moins connu, le château de Linderhof est aussi moins fréquenté et ses parcs et folies sont propices à de belles parties de cache-cache.

Les villes et villages du passé
» Les remparts et les vieilles demeures de Rothenbourg, véritable musée du Moyen Âge, tout comme que les autres cités de la Route romantique, comme Dinkelsbühl.
» Nuremberg et ses nombreuses maisons à colombages, à voir absolument en fin d'année, au moment du marché de Noël.

Les plaisirs de la vie de plein air
» Les vacances à la ferme, une forme de tourisme très populaire dans le pays et peu onéreuse. Un vrai bonheur pour les petits citadins !
» Les excursions et autres randonnées dans la Forêt-Noire, sur les rives allemandes du lac de Constance ou sur les îles de Hiddensee (interdite aux voitures) ou de Rügen.
» Marcher jusqu'à l'une des îles Frisonnes : à marée basse, on gagne l'île, on pique-nique à marée haute et on attend la marée basse pour rentrer à pied.

Des parcs thématiques originaux
» Plusieurs studios de cinéma et de télévision accueillent le public pour des visites et des spectacles : le Bavaria Filmstadt à Munich, le Filmpark Babelsberg à Potsdam et le Movie Park Germany dans la région de la Ruhr.
» Phantasialand près de Cologne, l'un des premiers parcs spectaculaires à avoir vu le jour dans d'anciens sites industriels de la Ruhr.

QUAND EST-CE QU'ON PART ?
» Vacances : hiver, printemps, été.
» La période qui va de mai à octobre est
la plus agréable pour visiter l'Allemagne.
Les températures sont alors plus douces que
le reste de l'année, et propices à des promenades
dans les campagnes. Février est le mois
du carnaval, fêté en grande pompe à Mayence, à
Cologne ou à Munich.

COMBIEN ÇA COÛTE ?
» Vol A/R Paris-Berlin : 150 à 200 €
» Chambre double catégorie moyenne : 80 à 150 €
» Repas dans un établissement de catégorie
moyenne : 10 à 25 €
» Location de voiture : à partir de 35 €/jour
(+ assurance)

À table !
Dans toutes les grandes villes allemandes,
on peut prendre des petits-déjeuners très copieux
(charcuterie, fromage, œufs, muesli, etc.) dans les
cafés, même à midi ! Vos enfants seront aux anges.
D'une manière générale, la charcuterie s'invite
souvent dans les repas, ce qui ne devrait pas non
plus déplaire aux enfants, et les accompagnements
ne se limitent plus aux traditionnels pommes de
terre et chou. Les pains sont délicieux et très variés.
En dessert, les enfants auront le choix parmi une
multitude de pâtisseries dont la *Schwarzwälder
Kirschtorte*, la fameuse forêt-noire.

BIBLIOTHÈQUE DU PETIT VOYAGEUR
› *Mes deux Allemagne*, Anne-Charlotte Voorhoeve
(Bayard Jeunesse, 2009). Dès 12 ans
› *Contes populaires allemands*, Musaus
(Pardès, 2000). Dès 5 ans
› *Contes*, Jacob et Wilhelm Grimm
(Larousse, coll. Petits Classiques, 2010). Dès 5 ans
› *Les Contes de la Forêt-Noire* (ARB Music, 2007).
Dès 6 ans

SOUVENIRS D'ENFANTS
› Un ours en peluche : l'Allemagne est sa patrie
originaire
› Des jouets en bois de toutes sortes – grues,
maisons de poupées, fermes avec leurs animaux –,
toujours très bien conçus

SE DÉPLACER SANS GALÉRER
Avec un réseau dense et fiable, le train est un bon
moyen pour se déplacer en Allemagne mais un peu
cher. Plus lents, les bus sont utiles pour rejoindre
les zones rurales mal desservies par les trains.
Le réseau routier est excellent et comprend pas
moins de 11 000 kilomètres d'autoroute. Pour une
balade à travers la campagne ou un déplacement
en ville, pensez au vélo ! Les pistes cyclables
s'étirent sur des milliers de kilomètres : les points
de location sont nombreux, notamment près des
gares. Vous trouverez sans mal des sièges enfants
et des remorques pour installer les plus jeunes.
Les bicyclettes sont acceptées dans les trains et de
nombreux bus des compagnies régionales sont
équipés pour les transporter.

🕐 Décalage horaire
→ Décalage horaire : aucun
→ Durée moyenne d'un vol direct Paris-Berlin :
1 heure 45

ANGLETERRE

Patrie de Robin des Bois et de Harry Potter, l'Angleterre a quelque chose de familier pour tous les enfants. Ils adoreront marcher sur les pas de leurs héros préférés, et nul doute que les scones et délicieux *crumpets* les feront succomber eux aussi au charme du *five o'clock tea*.

Queen, *bobbies*, Beatles, vos *kids* vont réviser leur anglais

LES ENFANTS ADORERONT…
Les Beatles et la reine d'Angleterre
» Le donjon de Londres : squelettes, faux sang à foison… Pour les enfants déjà grands qui aiment jouer à se faire peur.
» La relève de la garde à Buckingham Palace : indémodable !
» Le gigantesque aquarium de Londres, la London Eye (la grande roue haute de 135 mètres), le musée de cire Madame Tussauds : des classiques, mais toujours plébiscités.
» Une comédie musicale à Londres.
» Un tour de Liverpool à bord du *Yellow Duckmarine* : la promenade à bord de ce véhicule amphibie s'achève par un plongeon dans les eaux des docks.
» La fierté de Bristol : le SS *Great Britain*, un immense bateau à vapeur qui rappelle le passé maritime du pays.

L'univers de leurs héros préférés
» Dans les pas de Harry Potter à l'université d'Oxford où a été tournée une grande partie des scènes se passant à Poudlard. Autre site phare, le château d'Alnwick, qui est aussi celui de Hogwarts dans le premier épisode.

» L'étonnant château de Cardiff, où chaque salle a une décoration thématique, dont l'étonnante nurserie consacrée aux contes pour enfants.
» Le château médiéval de Warwick et ses animations en costumes d'époque pour les amateurs d'histoires de cape et d'épée.
» La galerie Beatrix Potter expose des dessins originaux de l'auteur pour enfants, à Hawkshead, dans le sublime Lake District.
» Cadbury World : dans cette chocolaterie près de Birmingham ouverte aux visiteurs, on peut facilement se prendre pour Charlie.
» La forêt de Sherwood : un itinéraire a été spécialement conçu pour marcher sur les traces de Robin des Bois.

Landes, lacs et druides
» Une promenade dans les landes du Dartmoor National Park pour admirer la faune (busards, poneys sauvages…) et s'adonner aux joies du canoë ou des balades à cheval.
» Les incroyables monolithes de Stonehenge pour plonger dans le monde des druides.
» Une croisière dans les Norfolk Broads, entrelacs de rivières et de lacs, pour observer au fil de l'eau la faune très riche, les villages typiques et les moulins.
» Une balade dans un train à vapeur à travers les plus jolis paysages du royaume sur l'une des nombreuses lignes que compte le pays.

Les plages pas tropicales
» Blackpool, une station balnéaire surprenante avec son fantastique parc d'attractions au bord de la mer.
» Brighton et sa plage de galets.
» Les Cornouailles, l'une des régions anglaises les plus propices à la baignade.

QUAND EST-CE QU'ON PART ?

» Vacances : printemps, été.
» À Londres, il y a toujours quelque chose à faire et à voir toute l'année, quelles que soient les conditions climatiques. Mais, pour découvrir le reste de l'Angleterre, la période courant entre novembre et février est la moins propice ; les journées sont courtes et les températures souvent froides, surtout dans le Nord. D'avril à septembre en revanche, les températures sont douces et les balades deviennent un vrai plaisir ; c'est donc logiquement à cette époque que les touristes affluent, sur la côte, dans les parcs nationaux et à Londres.

COMBIEN ÇA COÛTE ?

» Vol A/R Paris-Londres : 120 à 160 €
» Trajet A/R Paris-Londres en Eurostar : environ 100 €
» Traversée Calais-Douvre en ferry pour une voiture et 5 passagers : environ 60 €
» Chambre double catégorie moyenne : 80 à 145 €. Optez pour un B&B pour des prix raisonnables.
» Repas dans un établissement de catégorie moyenne : 15 à 25 €
» Location de voiture : environ 300 €/semaine

SE DÉPLACER SANS GALÉRER

En famille, il est plus avantageux de sillonner le pays en voiture (n'oubliez pas qu'ici on roule à gauche !). Cette option est toutefois inappropriée à Londres (il faut s'acquitter d'un péage pour entrer dans la ville, se garer est difficile et onéreux), où les transports en commun sont efficaces et de qualité. Toutefois, dans la capitale comme dans les autres villes, ils restent chers en dépit des réductions prévues pour les enfants. Le Royaume-Uni dispose d'un réseau ferré dense et efficace, mais plutôt onéreux. Les bus sont moins coûteux mais plus lents.

À table !

Si les adultes apprécient peu la cuisine anglaise, les enfants n'ont rien contre : *fish and chips* (poisson pané et frites, moins gras dans les pubs que dans les snacks de rue), saucisse-purée et œufs au bacon au petit-déjeuner… Que des plats qu'ils adorent ! Ils aimeront aussi les simples mais goûteuses *jacket potatoes*, pommes de terre cuites au four aux garnitures variées que l'on trouve un peu partout. Les gourmands pourront goûter les différents puddings et les *jellys* : leurs couleurs si peu naturelles auront pour eux l'attrait qu'ils n'ont pas pour les plus grands.

❶ Précautions

→ Dans les petites villes, il peut être difficile de trouver un lieu pour dîner passé 19h.
→ Certains pubs n'acceptent pas les enfants même dans les grandes villes.

🕐 Décalage horaire

→ Décalage horaire : -1 heure
→ Durée moyenne d'un vol direct Paris-Londres : 1 heure
→ Durée moyenne d'un trajet en Eurostar Paris-Londres : 2 heures 15

BIBLIOTHÈQUE DU PETIT VOYAGEUR

› *Angleterre*, Geneviève Brisac (École des loisirs, 2005). Dès 12 ans
› *La Famille Bonhomme chez la Reine d'Angleterre*, Yak Rivais (Éveil et découvertes, 2009). Dès 9 ans

SOUVENIRS D'ENFANTS

› Un taxi anglais ou un bus à impériale miniatures
› Un jeu de croquet pour toute la famille

AUTRICHE

Dans la patrie de Mozart et de Sissi l'impératrice, les châteaux font la part belle aux plus jeunes, qui peuvent s'y instruire tout en s'amusant. Ses montagnes invitent aux activités de plein air en hiver comme en été, et la baignade dans les lacs remplace la mer sans problème. Ses villages pimpants et leur ambiance familiale en font également une destination idéale pour qui commence à voyager avec ses enfants.

Les lacs, une alternative à la mer qui ravira les enfants

LES ENFANTS ADORERONT…

Les souvenirs des empereurs, princes et princesses

» À Vienne, le musée Sissi, pour faire rêver les petites filles ! Situé dans le Palais impérial (Hofburg), il présente des portraits et des vêtements de la célèbre impératrice d'Autriche.

» Bad Ischl, résidence impériale d'été, une petite villa intimiste au centre du pays, dotée d'un joli parc.

» Le château de Schönbrunn : l'ancienne résidence impériale héberge un musée pour les petits sur le quotidien des enfants impériaux (ils peuvent même se déguiser à la fin de la visite).

» Une balade en fiacre dans les rues de Vienne.

L'atmosphère de conte de fées

» Les maisons peintes et les villages bucoliques : des églises baroques à bulbes aux fermes, en passant par les vertes prairies où paissent les vaches, vous voilà transporté dans un livre d'images traditionnel, notamment au Tyrol, foyer des traditions autrichiennes.

» Les châteaux de Salzbourg : la forteresse de Hohensalzburg, dont la visite commence par une ascension en funiculaire ; le château de Hellbrunn et ses fantastiques jeux d'eau.

» La maison de Mozart, pour faire de vos petits des futurs mélomanes.

Les distractions sur mesure

» Le théâtre de marionnettes de Salzbourg, avec des représentations des classiques de l'opéra par des poupées de bois.

» Le Prater : grand parc de Vienne, adoré des enfants, avec ses manèges, sa fameuse grande roue et son théâtre de marionnettes.

» Les spectacles de chevaux de l'école espagnole de Vienne.

Les activités de plein air

» Le ski (de fond ou alpin) est quasi un sport national, notamment dans le Tyrol ou les Alpes autrichiennes. Les stations de Filzmoos (pays de Salzbourg) ou de Heiligenblut (Carinthie) sont très familiales.

» L'Autriche compte 50 000 kilomètres de sentiers balisés, idéaux pour la randonnée, et un superbe réseau de pistes cyclables.

» Aux beaux jours, on peut se baigner dans les lacs. Celui de Neusiedl est surnommé la "mer des Viennois".

» À Vienne, l'île du Danube pour profiter des plages et des terrains de jeux.

Les excursions au goût d'aventure

» La mine d'Erzberg dont on peut explorer les galeries souterraines avec, pour le petit frisson, une reconstitution en son et lumière d'une explosion. On peut aussi gravir les étages de cette mine à ciel ouvert à bord d'un camion doté d'une plate-forme.

» Les grottes d'Eisriesenwelt, les plus vastes grottes glaciaires (et glaciales !) visitables au monde.

QUAND EST-CE QU'ON PART ?

» Vacances : hiver, printemps, été, Noël.
» Pour pratiquer les sports d'hiver, on se doit de se rendre en Autriche pendant la période qui court de mi-décembre à mars. Évidemment, les stations sont bondées (et plus chères) pendant les fêtes de fin d'année. Le reste du temps, on peut profiter pleinement d'une nature généreuse, faire du vélo et se baigner dans les lacs (surtout en été). La majorité des festivals a lieu entre mai et octobre.

COMBIEN ÇA COÛTE ?

» Vol A/R Paris-Vienne : 120 à 200 €
» Chambre double catégorie moyenne : 45 à 130 €
» Repas dans un établissement de catégorie moyenne : 10 à 20 €
» Location de voiture : de 80 à 100 €/jour

CARNET DE SANTÉ

Le risque de contracter la méningo-encéphalite à tiques existe du printemps à la fin de l'automne. La vaccination contre cette maladie transmise par les tiques est conseillée, surtout pour les enfants.

🕐 Décalage horaire

→ Décalage horaire : aucun
→ Durée moyenne d'un vol direct Paris-Vienne : 2 heures

SE DÉPLACER SANS GALÉRER

Si vous venez avec votre voiture, vous devrez vous acquitter d'une vignette, que l'on peut acheter à la frontière, ainsi que dans les bureaux de tabac ou de poste. Les amateurs de bicyclettes sont servis, car le pays compte des milliers de kilomètres de pistes cyclables ; pratique, on peut louer des vélos dans une gare ferroviaire et les rendre dans une autre. À Vienne, pendant les vacances scolaires et le dimanche, les enfants de moins de 15 ans profitent gratuitement des transports en commun. Le reste de l'année, c'est gratuit pour les moins de 6 ans et à moitié prix entre 6 et 16 ans.

À table !

Vos enfants adoreront les Schnitzler, plats de viandes ou poissons panés présents sur tous les menus, dont la fameuse Wiener Schnitzler, l'escalope viennoise. Ils pourront apprécier aussi une grande variété de saucisses (*wurst*), présentes aussi bien dans les restaurants que dans des stands de rue. Les plats sont souvent accompagnés de pommes de terre. Les Autrichiens ont une belle réputation en matière de desserts (ne dit-on pas "viennoiseries" ?) : les petits gourmands se régaleront du classique *apfelstrüdel* (pâte feuilletée fourrée à la pomme et aux raisins secs) ou de *sachertorte* (spécialité viennoise au chocolat et à la confiture d'abricot).

BIBLIOTHÈQUE DU PETIT VOYAGEUR

› *Sissi. Journal d'Élisabeth, future impératrice d'Autriche (1853-1855)*, Catherine de Lasa (Gallimard Jeunesse, 2008). Dès 9 ans
› *L'Étoile de Kazan*, Eva Ibbotson (Albin Michel, 2004). Dès 9 ans
› *Les K. Panique sur le télésiège*, Thomas Brezina (Rageot, 2004). Dès 13 ans
› *Le Maître de piano*, Maurine F. Dahlberg (Flammarion, Castor Poche, 2002). Dès 13 ans

SOUVENIRS D'ENFANTS

› Des marmottes en peluche
› Des cannes de marche
› Des jouets en bois, idéaux pour les tout-petits

BALÉARES

Il ne faut pas se fier aux yachts qui mouillent dans les criques et à certaines plages bondées : malgré le tourisme de masse, les îles espagnoles de Majorque, de Minorque et de Formentera ont su conserver leur caractère. C'est moins le cas pour Ibiza qui n'est de toute façon pas une destination familiale. Que ce soit en hôtels-clubs, où les animations dédiées aux enfants sont variées, ou hors des sentiers battus, chacun y trouvera son compte.

Une nature généreuse, un soleil radieux, tout pour éblouir les enfants

LES ENFANTS ADORERONT…
Les activités ludiques et sportives

» Les longues baignades dans une mer chaude et calme. Les plages de Formentera et de Minorque sont moins fréquentées en été.

» Les randonnées dans les pinèdes parfumées sur la côte est de Formentera ou sur la côte rocheuse de Majorque (nord-ouest).

» Les sports nautiques à partir de 8/9 ans : voile, ski nautique, plongée sous-marine, canoë…

» Le vélo sur les *rutas verdes* (routes vertes) de Formentera, spécialement conçues pour les balades.

» Le tour de Minorque à cheval sur le *camino de los caballos* (le chemin des chevaux).

» Les nombreux parcs d'attractions sur Majorque.

Les traces de 4 000 ans d'histoire agitée

» Les sépultures préhistoriques de Ca Na Costa (Formentera) et les *taulas* (mégalithes) de Minorque, élevées entre 1000 et 300 av. J.-C.

» Le théâtre romain de Pollentia (Alcúdia, Majorque).

» Les remparts maures d'Alcúdia.

» L'ambiance médiévale des fêtes de Minorque, comme la Festa de Sant Joan à Ciutadella (fin juin) avec son tournoi de joute.

» Les tours de Formentera depuis lesquelles les habitants guettaient l'arrivée des pirates.

» Les villages préservés, comme San Francesc (Formentera) et Deià (Majorque).

Les paysages splendides ou inattendus

» Dans l'une des cinq grottes de l'archipel, comme celles du Drach et des Hams (Majorque).

» Les sublimes paysages marins, comme au cap de Formentor (Majorque) ou à la Punta des Ras (Formentera).

» Une sortie en mer à bord d'un bateau à fond de verre à Port Andratx (Majorque).

Les trésors des villes et villages

» Le Castell de Bellver à Palma (Majorque), un château fort qui devrait faire rêver les enfants.

» La Fondation Joan Miró à Palma (Majorque), où vos enfants pourront pénétrer dans l'atelier de l'artiste, resté pratiquement intact.

» Le beau port de Mahón (Minorque), à découvrir lors d'une excursion en bateau.

» Les souvenirs de Chopin et de George Sand dans le monastère de Valldemossa (Majorque).

QUAND EST-CE QU'ON PART ?

» Vacances : toutes.
» Les Baléares se visitent toute l'année, mais les mois de mai, juin, septembre et octobre sont les plus agréables pour les enfants. En été, il peut faire très chaud, les touristes affluent de toute l'Europe et envahissent nombre de plages (et les hôtels pratiquent des tarifs plus élevés). Les hivers sont doux et ensoleillés, mais pas au point de profiter de la plage. Minorque, la plus septentrionale des îles, jouit de températures plus fraîches toute l'année.

COMBIEN ÇA COÛTE ?

» Vol A/R Paris-Palma : à partir de 150 €
» Prix moyen d'un séjour organisé "tout compris" avion + hôtel : 400 à 800 € selon la saison
» Chambre double catégorie moyenne : 35 à 80 €
» Repas dans un établissement de catégorie moyenne : 7 à 15 €
» Location de voiture : à partir de 35 €/jour

⊘ Précautions

→ Protégez correctement les enfants de la chaleur et du soleil.

🕐 Décalage horaire

→ Décalage horaire : aucun
→ Durée moyenne d'un vol direct Paris-Palma : 2 heures

BIBLIOTHÈQUE DU PETIT VOYAGEUR

› *Voyage à l'île de Bes ou la fabuleuse histoire de Petra à Ibiza : un conte d'architecture pour les enfants*, Valérie Gevers (Archives d'architecture moderne, 1996).
Dès 7 ans

SOUVENIRS D'ENFANTS

› Des petites boîtes à secrets façonnées dans du bois d'olivier

SE DÉPLACER SANS GALÉRER

Des ferries assurent plusieurs liaisons hebdomadaires entre Palma de Majorque et les autres îles des Baléares. Deux lignes de train sillonnent Majorque. De nombreux bus circulent dans Majorque et Minorque ; à Formentera, un service de bus relie les principales localités. Il est possible de louer une voiture (en été, mieux vaut réserver depuis la France pour éviter des tarifs prohibitifs) et des bicyclettes sur les cinq îles, et des taxis sont disponibles dans toutes les villes.

À table !

Quelle que soit la destination, la paella est incontournable : et c'est tant mieux, car avec son mélange de riz safrané, de légumes de saison, de poulet, poisson et fruits de mer, ce plat nourrissant et équilibré séduit généralement les enfants. Les poissons et fruits de mer, mais aussi la viande de porc, sont à part ça la base de nombreux plats. À Minorque, les traditions culinaires sont plus surprenantes : pudding, dinde farcie et macaronis au fromage sont très répandus, héritage des lointaines années de domination anglaise.

BELGIQUE

Avec comme spécialités le chocolat, les frites et la bande dessinée, la Belgique a de sérieux atouts pour séduire les plus jeunes. Au gré des nombreux divertissements offerts par les villes agréables, des promenades sur les canaux, des sorties en bord de mer ou à la campagne, enfants ou ados y trouveront leur compte.

LES ENFANTS ADORERONT...
Bruxelles, capitale de la BD

» Le Centre belge de la bande dessinée, avec ses expositions permanentes consacrées aux Schtroumpfs ou à Tintin.

» Visiter la ville au gré des 50 fresques formant le parcours BD.

» L'architecture futuriste de l'Atomium et le parc Mini-Europe qui s'étend à ses pieds.

» Le Manneken Pis, le réjouissant "môme qui pisse" qui revêt différents habits de fête au cours de l'année.

» Les spectacles de marionnettes du théâtre royal (mais minuscule) de Toone.

» Le musée Hergé, à Louvain-la-Neuve, pour tout savoir sur Tintin, Hadock et Tournesol.

La Belgique, une destination sans épines avec des enfants !

Le pays des beffrois et des géants

» La jolie ville de Gand avec son château à tourelles et son beffroi.

» Bruges, avec ses airs de ville de poupées : on peut la visiter en calèche ou se promener le long de ses canaux bordés de moulins à vent.

» Anvers et son célèbre zoo, qui est le plus ancien du monde, et la forteresse du Steen, où l'on peut admirer des maquettes de bateaux.

» Les traditionnels défilés des géants, ces figures gigantesques qui paradent dans les villes lors du Lundi des fous à Renaix (janvier), durant le carnaval de Hal et celui de Stavelot (février), ou encore lors de la fête de la Ducasse d'Ath et celle de Mons (fin août).

» Le carnaval de Binche, l'un des plus beaux de Belgique, qui se déroule durant trois jours jusqu'à Mardi gras.

Les balades au fil des rivières et des canaux

» Les balades en bateau sur les canaux de Bruges et de Gand.

» Une croisière sur le canal du Centre depuis Houdeng-Goegnies jusqu'aux étonnants ascenseurs hydrauliques où prennent place les bateaux.

» Le kayak en été sur l'Ourthe, la Sémois ou encore la Lesse.

» La randonnée dans la vallée de la Sûre avec possibilité de sports nautiques sur les lacs.

Le bord de mer

» Les longues plages d'Ostende et des petites stations comme Blankenberge ou La Panne (avec son parc d'attractions Plopsaland). On peut y pratiquer le char à voile à partir de 8 ans.

» La visite du *Mercator*, un ancien voilier école de la marine marchande, et de l'*Amandine*, un ancien bateau de pêche, tous deux amarrés aux quais d'Ostende.

QUAND EST-CE QU'ON PART ?

》 Vacances : printemps, été.
》 Certes, on n'est jamais à l'abri d'une petite averse même en été, mais les belles journées sont nombreuses. En hiver, le temps froid et sec peut ainsi donner lieu à des journées très agréables, propices à un week-end en famille dans l'une des belles villes du pays. La période la plus chaude s'étend d'avril à septembre. Pour la baignade, il faut profiter des mois de juillet et d'août.

COMBIEN ÇA COÛTE ?

》 Trajet A/R en Thalys Paris-Bruxelles : 50 à 180 €
》 Chambre double catégorie moyenne : 60 à 140 €
》 Repas dans un établissement de catégorie moyenne : 15 à 25 €
》 Location de voiture : à partir de 40 €/jour pour une petite voiture

BIBLIOTHÈQUE DU PETIT VOYAGEUR

》 *Dragons oubliés de Belgique*, Joachim Regout, Virginie Holaind (Astelines, 2010). Dès 4 ans
》 *Astérix chez les Belges*, Uderzo, Goscinny (Hachette, 2005). Dès 7 ans
》 … et les albums de Tintin (Casterman)

SOUVENIRS D'ENFANTS

》 D'innombrables figurines de héros de bande dessinée
》 Des chocolats de toutes sortes

SE DÉPLACER SANS GALÉRER

Le pays est traversé d'autoroutes qui rendent très faciles les déplacements entre les différentes villes. Le train (trains InterCity, les plus rapides, mais aussi les trains interrégionaux) est un moyen de transport également très pratique et peu onéreux, car il est gratuit pour les enfants de moins de 12 ans. En ville, privilégiez les transports urbains, notamment à Bruxelles qui dispose de tramways et d'un métro et à Anvers. Le vélo est un mode déplacement agréable dans ce pays où la plupart des routes possèdent des couloirs réservés aux cyclistes. Enfin, les balades en bateau sont possibles sur les canaux et rivières où l'on peut louer des bateaux.

🕐 Décalage horaire

》 Décalage horaire : aucun
》 Durée moyenne d'un trajet en train (Thalys) Paris-Bruxelles : 1 heure 25
》 Durée d'un parcours en voiture Paris-Bruxelles : 3 heures 30

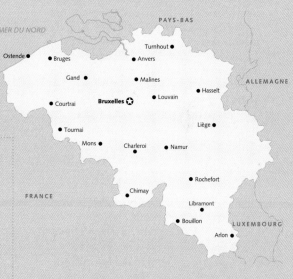

À table !

Si les enfants n'aiment pas les moules, ils adoreront les frites qui les accompagnent. Autre garniture appréciée des enfants, le *stoemp* est une sorte de purée de pomme de terre mélangée à d'autres légumes. Dans les restaurants et brasseries, ils retrouveront de nombreux plats familiers, mais le *waterzooi*, un ragoût de poisson ou de poulet cuisiné à la crème, devrait aussi leur plaire. Les jeunes palais devraient se laisser séduire par les spéculoos (biscuits à la cassonade et à la cannelle) qui s'invitent dans de nombreux desserts et, à coup sûr, par les délicieux *wafels* (gaufres), que l'on achète encore chauds dans de nombreux stands de rue.

BULGARIE

Avec ses paysages préservés, ce petit pays d'Europe encore méconnu est
une destination parfaite pour des vacances alliant activités en plein air et découverte
d'un riche patrimoine historique. Ses vestiges romains et thraces feront naître
des vocations d'archéologues chez vos bambins, tandis que ses stations balnéaires
bien équipées combleront tous leurs vœux de baignades.

LES ENFANTS ADORERONT…
Les activités de plein air dans des paysages préservés

» Les promenades à cheval dans les collines
verdoyantes qui entourent le village-musée
d'Arbanasi, ancienne résidence d'été des tsars.
» L'observation des oiseaux avec un guide autour
du lac de Srebărna, vaste réserve naturelle
où l'on peut aussi faire des balades à bord de
caïques, les embarcations des pêcheurs.
» Les promenades en kayak sur les nombreux lacs
et rivières ; les plus grands s'essaieront au rafting,
encadrés par des moniteurs chevronnés.

Les figurines artisanales évoquent la riche culture du pays

Les stations balnéaires de la mer Noire

» La plage des Sables d'or (Zlatni Pyasătsi) qui
compte parmi les plus belles d'Europe. Située
au sein d'un parc naturel, cette station familiale
propose des activités très variées à destination
des enfants et dispose d'un parc aquatique
où les prix sont fixés en fonction… de la taille
du participant !
» Varna, la "perle de la mer Noire", est une station
balnéaire au riche patrimoine. Son musée
archéologique est le plus vaste du pays et les
thermes romains sont très bien conservés.
Quant au parc Primorski, il regorge d'activités
pour les enfants.
» Nesebăr, ville-musée aux ruelles et aux édifices
pittoresques, presqu'île au charme envoûtant
(surtout hors saison, sans la foule) qui contraste
avec la toute proche "plage du Soleil" (Slăntchev
Bryag), station populaire mais sans âme.

Les vestiges de la riche histoire bulgare

» Les ruines romaines de Plovdiv, et notamment
l'amphithéâtre magnifiquement rénové.
» Veliko Tărnovo, l'ancienne capitale, et ses
fortifications.

» Le monastère de Rila, à visiter en famille. Les plus
courageux partiront ensuite pour une randonnée
dans les montagnes environnantes, sillonnées
par les sentiers et les aires de pique-nique.
» Les forteresses, dont celles de Shoumen ou de
Kaleto, souvenirs des combats que se livrèrent
Thraces, Romains, Byzantins ou Bulgares
pendant des siècles.
» Le village-musée de Koprivshtitsa avec ses
ruelles envahies par la végétation parmi lesquelles
les enfants pourront gambader tranquillement
entourés des maisons colorées héritées du
Renouveau national bulgare.

Les escapades insolites

» Une montée en télécabine au sommet
du mont Vitosha, qui domine Sofia du haut
de ses 2 290 mètres.
» Une expédition dans les grottes de Trigrad
et de Yagodina, dans le massif des Rhodopes,
pour découvrir d'impressionnantes stalactites
et stalagmites.

QUAND EST-CE QU'ON PART ?

» Vacances : printemps, été.
» Au printemps, le climat est doux, tout comme les tarifs. Idéal pour profiter de Sofia. Si le littoral de la mer Noire est très fréquenté l'été, c'est pourtant cette saison que vous devrez privilégier pour la baignade, car les eaux deviennent froides dès le début de l'automne. En hiver, à moins de vouloir skier, le temps est froid et humide.

COMBIEN ÇA COÛTE ?

» Vol A/R Paris-Sofia : 200 à 300 €
» Prix moyen d'un séjour balnéaire d'une semaine sur les rives de la mer Noire (forfait avion + hôtel + demi-pension) : 500 €
» Chambre double catégorie moyenne : de 25 à 50 €. Pour être sûr d'obtenir un lit d'enfant, mieux vaut réserver dans un hôtel de catégorie supérieure ou dans un établissement appartenant à une chaîne internationale.
» Repas dans un établissement de catégorie moyenne : 5 à 10 €
» Location de voiture : à partir de 30 €/jour

Précautions

→ La nuit, il est déconseillé de circuler à pied dans les agglomérations en dehors du centre-ville.

Décalage horaire

→ Décalage horaire : +1 heure
→ Durée moyenne d'un vol direct Paris-Sofia : 2 heures 45

SE DÉPLACER SANS GALÉRER

La Bulgarie est un pays peu étendu que l'on peut facilement sillonner en bus à peu de frais. Les trains sont moins confortables et moins rapides. La voiture est un bon moyen de visiter le pays, notamment pour accéder aux villages reculés. Sachez cependant que les routes sont en mauvais état et que la police nationale est très encline à arrêter les voitures étrangères. Prévoyez une bonne carte, car les panneaux indicateurs sont majoritairement en cyrillique.

À table !

Vous ne devriez pas avoir de difficulté à faire découvrir la cuisine bulgare à vos enfants : omniprésentes, les *kebaptcheta* ou les *kuftéta*, des boulettes de viande, sont généralement servies avec des frites (*parjeni kartofi*) souvent recouvertes du fromage local, le *sirene*. Ils adoreront les desserts, très sucrés : baklava originaire de la Turquie voisine, *touloumbitchki* (pâte frite et trempée dans du sirop). Sans oublier les yaourts bulgares, aussi délicieux que célèbres.

BIBLIOTHÈQUE DU PETIT VOYAGEUR

› *Conte bulgare. La fille d'or et la fille de cendres*, Robert Giraud et Albéna Ivanovitch-Lair (Flammarion, 2003). Dès 4 ans
› *Borko et le renard. Contes de Bulgarie*, Albéna Ivanovitch-Lair et Mario Urbanet (L'Harmattan, 2006). Dès 6 ans
› *Sagesse et malices de Pierre le rusé, dit Hitar Pétar*, Albéna Ivanovitch-Lair, Mario Urbanet et Pauline Martin (Albin Michel, 2005). Dès 7 ans

SOUVENIRS D'ENFANTS

› Des *martenitsi* (poupées en tissu richement brodées)
› Des jouets en bois, des jeux d'échecs et de petits instruments de musique en bois

CANARIES

Avec ses paysages volcaniques, entre déserts et sable blanc, on se croirait parfois sur la Lune ! Une galaxie d'îles plutôt, où tout est prévu pour les familles. Parcs d'attractions, zoo et piscines à toboggans jalonnent cet archipel ensoleillé. Les vacances ici, c'est toute l'année !

LES ENFANTS ADORERONT...

Les plages, piscines et parcs aquatiques

» Les plages, de sable blanc ou de sable noir, pour la baignade ou les activités très encadrées (plongée, kayak…). Celles de Costa Calma et de Caleta de Fuste à Fuerteventura, ou celles du sud de Tenerife sont paisibles et les eaux peu profondes.

» Les piscines d'eau de mer, artificielles ou naturelles, le long de la côte à Tenerife. Elles évitent la dangerosité des courants.

» Les piscines à toboggans et autres attractions aquatiques à l'Aqualand Aquasur sur Grande Canarie et au Baku Water Park de Fuerteventura. Le must : les bassins design du Parque Maritimo César Manrique de Santa Cruz de Tenerife.

La vie sous la mer

» L'observation de dauphins, baleines et cachalots, lors de sorties en mer avec des compagnies spécialisées dans les eaux séparant Tenerife et La Gomera.

» Une exploration des fonds marins à bord du *Nautilus*, un petit sous-marin jaune, au départ de Caleta de Fuste (Fuerteventura), ou à bord de celui de Submarine Safaris, à Puerto Calero (Lanzarote).

Les animaux à poils, à plumes et à écailles

» Rapaces, singes, caïmans, tigres et lions blancs vivent en semi-liberté dans le Jungle Park (Tenerife).

» Les lézards géants d'El Hierro, espèce endémique, sont visibles au Lagartario de l'écomusée de Guinea (El Hierro).

» 3 000 perroquets vivent au Loro Parque (Tenerife), qui abrite aussi un aquarium souterrain et un étonnant "pingouinarium" !

» Des balades à dos de dromadaires sont organisées à l'Oasis Park, petit zoo sur Fuerteventura.

Sur les îles Canaries, tout est prévu pour les jeunes aventuriers

Les parcs thématiques et le carnaval

» Montagnes russes, château gonflable, poneys… l'Holiday World est le plus grand parc d'attractions de l'archipel (Maspalomas, Grande Canarie).

» Sioux City, à Grande Canarie, reconstitution d'une ville du Far West où les cow-boys en herbe peuvent monter à cheval et profiter des spectacles.

» Le carnaval de Tenerife, en février : danses et chants animent les rues et les arènes pendant plusieurs jours, les chars rivalisent d'extravagance et de couleur.

Les paysages pour s'émerveiller

» Le paysage lunaire du parc national de Timanfaya (Lanzarote), produit d'anciennes éruptions volcaniques.

» Le volcan El Teide, sur Tenerife, dont on peut atteindre le sommet en téléphérique. Autour, les colonnes de lave et le Pico Viejo offrent des vues spectaculaires.

QUAND EST-CE QU'ON PART ?

» Vacances : toutes.
» Quelle que soit la période de l'année, les Canaries jouissent d'un climat doux et ensoleillé. La période de décembre à mars est considérée comme la saison haute. La fréquentation, tout comme les prix des vols et de l'hébergement, s'envole également pendant les festivités pascales et les vacances d'été (mais modérément, les Canaries restent une destination fort abordable).

COMBIEN ÇA COÛTE ?

» Vol A/R Paris-Tenerife, Lanzarote ou Fuerteventura : entre 300 et 400 €
» Prix moyen d'un séjour organisé avion + hôtel : 600 € (c'est souvent la solution la plus avantageuse)
» Chambre double catégorie moyenne : 60 à 120 €
» Repas dans un établissement de catégorie moyenne : 10-15 €
» Location de voiture : 25 à 30 €/jour

❗ Précautions

→ Attention aux courants qui peuvent être forts le long des côtes, tout comme les vents à Fuerteventura ou à Lanzarote. Avec les enfants, privilégiez les plages fréquentées et surveillées.
→ Si les services de santé sont modernes et de qualité, ils sont toutefois rares dans les petites îles.

🕐 Décalage horaire

→ Décalage horaire : -1 heure
→ Durée moyenne d'un vol Paris-Tenerife : 6 heures (avec 1 escale, généralement à Madrid)

SE DÉPLACER SANS GALÉRER

Les sept îles de l'archipel disposent d'un aéroport : vous pouvez aisément aller de l'une à l'autre en avion, c'est à peine plus cher que le ferry, et plus rapide. Circuler à vélo sera très agréable pour les enfants, à condition de se méfier des automobilistes peu soucieux des cyclistes. Il n'y a pas de pistes cyclables en ville, sauf le long des plages. Les bus peuvent être assez rares, surtout dans les petites îles. La location d'une voiture peut être une bonne solution pour sortir des sentiers battus.

À table !

On dîne rarement avant 21h, sauf dans les endroits touristiques. Les enfants patienteront avec un solide goûter composé de douceurs locales, comme le *bienmesabe* (mélange d'œufs, de miel et d'amandes) ou les *quesadillas* d'El Hierro (pâtisseries au fromage blanc et à la cannelle). Ils se régaleront des nombreux fruits frais (bananes naines, mangues, papayes…). Les restaurants proposent beaucoup de poissons frais. Si les enfants réclament des frites, faites-leur goûter les *papas arrugadas*, pommes de terre cuites dans leur peau, servies avec différentes sauces, les *mojos*. Testez chacune d'elles avant, pour détecter les plus épicées.

BIBLIOTHÈQUE DU PETIT VOYAGEUR

› *Jessica et les dauphins*, Tome 7 : *Un nouveau défi*, Lucy Daniels (Bayard Jeunesse, 2005). Dès 9 ans

SOUVENIRS D'ENFANTS

› Un *timple*, sorte de petite guitare locale

CROATIE

Avec son littoral qui se dédouble en une myriade d'îles ensoleillées et facilement accessibles en bateau, ses châteaux médiévaux empreints de mystère et ses sites antiques, la Croatie est une destination idéale pour allier plaisirs de la plage et moments culturels en famille.

LES ENFANTS ADORERONT...
Nager, plonger, jouer le long des plages

» Les 6 kilomètres de plages de galets de Brela, sur la riviera de Makarska, ne sont pas trop fréquentés et les températures sont idéales pour la baignade.

» Les charmantes criques dans le parc national de l'île de Mljet, que l'on peut rejoindre à vélo avec les enfants déjà grands.

» L'île de Brač où de nombreuses activités de plongée, kayak, funboard et planche à voile sont prévues pour les enfants.

» Sur toute la côte dalmate, vos enfants pourront défier leurs nouveaux amis croates au picigin, un sport de balle qui se joue dans l'eau.

Le génie de la nature

» L'Orgue marin de Zadar dont le système de tuyaux et de soufflets est actionné par les vagues. Magique !

» Le labyrinthe verdoyant qui abrite lacs et chutes d'eau tumultueuses dans le parc national des lacs de Plitvice permet de belles randonnées.

» Dans le parc national de la Krka, où chutes et lacs se succèdent, pensez à prendre le maillot de vos enfants, la baignade est possible dans le lac inférieur.

» Les profondeurs du gouffre de Pazin inspirèrent à Jules Verne son roman *Mathias Sandorf*. Un festival trépidant, avec entres autres activités une reconstitution du roman, est organisé la troisième semaine de juin.

» Une balade à pied ou à vélo sur Cres, une île sauvage où alterner baignade dans les criques, balades à vélo dans les forêts primaires et visite des vieux villages de montagne.

Les cités et châteaux pour voyager dans le temps

» Les quartiers médiévaux de Dubrovnik ou de Zadar, la ville haute et la ville basse de Zagreb où se télescopent différentes époques.

De la plage à l'Histoire, un pas vite franchi en Croatie

» L'incroyable palais de Dioclétien à Split, dédale de ruelles animées ponctuées d'anciens palais et temples où vivent aujourd'hui 3 000 personnes.

» Les châteaux médiévaux, comme celui de Grimani, où flotte un parfum de sorcellerie et de magie noire, ou celui de Trakošćan, dans le nord du pays, tout droit sorti d'un conte de fées.

Les spectacles de danse et de marionnettes

» Le théâtre de marionnettes de Rijeka, le Festival international de marionnettes de Zagreb ou le Printemps des marionnettes à Vukovar en mars.

» Les ateliers et spectacles de théâtre dédiés aux enfants lors du Festival international des enfants à Šibenik.

» Les danses au son des violons lors du Festival international de folklore de Zagreb, en août.

QUAND EST-CE QU'ON PART ?

» Vacances : printemps, été.
» La haute saison touristique se situe en juillet et en août, mais la côte croate est magnifique dès le printemps. La baignade est généralement possible dès le mois de mai, notamment en Dalmatie centrale et dans le Sud. En septembre, la mer est encore à 23°C environ.

COMBIEN ÇA COÛTE ?

» Vol A/R Paris-Zagreb : 200 à 300 €
» Prix moyen d'un séjour organisé "tout compris" avion + hôtel : à partir de 300 €
» Chambre double catégorie moyenne : 60 à 110 € ; 35 à 40 € chez l'habitant
» Camping : 5 à 8 €/pers/nuit + 9 à 14 € pour l'emplacement
» Repas dans un établissement de catégorie moyenne : 10 à 16 €
» Location de voiture : 20 à 60 €/jour. Les tour-opérateurs d'Europe occidentale offrent souvent des formules vol + location de voiture à des tarifs avantageux.

⚠ Précautions

→ Gare aux oursins présents sur la côte adriatique ! La meilleure précaution consiste à chausser les petits pieds de sandalettes en plastique.
→ L'eau du robinet est potable, mais son goût chloré, parfois très prononcé, pourra surprendre les enfants.

🕐 Décalage horaire

→ Décalage horaire : aucun
→ Durée moyenne d'un vol direct Paris-Palma : 2 heures

BIBLIOTHÈQUE DU PETIT VOYAGEUR
› *Mathias Sandorf*, Jules Verne (Adamant Media Corporation, 2001). Dès 13 ans

SOUVENIRS D'ENFANTS
› Une chemise ornée de broderies à motifs rouges

SE DÉPLACER SANS GALÉRER

La Croatie est un petit pays et les déplacements nécessitent quelques heures au maximum. Il peut être intéressant de s'établir dans un lieu donné pour tout le séjour et d'effectuer des excursions d'une journée. Les trains, et plus encore les bus, desservent les moindres destinations du pays. Les ferries locaux effectuent des liaisons entre le continent et les îles les plus importantes : réservez vos billets et présentez-vous plusieurs heures à l'avance si vous embarquez avec une voiture.

À table !

Si les goulasch et ragoûts – fréquents à l'intérieur des terres où se ressentent les influences hongroise et viennoise – séduisent peu les enfants, ils seront plus sensibles à la cuisine de la côte, d'inspiration italienne, où pâtes, risottos et pizzas croustillantes figurent souvent aux menus. Ils adoreront les *štrukli* (chaussons au fromage frais), les desserts en tout genre (et surtout les *palačinke*, de fines crêpes fourrées de confiture ou nappées de chocolat), sans oublier les glaces (*sladoded*) qui n'ont rien à envier aux *gelati* italiens.

63

DANEMARK

Au pays d'Hans Christian Andersen, les enfants sont à la fête : les plus beaux musées leur dédient des espaces et de nombreuses attractions originales leur sont proposées un peu partout. On peut aussi faire de grandes balades à vélo dans tout le pays… quand on n'explore pas les fjords et les nombreuses îles en bateau, sur les pas des Vikings.

Le Danemark, un pays à l'échelle des enfants ?

LES ENFANTS ADORERONT…
Des activités sportives et ludiques dans une nature hospitalière

» La découverte à vélo d'un relief résolument plat parcouru d'innombrables pistes cyclables. Les paisibles îles du Sud (Møn, Falster et Lolland) seront parfaites avec des enfants.

» La baignade sur les plages de sable blanc du littoral danois, notamment dans le nord-est du Jutland où l'eau atteint 20°C en été (vous ne trouverez pas plus chaud !).

» La randonnée à pied dans les collines du parc national de Mols Bjerge.

» L'exploration des côtes splendides à la voile ou dans des petits bateaux à moteur que l'on peut facilement trouver à la location dans les ports.

Les divertissements à partager en famille

» Legoland ! Dans ce parc très spécial de Billund, les décors sont construits avec les fameuses briquettes d'origine danoise.

» Den Gamle By ("la vieille ville"), à Århus : on parcourt à pied ou en calèche ce village du XIXᵉ siècle recréé à partir de constructions authentiques (écoles, boulangerie et maisons ont été démontées et reconstruites sur place).

» La visite du quartier d'Andersen, dans sa ville natale d'Odense, dont les ruelles pavées sont bordées de maisons coquettes. Le musée d'Andersen occupe l'une d'elles.

Les souvenirs laissés par les Vikings

» La forteresse de Trelleborg, avec son marché viking et ses activités pour les petits.

» Le centre viking de Ribe : outre le passionnant musée, une foire est organisée durant l'été avec des ateliers.

» Le spectaculaire musée des Bateaux vikings, à Roskilde. Des sorties sur le fjord dans un drakkar sont même possibles !

» Le Festival viking au début de l'été à Frederikssund ; la fête dure deux semaines, pendant lesquelles se succèdent spectacles en costumes suivis de banquets.

Copenhague, royale et ludique

» La statue de la Petite Sirène dans le port de la ville, en hommage au célèbre personnage d'Andersen.

» Le château de Rosenborg : en été, on peut pique-niquer dans les jardins du roi et assister au spectacle gratuit de marionnettes.

» Le parc de Tivoli : ses manèges et attractions sont disséminés au milieu d'une nature fleurie.

» Le zoo, pour approcher les impressionnants ours polaires et les phoques du Grand Nord, et même caresser les animaux les plus inoffensifs.

» Une balade en bateau sur les canaux pour découvrir de façon originale les hauts lieux de la ville.

QUAND EST-CE QU'ON PART ?

» Vacances : printemps, été.
» La période la plus propice pour visiter le Danemark court de mai à fin août, quand les températures sont agréables, la nature accueillante et les journées suffisamment longues pour en profiter. Le reste de l'année, il fait froid, les nuits n'en finissent pas et bon nombre d'établissements ferment leurs portes d'octobre à avril.

COMBIEN ÇA COÛTE ?

» Vol A/R Paris-Copenhague : 150 à 200 €
» Chambre double catégorie moyenne : 80 à 130 €
» Repas dans un établissement de catégorie moyenne : 20 à 40 €
» Location de voiture : à partir de 90 €/jour.
Il est moins onéreux de faire sa location depuis l'étranger auprès d'une agence internationale.

ⓘ Précautions

» Lorsque vous conduisez, et notamment en ville où le trafic peut être dense, prenez garde aux pistes cyclables : elles sont très fréquentées.

ⓘ Décalage horaire

» Décalage horaire : aucun
» Durée moyenne d'un vol direct Paris-Copenhague : 1 heure 50

CARNET DE SANTÉ

La vaccination contre l'encéphalite à tiques est conseillée si vous devez parcourir les zones boisées entre le début du printemps et la fin de l'automne.

SE DÉPLACER SANS GALÉRER

Le Danemark est un pays idéal pour les déplacements à vélo : les pistes cyclables sont nombreuses, on peut louer des bicyclettes un peu partout et voyager avec en train, bus et ferry.
Un réseau conséquent de ferries dessert les îles, mais on peut aussi rejoindre les principales îles par la route, via des ponts – mais les péages sont chers, comme l'est la location de voitures. Bonne nouvelle toutefois : les autoroutes sont gratuites.

BIBLIOTHÈQUE DU PETIT VOYAGEUR

» *Le Danemark d'Andersen*, Mitsumasa Anno (École des loisirs, 2005). Dès 5 ans
» *Contes*, Hans Christian Andersen (divers éditeurs). Dès 7 ans
» *L'Étoile jaune. La légende du roi Christian X du Danemark*, Carmen Agra Deedy (Mijade, 2003). Dès 9 ans

SOUVENIRS D'ENFANTS

» Des figurines et costumes de Viking
» Les Lego, on en trouve une multitude de variétés

À table !

Comme dans les autres pays nordiques, le hareng et le saumon sont à l'honneur, mais les enfants apprécieront peut-être davantage les *frikadeller* (boulettes de viande) ou les *pølser* (hot dog) que l'on trouve partout. Le *smørrebrød* devrait avoir aussi leurs faveurs : ce sandwich au pain de seigle est décliné en plusieurs versions, avec de la salade, des œufs durs, mais aussi de la viande. Le *wienerbrød*, la pâtisserie danoise la plus populaire, une pâte feuilletée fourrée (de pâte d'amande, crème, chocolat…), devrait obtenir tous les suffrages. Le Danemark est un pionner en matière de produits biologiques, utilisés dans bon nombre de restaurants. Et tout est prévu pour bien accueillir les enfants.

ÉCOSSE

Un pays où des monstres barbotent dans les lacs et où les châteaux sont peuplés de fantômes : les enfants succombent forcément à la magie de l'Écosse ! Ils apprécient aussi le mystère des landes et des falaises, la beauté d'une nature préservée et propice à toutes sortes d'activités de plein air.

Fantômes et cornemuses, des traditions qui parlent aux enfants

LES ENFANTS ADORERONT…

La chasse aux fantômes

» Dans les vieilles rues et les souterrains du quartier Real Mary King's Close, à Édimbourg, accompagnés d'un guide habillé à la mode du XVIIᵉ siècle.

» Dans les châteaux… hantés, notamment le château de Culzean, avec son spectre joueur de cornemuse, celui de Glamis qui abrite la Dame grise, ou le château de Fyvie et sa Dame verte.

» À Sandwood Bay, l'une des plus belles plages d'Écosse. La nuit tombée, on raconte que des marins disparus viennent se promener sur ses rivages…

Édimbourg et Glasgow en représentation

» Les spectacles de rue dédiés aux enfants pendant le festival des enfants à Édimbourg (mai).

» Une visite au Sharmanka Kinetic Gallery & Theatre à Glasgow, un théâtre mécanique où l'on peut assister à un fascinant spectacle de figurines animées.

» Le zoo d'Édimbourg, l'un des plus grands du monde.

La beauté sauvage des Highlands et des îles

» Une croisière le long du Moray Firth au départ d'Inverness, pour observer les dauphins souffleurs et admirer le paysage.

» Une sortie sur le loch Ness, pour guetter une apparition du célèbre monstre ; pour ceux qui n'ont pas le pied marin, rendez-vous à l'Urquhart Castle, gigantesque forteresse du XIIᵉ siècle dominant le lac.

» Un circuit d'une journée en 4x4 sur la magnifique île de Mull pour observer la faune : cerfs rouges, aigles royaux, loutres ou marsouins. Et une sortie en mer pour, peut-être, voir des baleines.

Les activités nature

» Des leçons de pêche dans un élevage de poisson, où l'équipement est fourni, par exemple à l'Orchill Loch Trout Fishery (près d'Auchterarder) et l'Inverawe Smokehouse and Fishery (à Taynuilt).

» Une partie de kayak ou de canoë sur les lacs (loch Lomond, loch Morlich) en pleine mer à Oban ou à l'île de Skye.

» Une randonnée à cheval dans la lande écossaise ; vous trouverez des clubs d'équitation partout.

QUAND EST-CE QU'ON PART ?

» Vacances : printemps, été.

» Le printemps et l'été (bien qu'humide) sont les meilleures saisons pour visiter l'Écosse. De plus, en été, le soleil se couche tard (jusqu'à 23h dans les Shetland), ce qui permet de bien profiter des journées. En revanche, en hiver, les journées sont très courtes et de nombreux sites touristiques sont fermés en dehors des grandes villes. De plus, les conditions météorologiques peuvent perturber la circulation des ferries qui rallient les îles.

COMBIEN ÇA COÛTE ?

» Vol A/R Paris-Édimbourg : environ 200 €

» Chambre double catégorie moyenne : de 60 à 80 €. Optez pour un B&B pour des prix raisonnables.

» Repas dans un établissement de catégorie moyenne : 15-25 €

» Location de voiture : à partir de 150 €/semaine chez les loueurs locaux et de 200 €/semaine pour les sociétés internationales

❶ Précautions

⟩ Certains hôtels et B&B n'acceptent pas les enfants en bas âge. Renseignez-vous bien.

⟩ Dans les Highlands et les îles, les *midges* (mouches suceuses de sang) sont particulièrement virulentes au crépuscule, surtout de mi-juin à mi-août. Couvrez bien vos enfants le soir et faites-leur porter des vêtements de couleurs claires (les charmantes bestioles sont attirées par les couleurs sombres). Attention aussi aux taons qui sévissent dans les mêmes régions, surtout en été.

🕐 Décalage horaire

⟩ Décalage horaire : -1 heure

⟩ Durée moyenne d'un vol direct Paris-Édimbourg : 2 heures

BIBLIOTHÈQUE DU PETIT VOYAGEUR

Tiny Mac Timid, fantôme d'Écosse, Jean-loup Craipeau (Flammarion, Castor Poche, 1999). Dès 8 ans

Contes écossais. Le brownie du Vallon-aux-Fougères, Françoise du Sorbier (École des loisirs, 2002). Dès 9 ans

SOUVENIRS D'ENFANTS

⟩ Une cornemuse taille enfant

⟩ Une peluche du monstre du loch Ness

SE DÉPLACER SANS GALÉRER

Si le réseau ferré est limité aux liaisons entre les grandes villes, le réseau de bus est dense et les véhicules confortables. Le réseau routier est en bon état et la location de voitures abordable, mais l'essence est assez chère. Attention, ici, on conduit à gauche. Pour visiter les îles, le deux-roues est tout à fait adapté. Pour rejoindre les îles, préférez le ferry, car les déplacements en avion sur le territoire écossais sont globalement assez coûteux.

À table !

Pas sûr que les enfants apprécient le plat national, le *haggis* – de la panse de mouton farcie. Ils préféreront sans doute les hachis de viande de bœuf servis avec de la purée de pommes de terre, le délicieux saumon fumé local ou les *fish and chips*. En ce qui concerne les desserts, ils auront l'embarras du choix, mais, attention, certains sont parfumés au whisky. Pas de risque avec le *clootie dumpling* (pudding aux raisins) et les *shortbreads*, les réputés biscuits au beurre écossais. L'accueil n'est pas toujours très chaleureux dans les restaurants pour les enfants, surtout hors des grandes villes. Dans les pubs, ils sont admis dans les établissements dits "familiaux", mais seulement à partir de 14 ans et entre 11h et 20h.

ESPAGNE

L'Espagne, ce sont des images familières pour les enfants, les taureaux et le flamenco en tête. Mais aussi un éventail de plages à n'en plus finir, un soleil généreux (parfois trop, attention en Andalousie ou à Madrid) et une variété infinie de curiosités et d'activités. Et, au-delà, toute une architecture qui semble avoir été conçue pour exciter leur imagination.

Pour une première leçon d'architecture ludique, cap sur l'Espagne

LES ENFANTS ADORERONT...
Catalogne, l'Espagne pleine de couleurs
» À Barcelone, une visite de la Sagrada Familia, l'impressionnante cathédrale de Gaudí, et une balade au paisible parc Güell, l'une de ses œuvres les plus ludiques. Les promenades dans les ruelles piétonnes du Barri Gòtic, le quartier médiéval, et sur les Ramblas, longue rue piétonne animée ; le superbe Aquárium sur le Port Vell.
» Le théâtre-musée Dalí à Figueras : le bâtiment à lui seul ravira les enfants ; le château de l'artiste à Púbol et le Museu de Cadaqués les intéresseront aussi.
» Les nombreuses plages de la Costa Brava, notamment celles accessibles depuis Palafrugell, moins fréquentées.

L'Andalousie et le Sud, un conte oriental
» La Mezquita, la grande mosquée de Cordoue, dont l'architecture ne laissera pas vos enfants insensibles.
» Dans le désert (nord-est d'Almería), les studios de cinéma où furent tournés beaucoup de westerns.
» La découverte des villes blanches de Cadix et de Séville, lors d'une promenade en calèche.
» Le palais et les jardins de l'Alhambra de Grenade.
» La visite de l'École royale andalouse d'art équestre à Jerez de la Frontera, pour assister aux entraînements des cavaliers.
» Les plages de la Costa del Sol autour de la petite ville blanche de Mijas, la plus préservée.

Madrid et le pays de Don Quichotte
» La capitale espagnole et ses attractions sur mesure : la Casa de Campo avec ses manèges et ses piscines, le Parque del Buen Retiro pour une balade en pédalo, le Parque Secreto et ses jeux gonflables ou encore le parc animalier Faunia.
» La ville fortifiée de Tolède au gré de ses ruelles médiévales.
» Les moulins à vent dominant la plaine autour du château de Consuegra et à Campo de la Criptana.

Valence et la côte, au pays du futur
» La Cité des arts et des sciences, un immense complexe futuriste : expériences scientifiques et faune marine sont notamment au programme.
» Les stations balnéaires de la Costa del Azahar et les belles plages de la Costa Blanca.

La côte atlantique, chez les pêcheurs de baleine
» Saint-Sébastien, avec ses longues plages, son impressionnant aquarium et le Museo Naval retraçant l'épopée baleinière.
» Les agréables stations balnéaires des Asturies et leurs plages étirées.
» Les falaises et les criques de la verdoyante Galice, propice aux balades.
» Les petits villages de pêcheurs, comme celui d'Aita Guria, où l'on peut visiter un ancien baleinier.
» Le joli village médiéval de Santillana del Mar et la ville fortifiée d'Olite, hérissée de tourelles.

QUAND EST-CE QU'ON PART ?

» Vacances : printemps, été, Toussaint.
» L'Espagne est un pays à découvrir toute l'année, même si le printemps demeure la période la plus agréable, car on évite la chaleur parfois étouffante de l'été. Durant cette saison, évitez l'Andalousie avec les enfants, car le mercure explose (45°C). On peut toutefois échapper aux désagréments d'une température excessive en période estivale en préférant les plages du nord du pays et celles de l'Atlantique, voire la montagne.

COMBIEN ÇA COÛTE ?

» Vol A/R Paris-Madrid ou Paris-Barcelone : 160 à 250 € ; Paris-Bilbao : 210 à 265 € ; Paris-Málaga : 160 à 300 €
» Prix moyen d'un séjour balnéaire "tout compris" avion + hôtel : à partir de 500 € pour 7 nuits hors saison ; à partir de 700 € pour 7 nuits en été
» Prix moyen d'un week-end tout compris Barcelone/Madrid/Séville : à partir de 250 €
» Chambre double catégorie moyenne : 60 à 120 € dans les grandes villes et les stations balnéaires, sinon à partir de 40 €
» Repas dans un établissement de catégorie moyenne : 12 à 25 €
» Location de voiture : environ 400 €/semaine

SE DÉPLACER SANS GALÉRER

Le réseau de bus comme le réseau ferré est dense et dessert bien toutes les villes. Parfois, il est moins coûteux de se rendre d'une ville à l'autre par un vol intérieur qu'en train, dont les tarifs sont assez élevés. Quant au réseau routier, il est de bonne qualité, avec de nombreuses autoroutes.

❗ Précautions

→ En été, évitez les sorties entre midi et 16h, surtout avec les enfants en bas âge : la chaleur peut être caniculaire, même au bord de l'eau.
→ Méditerranée, Atlantique : les plages sont innombrables, mais du côté de l'océan, l'eau est fraîche. Visez le drapeau bleu qui distingue les plages les plus propres.

🕐 Décalage horaire

→ Décalage horaire : aucun
→ Durée moyenne d'un vol direct Paris-Madrid : 1 heure 50 ; Paris-Barcelone : 1 heure 30 ; Paris-Bilbao : 2 heures ; Paris-Málaga : 2 heures 35

À table !

Au pays des tapas, tout le monde trouve son bonheur : tortillas, petites *croquetas* de fromage, les enfants apprécient. Ils n'ont en général rien non plus contre la paella et certains goûtent fort le gaspacho, la soupe de tomates froide. Les gourmands se régaleront de *turron*, le nougat local dont il existe de nombreuses variétés, et de *churros*, sortes de beignets très sucrés mais délicieux. Attention, ici, on dîne tard, vous avez peu de chance de trouver un restaurant servant avant 21h30. Mais les bars à tapas, très conviviaux, proposent plein de plats savoureux.

BIBLIOTHÈQUE DU PETIT VOYAGEUR

› *17 Contes d'Espagne*, Carmen Bravo-Villasante, Solvej Crévelier (Flammarion, coll. Castor Poche, 2000). Dès 10 ans
› *Espagne*, collectif (Graine 2 Éditions, coll. Graines de voyageurs, 2009). Dès 7 ans
› *À toi l'Espagne !*, Nathalie Pédestarres (Milan Jeunesse, coll. J'explore le monde, 2010). Dès 7 ans

SOUVENIRS D'ENFANTS

› Des castagnettes
› Un équipement pour jouer à la pelote basque

FINLANDE

Les enfants succomberont aux charmes du pays du Père Noël, où la nature est reine. On y allie grand confort et activités familiales de plein air. Les infrastructures touristiques sont toujours très adaptées aux jeunes visiteurs.

Enfin le vrai Père Noël ?

LES ENFANTS ADORERONT…
Une nature côté soleil ou côté neige

» Louez un chalet au bord d'un lac pour vivre comme une famille finlandaise. Au programme : canoë, cueillette de myrtilles et sauna.

» Randonnez à vélo sur les îles d'Åland, au relief peu prononcé et aux pistes cyclables nombreuses.

» Parcourez à pied les collines de Koli pour découvrir le plus beau panorama du pays ; l'altitude est de 347 m seulement !

» En hiver, testez le patin à glace sur la mer gelée, la luge (le *pulkka*) ou le ski de fond dans les mêmes régions ou dans le parc de Paloheina, accessible en bus depuis le centre d'Helsinki.

» Faites oublier la Méditerranée à vos enfants dans la station balnéaire de Hanko.

Helsinki, une capitale sur mesure

» La forteresse de Suomenlinna, qui s'étend sur plusieurs îles à l'extérieur de la ville ; on peut explorer les fortifications et même les tunnels avec des lampes torches.

» Le zoo de Helsinki (sur l'île de Korkeasaari) pour découvrir la faune et la flore finnoises.

» Ice Park, pour s'initier au patin à glace sur la grande patinoire découverte.

» Linnanmäki, avec ses montagnes russes, sa grande roue et un aquarium labyrinthique pour observer les requins.

» Danser avec toute la ville lors du gigantesque festival de Helsinki, en août : les enfants ont une programmation rien que pour eux.

» Visiter les nombreuses petites îles pour une journée sur la plage, dans une ambiance familiale.

La Laponie magique

» L'impressionnant château de glace de Kemi, reconstruit tous les hivers, qui abrite un hôtel et un restaurant.

» Le village du Père Noël à Napapiiri, avec sa poste et la grotte où les elfes préparent du pain d'épices.

» Une initiation à la recherche d'or en cours d'eau à Tankavaara ou à Lemmenjoki.

» Une balade revigorante en traîneau à chiens, une autre façon d'explorer les paysages neigeux.

Quelques curiosités insolites

» Le musée de l'Espionnage à Tampere qui expose des gadgets qui vont passionner les James Bond en herbe.

» Une excursion à Naantali, une petite île dédiée au monde des Moumines, adorables personnages d'un conte populaire et de dessin animés, avec de nombreuses attractions et activités.

» Traverser la mer entre la Suède et la Finlande sur des bateaux de croisière, qui proposent beaucoup d'animations pour enfants, des salles de jeux…

» La découverte du plus grand château de sable du monde, à Lappeenranta !

QUAND EST-CE QU'ON PART ?

» Vacances : printemps, été, Noël.

» La saison idéale pour visiter la majeure partie de la Finlande est l'été, car les températures sont plus agréables, et les ferries et autres bateaux à vapeur peuvent circuler sur les lacs et les rivières. C'est aussi la période des principales manifestations culturelles. En revanche, si vous vous rendez dans le nord du pays, et notamment en Laponie, évitez l'été, les moustiques sont envahissants ; en revanche, en octobre et de février à avril, vous pourrez y voir les fameuses aurores boréales. Et nulle période n'est plus propice au pays du Père Noël que les fêtes de fin d'année.

COMBIEN ÇA COÛTE ?

» Vol A/R Paris-Helsinki : à partir de 180 € avec une escale, 230 € sans escale

» Chambre double catégorie moyenne : 70 à 150 €. Les enfants de moins de 12 ans peuvent généralement partager la chambre sans supplément.

» Repas dans un établissement de catégorie moyenne : 15 à 25 €

» Location de voiture : à partir de 100 €/jour ou 330 €/semaine

🕐 Décalage horaire

→ Décalage horaire : +1 heure

→ Durée moyenne d'un vol direct Paris-Helsinki : 2 heures 55

BIBLIOTHÈQUE DU PETIT VOYAGEUR

L'étoile et le bouleau : conte de Finlande, France Verrier (L'Harmattan, 2009). Dès 5 ans

Le traîneau d'Oloona, Florence Raynaud (Bayard Jeunesse, Je bouquine roman, 2006). Dès 10 ans

Et tous les albums de Moumine le troll, chez divers éditeurs. Dès 3 ans

SOUVENIRS D'ENFANTS

» Des jouets en bois de toutes sortes, pour les tout-petits et les plus grands

» Une luge-patinette : certes, il faudra attendre que la neige soit tombée pour épater les copains, mais l'effet est garanti !

» Des figurines et des jeux autour de Moumine le troll

CARNET DE SANTÉ

» Le vaccin contre l'encéphalite à tiques est conseillé si vous devez parcourir les forêts finlandaises entre le printemps et l'automne.

» Le centre et le nord du pays sont infestés de moustiques en été, dès juin. Pensez à bien protéger les enfants.

SE DÉPLACER SANS GALÉRER

La Finlande est un pays essentiellement plat où il est agréable de faire du vélo, d'autant que les pistes cyclables sont nombreuses. L'été est propice aux déplacements en bateau qui permettent de sillonner le pays par voies fluviales. Pour les longues distances le reste de l'année, préférez le bus. Plus cher que le train, il couvre mieux le territoire. La location de voiture est facile, mais coûteuse, d'autant que les distances sont longues et le prix de l'essence élevé.

À table !

La plupart des restaurants proposent des menus enfants, certains leur offrent même le repas. Si vos enfants goûtent peu le saumon ou le hareng, produits phares de la gastronomie locale, ils se régaleront peut-être de boulettes de viande (souvent du renne). Les allergiques aux soupes, fort en vogue ici, se rabattront sur les pommes de terre, très présentes en purée ou bouillies. Les jeunes apprécieront les desserts, sucrés et nourrissants, que ce soit le *pulla*, petit pain à la cardamome, les *munkki* (beignets) ou les pâtisseries aux baies.

GRÈCE

Une mer chaude, des sites antiques où l'imagination s'envole, des villages blancs, des prix raisonnables : une fois les précautions prises contre la chaleur, la Grèce est une destination idéale où les enfants sont accueillis comme des dieux.

LES ENFANTS ADORERONT...

Les sites antiques et mythiques

» Épidaure, dans le Péloponnèse, et Dodone, en Épire, les deux théâtres les mieux préservés de Grèce.

» Olympie et les vestiges de son stade, un rêve pour les sportifs en herbe.

» La cité de Delphes, ses temples et son stade.

» Les ruines du palais de Cnossos (Crète) pour partir sur les traces du Minotaure, autrefois enfermé dans son labyrinthe.

Athènes pour les plus petits

» Le musée des Enfants dans une vieille maison de Plaka : jeux en costumes, reconstitution d'une station de métro en travaux. Loin d'Homère, mais très ludique.

» La relève des evzones, ces gardes en jupettes et chaussures à pompon, qui a lieu toutes les heures devant le Parlement et le palais présidentiel.

» L'Acropole, perchée depuis 2 600 ans sur son rocher.

La constellation d'îles

» L'île d'Égine, très proche d'Athènes, pour son temple impressionnant dominant la mer.

» Naxos, royaume de la baignade pour les jeunes enfants, car bien équipée avec des plages très sûres. Ils adoreront aussi la visite du *kastro*, la citadelle médiévale.

Les vestiges antiques, une porte pour l'imaginaire enfantin

» L'île de Kos, très plate, facile à arpenter à vélo et aux plages facilement accessibles.

» Rhodes, avec son aquarium et ses châteaux.

» Les îles Ioniennes, plus vertes que les Cyclades en été.

Le curieux spectacle de la nature

» Les étranges pitons rocheux des Météores, sur lesquels sont perchés les monastères orthodoxes qui suscitent questions et curiosités.

» Santorin et ses fumerolles ou Milos et ses piscines naturelles, deux îles pour les apprentis vulcanologues.

» La plongée avec masque et tuba dans les baies abritées de Karpathos, de Milos ou de Cythère.

» Les dauphins que l'on observe à l'occasion d'un tour en bateau, par exemple à Paleohora, et les phoques moines dans le parc national marin d'Alonissos.

» Les spectaculaires grottes de Diros dans la région du Magne, avec leurs concrétions étonnantes.

À table !

La cuisine grecque est assez simple et peu épicée, à base de légumes, riz, viandes et poissons cuits au four ou cuisinés à l'huile d'olive. Et les pommes de terre sont toujours là pour caler les petits ventres. Les assortiments de *mezze*, sortes d'entrées, permettent à l'enfant de faire son choix parmi plusieurs plats. Les tavernes, populaires et bon marché, sont des lieux accueillants pour les enfants. Attention, il faudra se mettre à l'heure grecque où le dîner débute vers 21h.

QUAND EST-CE QU'ON PART ?

» Vacances : printemps et été (pour les îles).
» La période idéale pour un séjour en Grèce s'étend entre Pâques et la mi-juin, lorsque le temps est doux, mais les conditions de séjour sont également agréables de fin août à la mi-octobre. En juillet et août, il faut compter avec la fréquentation des plages et des sites archéologiques et les températures très élevées à Athènes et dans l'intérieur des terres. La plupart des infrastructures touristiques ferment de mi-octobre à début avril.

COMBIEN ÇA COÛTE ?

» Vol A/R direct Paris-Athènes : à partir de 175 €
» Prix moyen d'un séjour organisé "tout compris" avion + hôtel : à partir de 400 €. Généralement en demi-pension avec activités enfants.
» Chambre double catégorie moyenne : 60 à 150 €. Les chambres chez l'habitant sont très développées, et offrent parfois des prestations luxueuses.
» Repas dans un établissement de catégorie moyenne : 15 à 25 €
» Location de voiture : à partir de 25 €/jour

SE DÉPLACER SANS GALÉRER

Comme souvent, la solution la plus pratique avec de jeunes voyageurs reste la location d'une voiture (climatisée si possible) ! Pour aller d'une île à l'autre, les bateaux rapides sont à privilégier, surtout pour des enfants sujets au mal de mer. Si le train est lent et peu développé, les bus fonctionnent très bien. Ils sillonnent tout le pays, y compris l'intérieur des îles. Toutefois, les longs trajets peuvent être éprouvants pour les enfants en raison de la chaleur et de l'attente, parfois longue.

ⓘ Précautions

→ Évitez les longues marches avec les enfants : le soleil tape dur, les chemins sont souvent caillouteux et les îles peuvent présenter du relief.
→ Programmez si possible la visite d'Athènes, moins ludique pour les enfants que le séjour dans les îles, en début de vacances.
→ Veillez à bien protéger les enfants du soleil et à les hydrater.

🕐 Décalage horaire

→ Décalage horaire : +1 heure
→ Durée moyenne d'un vol direct Paris-Athènes : 3 heures

BIBLIOTHÈQUE DU PETIT VOYAGEUR

› *Le Cyclope*, Soledad Bravi (École des loisirs, 2008). Dès 1 an
› *Les Dieux de l'Olympe*, Nadja (École des loisirs, 1992). Dès 7 ans
› *Les Héros grecs*, Florence et Christine Noiville (Actes Sud Junior, coll. Naissance du monde, 2002). Dès 9 ans
› *Alix et le cheval de Troie*, Jacques Martin (Casterman, 1996). Dès 9 ans

SOUVENIRS D'ENFANTS

› Un *komboloï*, ces chapelets que les hommes font tourner dans leur main à longueur de journée.
› Un *tavli*, jeu national grec proche du backgammon.

HONGRIE

En Hongrie, les enfants succomberont aux charmes de Budapest, l'une des plus belles villes d'Europe, et aux châteaux qui témoignent par centaines d'un passé glorieux. Ils apprécieront aussi la nature préservée de ce petit pays, entre les grandes plaines de la steppe hongroise, les montagnes boisées et les lacs aux eaux tranquilles.

LES ENFANTS ADORERONT…

Les divertissements insolites de Budapest

» Les thermes Széchenyi et Gellért, où l'on peut barboter en famille dans les bassins extérieurs et intérieurs. Les bains Gellért disposent même d'une piscine à vagues.

» Le train des enfants ; géré par des bambins de 10 à 14 ans (mais le conducteur est adulte), il gravit une colline voisine de la capitale jusqu'à un site idéal pour les randonnées et les pique-niques.

» Une croisière sur le Danube pour voir la ville se déployer de part et d'autre des rives.

» Le parc d'attractions Vidámpark avec ses manèges à sensations et ses montagnes russes en bois.

Les escapades en pleine nature

» Une balade en calèche dans le parc national de Hortobágy pour observer les buffles et admirer les spectacles équestres des Csikós, des éleveurs et gardiens traditionnels de chevaux.

» Une balade en canoë sur le lac Tisza.

» Les baignades et les sports nautiques sur le lac Balaton (préférez la côte sud avec des enfants en bas âge, l'eau y est peu profonde), suivis d'une minicroisière au son des musiques tziganes.

» Une randonnée dans les superbes monts Matrá, au relief très doux (le Kékes y culmine à 1 014 m), sur des sentiers bien balisés.

» Une exploration des spectaculaires grottes de Baradla-Domica, près d'Aggtelek. Moins impressionnant mais plus tranquille, une promenade en bateau dans la grotte du lac (Tavasbarlang) près de Tapolca.

Les étonnants châteaux

» Le château baroque d'Esterházy, à Fertöd, où se succèdent en juillet concerts, feux d'artifice et spectacles de marionnettes.

» La forteresse de Sümeg, où apprendre à tirer à l'arc pour repousser les attaques des Turcs.

Les steppes hongroises, un espace idéal pour les jeunes cavaliers

» Le château de Gödöllö, qui fut la résidence favorite de l'impératrice Sissi.

» Le château médiéval de Diósgyőr, à Miskolc, qui accueille, fin mai, une fête médiévale.

» Une visite nocturne du labyrinthe du château de Buda à la lumière des torches. Frissons garantis !

PRATIQUE

QUAND EST-CE QU'ON PART ?

» Vacances : printemps, été.
» La Hongrie est très agréable au printemps comme à l'automne, avant le mois de novembre, très pluvieux. En été, Budapest est une ville morte, alors que les stations balnéaires sont bondées, surtout fin juillet et courant août.

COMBIEN ÇA COÛTE ?

» Vol A/R Paris-Budapest : à partir de 220 €
» Chambre double catégorie moyenne : 50 à 105 € à Budapest, 25 à 55 € en province
» Repas dans un établissement de catégorie moyenne : 9 à 18 € à Budapest, 5 à 10 € en province
» Location de voiture : à partir de 25 €/jour

À table !

La cuisine hongroise n'est pas spécialement légère : les légumes (souvent servis marinés) sont rares, contrairement aux soupes et aux ragoûts roboratifs. Les enfants apprécient généralement plus les viandes panées que le goulasch. Malgré l'utilisation intensive du paprika, les plats ne sont le plus souvent pas trop relevés pour les jeunes palais. Bonne nouvelle pour les gourmands : les Hongrois adorent les desserts, surtout garnis de beaucoup de crème. Succès garanti pour le *somlói galuska* au chocolat et les *palacsinta*, des crêpes fourrées à la crème, au chocolat, aux fruits secs…

CARNET DE SANTÉ

La vaccination contre l'encéphalite à tiques est conseillée si vous devez arpenter les forêts du début du printemps jusqu'à la fin de l'automne.

SE DÉPLACER SANS GALÉRER

La Hongrie dispose d'un réseau de bus dense et efficace. Vous pouvez facilement louer une voiture dès votre arrivée, mais sachez que les réseaux routiers secondaires sont parfois médiocres. Les trains sont assez lents, mais fiables. Autour du lac Balaton, vous pourrez même faire une jolie balade en train à vapeur. En ville, les taxis sont nombreux et peu chers.

🕐 Décalage horaire

→ Décalage horaire : aucun
→ Durée moyenne d'un vol direct Paris-Budapest : 2 heures

BIBLIOTHÈQUE DU PETIT VOYAGEUR

› *Amarilla l'apprentie sorcière*, Ervin Lázár (La joie de lire, 2008). Dès 8 ans
› *Dom dom dom*, Ervin Lázár (La joie de lire, 2005). Dès 8 ans

SOUVENIRS D'ENFANTS

› Des œufs de Pâques peints à la main, pour une chasse pascale très colorée

75

IRLANDE

Du vert, du vert, encore du vert... Pour apprendre à vos enfants ce qu'est la nature, la vraie, où l'eau, la terre, la mer et la lande se confondent – filets d'eau courant à travers les prairies, cascades, huîtriers pie arpentant le sable –, rien ne vaut un voyage en Irlande. En bateau, à cheval, à vélo ou... en roulotte !

L'Irlande à pied, en roulotte, à vélo... ou à poney !

LES ENFANTS ADORERONT...
Vivre au cœur de la nature

» Faire une randonnée à dos de poney dans le Connemara.

» Voyager en roulotte (5 personnes peuvent y dormir), dans la péninsule de Dingle (mars à septembre), une magnifique région.

» Glisser le long des voies d'eau en louant une péniche. Le Shannon-Erne Waterway, entrelacs de canaux, de rivières et de lacs, permet de vivre en pleine nature, isolé du monde.

» Faire des promenades à pied, à vélo ou en bateau dans le Killarney National Park (anneau du Kerry), réserve de montagnes et de lacs, où cerfs, oiseaux, truites et saumons abondent.

Les leçons de choses

» Les jardins et la botanique : les plantes exotiques de Garinish Island (Cork), les National Botanical Gardens de Dublin, les jardins de Powercourt Estate (Wicklow), les haies de fuchsias et de rhododendrons le long des routes.

» La géologie : la Chaussée des Géants, orgues basaltiques qui se jettent dans la mer ; le plateau du Burren, paysages calcaires exceptionnels façonnés par la mer.

» Les animaux : des moutons guillerets gambadent sur l'herbe et les chemins ; pour mieux les connaître, amenez vos enfants au Sheep and Wool Centre à Leenane (Connemara) ; côté mer, les jeunes et moins jeunes devraient adorer les dauphins de l'estuaire du Shannon (à Carrigaholt, près de Kilkee) et les phoques d'Inishmor (îles d'Aran).

» Les traditions : dans l'Ulster American Folk Park, musée vivant et en plein air sur l'histoire des émigrés irlandais aux États-Unis.

Les légendes et la culture celtiques

» Le château fort de Cashel, perché sur son rocher.

» Les vestiges préhistoriques : le tumulus de Newgrange (Nord-Est) ou le Poulnabrone Dolmen (centre du Burren).

» Les forts circulaires et les croix celtiques : le fort Dun Aengus (Inishmor) et les croix du cimetière de Glendalough (Wicklow).

» Les spectacles de musique celtique et les *ceili*, des bals de danse irlandaise.

» Les banquets médiévaux au château de Bunratty après avoir visité le parc folklorique où s'ébattent poules, ânes, cochons... curieux et amicaux.

QUAND EST-CE QU'ON PART ?

» Vacances : printemps, été, Toussaint.
» Le climat est très changeant et l'on peut vivre les quatre saisons dans une même journée. Les températures sont douces entre juin et août et les jours, très longs. C'est la haute saison touristique et les prix s'envolent.

COMBIEN ÇA COÛTE ?

» Vol A/R Paris-Dublin : environ 75 € avec la compagnie *low cost* Ryanair. Le double avec une autre compagnie.
» Traversée en ferry Cherbourg-Rosslare pour une voiture et 1 passager : à partir de 99 € (aller simple), 64 €/passager supplémentaire
» Chambre double catégorie moyenne : 60 à 150 €. Optez pour un B&B pour des prix raisonnables.
» Repas dans un établissement de catégorie moyenne : 10 à 20 €
» Location de voiture : environ 150 €/semaine pour une petite voiture

SE DÉPLACER SANS GALÉRER

La location d'une voiture est a priori idéale pour parcourir le pays en famille. Toutefois, la conduite à gauche n'étant pas évidente pour tous, vous pourrez avoir recours aux excellents Bus Eireann, à moins que vous ne préfériez voyager en roulotte, à cheval ou en bateau.

⚠ Précautions

→ N'oubliez pas les vêtements de pluie et des tenues de rechange (le temps étant imprévisible, il faut plusieurs couches de vêtements, façon oignon).
→ La traversée en ferry est souvent très houleuse et retourne l'estomac des petits et des grands.

🕐 Décalage horaire

→ Décalage horaire : -1 heure
→ Durée moyenne d'un vol direct Paris-Dublin : 1 heure 30
→ Durée d'une traversée en ferry Cherbourg-Rosslare : 20 heures 30

À table !

Vos enfants se régaleront de pommes de terre, de *shepherd's pie* (hachis Parmentier), de *toasted sandwich* dans les pubs (ouverts jusqu'à 18h pour les moins de 16 ans) à l'ambiance conviviale, ou de *fish and chips* à manger sur le pouce. Au goûter, les becs sucrés dégusteront des *pies* à la pomme ou à la rhubarbe, agrémentés de crème fraîche – qui semble sortie tout droit de la vache ! – ou d'une boule de glace. Les petits-déjeuners irlandais (œuf, saucisse, bacon), indispensables avant les promenades au grand air, sont délicieux !

BIBLIOTHÈQUE DU PETIT VOYAGEUR

› *Contes d'Irlande. L'Île enchantée*, Sylvie Muller (Maisonneuve & Larose, 2006). Dès 11 ans
› *Le Monde de Narnia*, C. S. Lewis (Gallimard Jeunesse, 2005). Dès 9 ans
› *Le Cheval venu de la mer*, Victoria Holmes (Flammarion, Castor Poche, 2006). Dès 9 ans

SOUVENIRS D'ENFANTS

› Des sachets de graines de fleurs sauvages pour les jardiniers en herbe
› Des moutons en peluche et des *Leprechaun* (petit personnage facétieux habillé de vert)
› Des bijoux en marbre ou en argent pour les fillettes coquettes

ISLANDE

L'Islande, c'est avant tout un fabuleux résumé de l'histoire de la formation de la planète. Face aux forces de la nature, les enfants auront le sentiment d'explorer une terre quasi magique. Qui plus est, une contrée foulée avant eux par les Vikings, dont les traces sont nombreuses…

LES ENFANTS ADORERONT…
Reykjavík et ses environs, des Vikings aux visons

»   Le musée d'architecture en plein air Árbæjarsafn, le Saga Museum où des mises en scène très réalistes avec personnages en cire retracent l'histoire de l'île, et le Musée national où l'on peut revêtir un costume viking !

»   Le festival international Viking à Hafnarfjörður, non loin de la capitale : il se tient au mois de juin, mais on peut visiter et dormir au "Village viking" toute l'année.

»   Le petit zoo où l'on découvre la faune du pays – rennes, visons, phoques, chevaux – et où des attractions sont prévues pour les petits : mini-circuit, bulldozers miniatures…

Les expéditions entre glace et feu

»   Une randonnée sur un cheval islandais, un peu partout sur l'île : ce cheval petit et doux est parfait pour les jeunes cavaliers, même débutants.

»   Le geyser Strokkur, qui jaillit à 35 mètres de hauteur toutes les 10 minutes.

»   Une marche, de quelques heures ou de quelques jours, au lac Mývatn, l'un des sites les plus riches et les plus accessibles pour observer des phénomènes géologiques.

Plein de découvertes amusantes attendent les petits géologues

À table !

Les enfants préféreront sans doute la viande de mouton, très présente, à celle du macareux, et le saumon, frais ou fumé, aura certainement plus de succès que le haddock. Les amateurs de laitage auront à disposition quelque 80 fromages, mais, surtout, ils devraient apprécier le *skyr*, sorte de yaourt préparé à base de lait écrémé pasteurisé, délicieux accompagné de sucre ou de confiture de myrtille.

»   Se promener prudemment sur les glaciers aux noms imprononçables : Sólheimajökull et Vatnajökull (dès 8 ans, accompagné d'un guide).

Une mer pour aventuriers

»   Une expédition en bateau pour observer baleines, rorquals, phoques et dauphins, mais aussi les falaises où nichent par milliers les adorables guillemots et macareux depuis Reykjavík, Húsavík, Keflavík et Ólafsvík.

»   Une croisière entre les icebergs bleutés flottant dans les eaux du lagon de Jökulsárlón.

»   Le port de Reykjavík, avec ses petits bateaux colorés, et les baleiniers marqués d'un grand "H" (baleine se dit *hvalur*) qui attendent le départ.

Les baignades sans la plage

»   Au lagon Bleu, à Keflavík : on plonge dans une piscine naturelle où l'eau, chaude et laiteuse, sort directement de la terre.

»   À Reykjavík, la piscine thermale de Laugardalslaug ou celle d'Árbæjarlaug, parfaite pour les enfants avec ses jeux d'eau.

»   Dans la région du Landmannalaugar, pour la plus incroyable des baignades avec vue sur les collines de rhyolite rougeoyante.

L'hiver inoubliable

»   Les aurores boréales : entre octobre et février, le ciel se pare à la nuit tombée de nuées vertes et rouges.

QUAND EST-CE QU'ON PART ?

» Vacances : été.

» Quelle que soit la saison, le temps est très changeant. Entre mai et juillet, le soleil de minuit règne sur l'île, mais c'est en juillet et août que l'Islande est la plus agréable : le thermomètre atteint facilement les 15°C, voire plus dans le sud de l'île. La plupart des lignes de bus et des sites ferment vers le 15 septembre. Toutefois, un séjour à Reykjavík et dans ses environs proches s'envisage sans problème jusqu'en hiver, à condition d'être bien couvert.

COMBIEN ÇA COÛTE ?

» Vol A/R direct Paris-Reykjavík : 450 à 750 €

» Prix moyen d'un circuit "tout compris" : 1 850 à 2 300 € pour 7 nuits

» Chambre double catégorie moyenne : 80 à 140 €

» Repas dans un établissement de catégorie moyenne : 15 à 25 €

» Location de voiture : à partir de 45 €/jour pour une petite voiture, 80 € pour un 4x4

❶ Précautions

⤳ Les sources chaudes peuvent atteindre des températures très élevées. Ne laissez pas vos enfants s'en approcher.

⤳ Les randonnées sont faciles sur le pourtour de l'île. À l'intérieur, elles exigent une bonne condition physique et les passages à gué les interdisent aux enfants de moins de 1,50 mètre.

❷ Décalage horaire

⤳ Décalage horaire : -2 heures en été, -1 heure en hiver

⤳ Durée moyenne d'un vol direct Paris-Reykjavík : 3 heures 30

CARNET DE SANTÉ

» En dépit d'une odeur de soufre parfois prononcée, l'eau est potable dans tout le pays.

» Attention à la simulie, une petite mouche agressive qui ressemble à un moustique, présente à proximité des points d'eau douce. Comme elle se déplace par nuages, on peut se retrouver avec plusieurs centaines de piqûres. La prévention repose sur l'utilisation de répulsifs cutanés efficaces et le port de vêtements longs.

SE DÉPLACER SANS GALÉRER

Louer une voiture est possible dans la plupart des grandes villes, mais cela revient cher. Ce sera pourtant la plus simple des solutions, tant que vous ne vous aventurerez pas à l'intérieur de l'île. Pour les régions intérieures, l'usage d'un 4x4 est indispensable, et vos petits doivent s'attendre à être secoués. Des taxis peuvent être loués pour des excursions. Des bus longue distance sillonnent le pays entre juin et septembre. Côté mer, plusieurs ferries relient les différents ports. On peut recourir à l'avion grâce aux différents vols intérieurs proposés par Air Iceland, que les Islandais prennent comme on prend le bus en hiver, mais dont les prix sont assez élevés en été.

Cercle Polaire Arctique

Bolungarvík • Ísafjörður • Siglufjörður • Ólafsfjörður • Húsavík • Dalvík • Sauðárkrókur • Akureyri • Seyðisfjörður • Egilsstaðir • Eskifjörður • Kerlingarskard • Helgafell • Grundarfjörður • Geysir • Gullfoss • Keflavík ✪ Reykjavik • Njarðvík • Selfoss • Landmannalaugar • Grindavík • Vík

OCÉAN ATLANTIQUE

BIBLIOTHÈQUE DU PETIT VOYAGEUR

Voyage en Islande, Anne-Laure Witschger (Seuil Jeunesse, 2005). Dès 6 ans

Le Garçon qui voulait devenir un être humain, Jørn Riel (Sarbacane, 2005). Dès 6 ans

SOUVENIRS D'ENFANTS

Un jeu de *Ad elta stelpur* ("chasse aux filles"), jeu traditionnel de stratégie

Une figurine de cheval islandais

ITALIE

L'Italie est un musée à ciel ouvert, aussi n'aurez-vous pas à enfermer vos enfants pour leur faire découvrir ses trésors : ruines antiques, jardins et palais Renaissance parsèment plaines et montagnes. Et vous ne serez jamais loin d'un lac ou d'une plage, bien utile en été lorsque le pays est écrasé par un soleil brûlant.

LES ENFANTS ADORERONT…

L'Italie des Romains

» Le Colisée, l'amphithéâtre où se déroulaient duels de gladiateurs et courses de chars… Les forums voisins sont plus décevants pour les enfants.

» Les ruines d'Herculanum qui n'ont rien à envier à celles de Pompéi (distantes de 20 km) et sont plus adaptées aux enfants car plus compactes.

» La villa d'Hadrien, résidence impériale aux portes de Rome, et le port antique d'Ostie qui alimentait la capitale.

» Les temples dans le sud du pays, comme ceux de Paestum, près de Salerne.

Les plages, les îles et les lacs

» Les sports aquatiques dans la région des Lacs : canoë ou planche à voile sur les lacs Majeur, de Côme et de Garde. À proximité de celui-ci, les enfants trouveront de nombreux parcs à thème.

» Les baignades sur la côte adriatique où les plages donnent sur des eaux peu profondes, propices aux jeunes enfants, notamment autour de Ferrare.

» Les plages du Sud (Pouilles, Basilicate, Calabre) et notamment Otrante, Porto Cesareo, les îles Tremini, tout au bout de la "botte", et Gallipoli.

L'Italie, un cadre qui rend magique le moindre jeu

» L'île d'Elbe, bordée de belles plages baignées par des eaux bleues.

» La côte amalfitaine en bateau ; les plages sont par contre très peu pratiques pour les enfants.

Venise, au pays de Marco Polo et de Corto Maltese

» Une ville sans voiture facile à explorer avec des enfants, à pied, en gondole ou en vaporetto.

» Courir après les pigeons sur la place Saint-Marc avant de grimper en haut du campanile ou de la tour de l'Horloge.

» Les îles : Murano pour le spectacle des souffleurs de verre et Burano aux maisons pastel comme celles de poupées.

Les reliefs italiens

» L'ascension du Vésuve : on peut se rendre jusqu'à 200 mètres du cratère en voiture, et terminer à pied.

» Le parc national d'Abruzzo, Lazio e Molise offre des parcours adaptés aux familles pour apercevoir ours, loups et chamois.

» Les Dolomites de Sesto, l'une des zones de la chaîne accessible aux familles. On peut voir des ours dans le parc naturel Adamello-Brenta.

Villes étranges et jardins extraordinaires

» Les curiosités du musée La Specola à Florence, ou une visite avec des acteurs déguisés du Palazzo Vecchio.

» Une promenade à pied, à vélo ou à rollers sur le chemin de ronde qui surmonte les remparts de Lucques.

» La tour de Pise, qui penche de manière impressionnante.

» Les jeux d'eau dans les jardins de la villa d'Este, à Tivoli.

» Les monstres qui peuplent les jardins de Bomarzo, près de Viterbe.

» Les villages de *trulli*, ces étranges maisons coniques (Pouilles).

QUAND EST-CE QU'ON PART ?

» Vacances : printemps, été, Toussaint.
» Si l'Italie est un pays que l'on peut visiter toute l'année, c'est au printemps et en automne que l'on profite le mieux de toutes ses beautés. Les sites touristiques sont moins bondés, et les températures généralement agréables. En été (et souvent dès le printemps), les baignades sont délicieuses sur le littoral, tyrrhénien comme adriatique.

COMBIEN ÇA COÛTE ?

» Vol direct A/R Paris-Rome : 120 à 270 € ; Paris-Venise : 90 à 200 € ; Paris-Naples : 225 à 280 €
» Coût d'un trajet en train (de nuit) Paris-Rome : entre 95 et 150 € par personne l'aller simple
» Prix moyen d'un week-end à Rome, à Florence ou à Venise : 250 à 450 €
» Prix moyen d'un séjour balnéaire "tout compris" vol + hôtel : à partir de 600 € pour 7 nuits

❶ Précautions

⟶ Oubliez les poussettes pour visiter Venise : entre les ponts, nombreux, et les ruelles très étroites, vous auriez bien trop de mal à vous déplacer.
⟶ Pour les voyages en train, réservez bien à l'avance si vous ne voulez pas que votre petite famille voyage debout.

❶ Décalage horaire

⟶ Décalage horaire : aucun
⟶ Durée moyenne d'un vol direct Paris-Venise : 1 heure 30 ; Paris-Rome : 2 heures ; Paris-Naples : 2 heures 20

BIBLIOTHÈQUE DU PETIT VOYAGEUR

› *Contes d'Italie*, Anne-Sophie de Monsabert (Vilo, 2007). Dès 3 ans
› *Contes d'Italie*, Mario Urbanet (Milan, 2009). Dès 3 ans
› *Rome*, Miroslav Sasek (Casterman, 2009). Dès 8 ans
› *Les Voyages d'Alix. Rome, la Cité impériale*, Jacques Martin, Gilles Chaillet (Casterman, 2000). Dès 9 ans
› *À Rome au temps des Césars*, Gérard Coulon (La Martinière, 2006). Dès 11 ans
› *Le Baron perché*, Italo Calvino (Seuil Jeunesse, 2005). Dès 11 ans

SOUVENIRS D'ENFANTS

⟶ Des masques de carnaval à Venise
⟶ Un joli Pinocchio en bois
⟶ Des voitures miniatures, de la Fiat 500 à la dernière Ferrari

Chambre double catégorie moyenne : 80 à 120 €. En Toscane, optez pour un séjour à la ferme en *agriturismo*, plutôt que pour un hôtel en ville.
» Repas dans un établissement de catégorie moyenne : 20 à 50 €
» Location de voiture : à partir de 45 €/jour

SE DÉPLACER SANS GALÉRER

Aucun problème pour se déplacer en Italie.
Le réseau routier est en bon état, mais les autoroutes étant à péage, acheter une carte prépayée vous fera éviter de longues files d'attente, surtout en été.
Les déplacements en trains (qui sont parfois un peu vétustes et manquent de confort) sont peu chers, et le réseau de bus couvre bien tout le pays. Évitez la conduite en voiture à Naples, où la circulation frise l'anarchie.

À table !

L'avantage avec la *pasta*, c'est que les petits l'apprécient à coup sûr. Lasagnes, spaghettis à la bolognese, cannellonis rencontrent toujours le succès. Et que dire des pizzas ! Les escalopes à la *milanese* (panées) sont aussi appréciées des jeunes. Au royaume du *gelato*, les crèmes glacées sont vraiment délicieuses, et les parfums innombrables.

MADÈRE

Petite île portugaise perdue dans l'océan, au large du Maroc, Madère est un havre de paix dans lequel toute la famille peut se reposer. Petites randonnées, baignade dans les piscines naturelles – car les plages sont rares –, découverte de la faune et de la flore offrent largement de quoi occuper les enfants.

Les enfants à Madère, des anges au paradis des fleurs…

LES ENFANTS ADORERONT…
La baignade, toute l'année
» La petite plage de Praínha, à l'extrême est.
» La longue plage de sable fin de Porto Santo, une île voisine (attention, la destination est très prisée).
» Dans les piscines naturelles (des bassins creusés naturellement dans la roche et remplis par de l'eau de mer) des petites stations balnéaires, comme Porto da Cruz ou Porto Moniz.

Le paradis des fleurs
» Les fleurs sont partout, le long des routes et sur les pentes des montagnes : hibiscus, bougainvilliers, fuchsias, hortensias… de quoi devenir un petit roi de la botanique.
» Les nombreux jardins tropicaux à Funchal : le jardin botanique, le jardin Orquídea (des orchidées), le jardin tropical du Monte Palace et le jardin de la Quinta das Cruzes parsemé de ruines manuélines.
» Le parc das Queimadas près de Santana.
» La fête des Fleurs à Funchal, en avril ou mai, avec la splendide parade des enfants.

» Les fleurs dans le ciel lors du grand feu d'artifice du 31 décembre : le plus grand spectacle pyrotechnique du monde !

Les excursions sur mer et sur terre
» L'ascension en téléphérique depuis Funchal jusqu'à Monte, et l'amusante descente sur 2 kilomètres sur un traîneau en rotin – un toboggan à deux places !
» Une randonnée avec pique-nique le long des *levadas*, d'anciens canaux d'irrigation qui sillonnent toute l'île : un peu partout, vous trouverez des itinéraires balisés adaptés aux enfants.
» Au départ de Funchal, une minicroisière en voilier – catamaran ou réplique de la caravelle *Santa María* de Christophe Colomb – avec un peu de chance, baleines et dauphins seront au rendez-vous.

Les visites pour découvrir l'histoire insulaire
» La jolie capitale, Funchal, avec ses maisons blanches accrochées aux pentes, sa cathédrale datant de l'époque des chevaliers et l'atmosphère de la vieille ville.
» Les drôles de chaumières en triangle du village de Santana.
» Le musée de la Baleine de Caniçal, pour revivre l'épopée de la chasse aux cétacés qui fit vivre le village jusqu'en 1981.
» La maison de Christophe Colomb à Vila Baleira, sur l'île de Porto Santo, où l'explorateur vécut avant de parcourir le monde.

QUAND EST-CE QU'ON PART ?

» Vacances : toutes.

» Il fait doux toute l'année (16°C en janvier en moyenne, 22°C en juillet), mais la brume peut gâcher la découverte des paysages entre octobre et février, surtout dans le centre et le nord de l'île. Les fleurs recouvrent l'île dès le mois d'avril. Les températures grimpent doucement pour culminer en juillet et août (période où les touristes sont les plus nombreux), et l'arrière-saison reste tout aussi agréable.

COMBIEN ÇA COÛTE ?

» Vol A/R direct Paris-Funchal : 240 à 500 €

» Prix moyen d'un séjour organisé "tout compris" avion + hôtel : 550 à 800 € pour 7 nuits

» Chambre double catégorie moyenne : 40 à 80 €

» Repas dans un établissement de catégorie moyenne : 6 à 12 €

» Location de voiture : à partir de 40 €/jour pour une petite voiture

ⓘ Précautions

→ L'île culmine à plus de 1 800 mètres, et l'altitude grimpe vite. Lors des randonnées, prévoyez un pull (et des vêtements imperméables selon la saison), car le climat peut changer sur les hauteurs.

→ La plupart des *levadas* sont à flanc de montagne, sans rambarde entre le promeneur et le vide. Avec vos enfants, veillez donc à toujours partir sur des portions bien aménagées.

🕐 Décalage horaire

→ Décalage horaire : -1 heure

→ Durée moyenne d'un vol direct Paris-Funchal : 2 heures 30

BIBLIOTHÈQUE DU PETIT VOYAGEUR

› *Je veux aller à l'école !*, Catherine de Lasa, Erwan Fagès (Nathan, 2009). Dès 6 ans

SOUVENIRS D'ENFANTS

› Un panier en osier pour jouer à la marchande

› Des bulbes de fleurs (en vente sur tous les marchés) pour des plantations pleines de magie

SE DÉPLACER SANS GALÉRER

Peu d'options à part la location de voiture, qui permet de sillonner toute l'île. Les routes sont assez bonnes mais sinueuses : la vitesse de croisière n'excède donc pas les 40 à 50 km/h. Un ferry quotidien relie Funchal à Porto Santo : en haute saison, réservez le trajet car la destination est prisée.

À table !

Attention au *bolo do caco* ! Ce petit pain rond aux patates douces qui accompagne tous les plats est tellement délicieux que les enfants risquent d'en oublier le contenu de leur assiette. Les petits carnivores apprécieront les brochettes de viande de bœuf mariné (l'*espetada*) que l'on trouve partout, mais – insularité oblige – le poisson tient la vedette sur les cartes. S'ils goûtent peu les produits de la mer, les enfants devraient tout de même aimer les *pastéis de bacalhau* (croquettes de morue). En accompagnement, les omniprésents riz et frites ne devraient pas poser de problème. Côté dessert, le gâteau au miel (*bolo de mel*) est incontournable, de même que la salade de fruits à base de bananes, de mangues et de papayes.

MALTE

On peut se rendre sur l'archipel maltais en famille simplement pour profiter du climat très doux dans le cadre d'un séjour balnéaire. Mais la richesse du patrimoine historique – des mégalithes aux constructions léguées par les chevaliers de l'Ordre de Malte – éveillera sans doute l'Indiana Jones qui sommeille chez le petit voyageur.

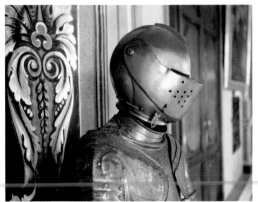
Une île avec des plages, évidemment, mais aussi des chevaliers !

LES ENFANTS ADORERONT…
Les couleurs sous-marines
» Admirer les fonds marins les plus riches de la Méditerranée avec un masque et un tuba : émerveillement garanti autour des îles de Comino et de Gozo.
» S'initier à la plongée (généralement à partir de 8 ans) dans l'un des nombreux centres que compte l'archipel.
» Partir en mer sur un *dgħajsa* (un bateau traditionnel) depuis La Valette ou sur un bateau à fond de verre que l'on trouve dans de nombreux petits ports.

Les sites pour remonter le temps jusqu'à la préhistoire
» Les impressionnants temples mégalithiques de Hagar Qim, de Mnajdra ou de Tarxien, bâtis entre 3600 et 2500 av. J.-C.
» L'Hypogée de Hal Saflieni, un réseau souterrain de grottes et de tunnels taillé dans la roche il y a 4 400 ans.
» Les catacombes de Saint-Paul (à la sortie de Mdina) et celles de Sainte-Agathe (à Rabat).

Les attractions rigolotes
» Le village de Popeye, souvenir du film que Robert Altman tourna sur l'île, à Anchor Bay ; on peut se promener dans les décors parfaitement conservés et participer aux attractions thématiques liées au célèbre marin mangeur d'épinards…
» Le parc aquatique Mediterraneo à Bahar ic-Caghaq, pour nager avec les dauphins.
» Les carnavals de Malte, en février, célébrés en grande pompe à La Valette, avec chars bigarrés et feu d'artifice. Les enfants y sont particulièrement à l'honneur : ce sont eux qui présentent la danse du sabre, qui ouvre les festivités.

Les souvenirs des chevaliers
» La cocathédrale Saint-Jean à La Valette qui abrite les tombeaux des chevaliers de l'Ordre de Malte.
» Le fort Saint-Elme, à La Valette, dans lequel les guides sont vêtus de costumes d'époque.
» Les fortifications qui protègent et réunissent les "Trois Cités" (Vittoriosa, Senglea et Cospicua). Les enfants un peu grands frissonneront dans le palais de l'Inquisiteur, à Vittoriosa.
» La citadelle de Gozo ou Gran Castello, qui fut construite par les chevaliers au XVe siècle pour défendre l'île contre les attaques des pirates et des sarrasins.
» Les nombreuses attractions audiovisuelles proposées à La Valette et à Mdina, pour une reconstitution en images du temps des chevaliers. À Siggiewi, il est même possible d'assister à un dîner-spectacle pyrotechnique.

QUAND EST-CE QU'ON PART ?

» Vacances : printemps, été, Toussaint.
» Le printemps et l'automne (bien que plus humide) sont les meilleures époques dans l'année pour se rendre à Malte : les plages sont moins bondées qu'en juillet et en août, le soleil est toujours présent sans être accablant et la température de l'eau est déjà – ou encore – agréable et propice à la baignade. La visite de l'île en hiver reste agréable (14°C en moyenne), à condition d'oublier, dès novembre, les plaisirs balnéaires.

COMBIEN ÇA COÛTE ?

» Vol A/R pour La Valette depuis Paris : 250 à 350 €
» Prix moyen d'un séjour balnéaire "tout compris" avion + hôtel : 500 à 650 €
» Chambre double catégorie moyenne : 50 à 120 €
» Repas dans un établissement de catégorie moyenne : 10 à 20 €
» Location de voiture : à partir de 20 €/jour

⊘ Précautions

↳ Pour avoir une chance de visiter l'Hypogée de Hal Saflieni, il faut s'y prendre à l'avance : afin d'assurer sa conservation, le site n'accueille que 80 personnes par jour.

◷ Décalage horaire

↳ Décalage horaire : aucun
↳ Durée moyenne d'un vol direct Paris-La Valette : 2 heures 30

SE DÉPLACER SANS GALÉRER

Les déplacements à vélo ne sont pas recommandés sur l'île : les routes sont étroites et en mauvais état, et les automobilistes font peu de cas des cyclistes. Vous pouvez en revanche circuler sans problème en bus, Malte dispose d'un réseau étendu. Les enfants adoreront les bus maltais si typiques, peints en jaune, orange et blanc. Toutefois, ces pittoresques rescapés des années 1950-1970 ne sont pas très confortables. N'hésitez pas à opter pour une location de voiture, les tarifs sont parmi les plus bas d'Europe. Attention, ici, on conduit à gauche, comme en Grande-Bretagne !

À table !

La gastronomie maltaise a le goût et les parfums de l'Italie toute proche. Vous trouverez partout des pizzas et des pâtes comme en raffolent les enfants. Faites-leur goûter les *ravjuls* (raviolis locaux) ou une *timpana*, un gratin de macaronis. En revanche, ils apprécieront sans doute moins la grande spécialité locale, le *stuffat tal fenek* (étouffée de lapin). Ils se rattraperont sur les desserts, notamment avec les irrésistibles *kannolis*, gâteaux fourrés à la ricotta et aux fruits confits.

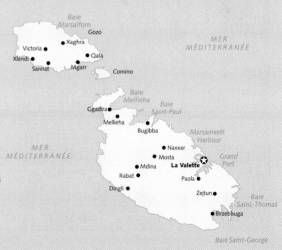

BIBLIOTHÈQUE DU PETIT VOYAGEUR

» *Raconte-moi l'Ordre de Malte*, collectif (Nouvelle Arche de Noé Éditions, 1999). Dès 8 ans
» *Les Hospitaliers de Malte*, Gilles d'Aubigny, Bernard Capo (BD, Éditions du Triomphe, 1999). Dès 10 ans

SOUVENIRS D'ENFANTS

↳ Des maquettes de *luzzi*, bateaux de pêche très colorés typiques de Malte
↳ Des figurines de chevaliers de Malte et leurs accessoires

MONTÉNÉGRO

Petit pays de montagne baigné par la mer Adriatique, le Monténégro offre une foule d'activités en plein air. En une heure de route, on peut ainsi passer des plages familiales du littoral aux paysages de montagne, et visiter des lieux magiques et préservés.

LES ENFANTS ADORERONT…
Plonger dans les vagues ou glisser sur l'eau

» Les jeux sur la grande plage de sable baptisée Velika Plaza, près d'Ulcinj. En pente douce elle est propice à la baignade des enfants.

» Les plages de Sveti Stefan qui font face à la charmante presqu'île, celles de la péninsule de Luštica ou de la baie de Petrovac, celles de la station balnéaire de Budva, plus touristique.

» Pour les plus âgés, la voile et la planche à voile, notamment près d'Ulcinj.

» Le rafting dans le canyon de la Tara (le plus profond d'Europe) sur les tronçons calmes accessibles aux débutants.

» Le kayak dans la splendide baie de Kotor, cernée par les montagnes.

À table !

Si l'influence des Balkans se retrouve dans l'assiette, la cuisine monténégrine est aussi riche en saveurs venues d'Italie : les enfants seront heureux de trouver au menu pâtes et pizzas. Sur la côte, les poissons et fruits de mer devraient avoir leur petit succès. L'intérieur des terres leur permettra de faire le plein de laitages (yaourts, fromages de vache ou de brebis), mais aussi de saucisses, de plats d'agneau grillé et de brochettes variées accompagnés de pommes de terre, de polenta ou de choucroute. Côté dessert, on retrouve les baklavas, mais aussi des crêpes richement garnies.

Les villes petites et paisibles

» Podgorica, la capitale, compte de nombreux parcs et un vieux quartier bordé de maisons basses dominé par une tour ottomane.

» Les remparts de la cité médiévale de Kotor, entre eau et montagne.

» La verte Cetinje abrite une carte en relief du pays.

Les monuments mystérieux

» Les églises et monastères dispersés sur les îles du grand lac Shkodër et sur celles de la baie de Kotor – comme l'îlot Notre-Dame-des-Rochers, entièrement occupé par son église.

» Le monastère orthodoxe d'Ostrog, encastré dans une falaise abrupte.

» Le mausolée de Lovcen : dédié au roi fondateur de ce petit État, il se situe à 1 700 mètres d'altitude et offre une vue incomparable. Attention aux petites jambes, il faut grimper 461 marches pour l'atteindre.

» Les ruines de Stari Bar qui dominent depuis une hauteur la nouvelle ville construite au bord de la côte.

La côte permet des baignades faciles presque partout

QUAND EST-CE QU'ON PART ?

» Vacances : hiver, printemps, été.
» Le printemps et l'automne sont les périodes les plus agréables pour visiter le pays, mais chaque saison a ses avantages. Ainsi, dans les montagnes du nord et du centre du pays, la neige, abondante de décembre à avril, permet de pratiquer le ski dans des petites stations familiales. La chaleur peut être étouffante en été dans la capitale et ses environs, mais le littoral demeure agréable, car les températures, bien qu'élevées (jusqu'à 38°C certaines années !), sont adoucies par l'air marin.

COMBIEN ÇA COÛTE ?

» Vol A/R Paris-Podgorica : 240 à 500 €, Paris-Tivat : 260 à 600 €
» Prix moyen d'un séjour organisé "tout compris" avion + hôtel : 600 à 900 € pour 7 nuits
» Chambre double catégorie moyenne : 30 à 90 €
» Repas dans un établissement de catégorie moyenne : 5 à 10 €
» Location de voiture : à partir de 50 €/jour

❗ Précautions

↳ Le pays étant escarpé, mesurez vos déplacements en temps plutôt qu'en distance.

🕐 Décalage horaire

↳ Décalage horaire : aucun
↳ Durée moyenne d'un vol direct Paris-Podgorica : 3 heures ; 4 à 6 heures avec 1 escale

CARNET DE SANTÉ

» Le vaccin contre l'hépatite A est conseillé, ainsi que ceux contre la typhoïde et l'hépatite B pour des séjours longs en zones rurales.
» Le vaccin contre l'encéphalite à tiques est préconisé si vous envisagez des excursions en forêts pendant l'été.

SE DÉPLACER SANS GALÉRER

Les autobus et minibus desservent toutes les villes du pays : c'est un mode de déplacement pratique et peu onéreux – mais les enfants auront peut-être mal au cœur sur les routes sinueuses de montagnes ! Si vous souhaitez visiter le pays librement, la location d'une voiture est idéale. Les contrôles de police sont fréquents : n'oubliez pas de laisser les feux de croisement allumés même en journée. Le réseau ferré se limite à une ligne reliant Bar-Podgorica-Bijelo Polje (dans le Nord-Est) et Belgrade en Serbie. C'est une attraction touristique en soi, car le train, assez lent, traverse des paysages formidables. Dans les villes, vous trouverez de nombreux taxis.

BIBLIOTHÈQUE DU PETIT VOYAGEUR

› *Histoires autour d'une unité oubliée, contes serbo-croates*, V. Lagny Delatour, J. Stankovic (Le Verger des Hespérides, coll. Patrimoine oral, 2010). Dès 6 ans

SOUVENIRS D'ENFANTS

» Des petites boîtes en bois gravées
» Une gourde joliment décorée pour arpenter les montagnes
» Une poupée en costume traditionnel

NORVÈGE

Entre les espaces du Grand Nord, les sorties en mer pour atteindre les îles et les glaciers dominant les fjords, la Norvège a de quoi émerveiller les enfants été comme hiver. Sans compter que c'est aussi le pays des Vikings et des trolls, ce que ne manqueront pas de leur rappeler nombre de musées et de boutiques…

Les paysages norvégiens ont vraiment de quoi fasciner les enfants

LES ENFANTS ADORERONT…
La vie au rythme de la nature
» Loger dans les *rörbu*, les chalets au bord de l'eau, et dans les *hytter*, des bungalows en bois très confortables.
» Faire du canoë sur les lacs du pays, ou s'initier à la pêche à la ligne dans les rivières.
» Prendre le bateau pour rejoindre les villages côtiers, remonter les canaux, accéder aux îles – ou pour aller observer les baleines depuis le port d'Andenes.

Les paysages de contes de fées
» Les fjords le long de la côte avec leurs glaciers qui essaiment des blocs de glace sur les eaux d'un bleu profond.
» La beauté surnaturelle des îles Lofoten, avec leurs hautes falaises, les petits villages de pêcheurs et les colonies d'oiseaux de mer.
» Les chutes d'eau parmi les plus hautes de la planète ! Au départ du village de Flåm,

la belle ligne ferroviaire Flåmsbana passe devant plusieurs de ces cascades.

Les mystères du Grand Nord
» Une promenade en traîneau à chiens à travers la neige, notamment dans le parc national d'Øvre Dividal et à Karasjok.
» Pratiquer le ski de fond, même l'été, à Stryn et à Folgefonna.
» La rencontre avec les Samis, peuples d'éleveurs de rennes fiers de leurs traditions.
» Le soleil de minuit, de mi-mai à fin juillet, depuis le cap Nord (Nordkapp), une falaise de 307 mètres de hauteur qui marque symboliquement le point le plus septentrional d'Europe occidentale.
» Le musée des Glaciers norvégiens à Fjærland, dans lequel de nombreuses expériences sont proposées.

Les Vikings et les explorateurs
» Sur la presqu'île de Bygdøy (Oslo), le musée du Folklore norvégien, avec ses 140 bâtiments en plein air reflétant l'architecture rurale du pays ; le musée des Bateaux vikings ; le musée du Kon-Tiki, qui présente les embarcations de l'explorateur norvégien Thor Heyerdahl. De quoi susciter des vocations…
» Le passionnant musée viking Lofotr, près de Vestvågøy (îles Lofoten), où des artisans en costumes reproduisent les gestes de l'époque.

Des parcs d'attractions à la norvégienne
» Le Dyrepark à Kristiansand, destination préférée des petits Norvégiens. Il abrite un zoo – dont une partie dédiée à la faune nordique –, la reproduction de la ville imaginaire de Cardamome et une fête foraine.
» Le Hunderfossen Familiepark, près de Lillehammer. Ici, point de Mickey pour vous serrer la pince, mais des trolls plus grimaçants les uns que les autres.

QUAND EST-CE QU'ON PART ?

» Vacances : printemps, été.

» C'est entre mai et septembre que le climat est le plus propice à la découverte du pays, même si de nombreux sentiers et refuges n'ouvrent qu'à partir de fin juin. Le thermomètre dépasse souvent les 30°C en été et il descend au-dessous de -30°C en hiver, période où les journées sont sombres. Dans le Nord, le soleil s'éclipse dès la fin de novembre et jusque vers le 10 janvier. À l'inverse, entre fin mai et mi-août, il ne fait vraiment nuit nulle part !

COMBIEN ÇA COÛTE ?

» Vol A/R Paris-Oslo : à partir de 160/210 € en basse/haute saison

» Prix moyen d'un circuit organisé "tout compris" avion + hôtel : à partir de 700 €

» Chambre double catégorie moyenne : 70 à 150 €. Préférez les logements dans les bungalows en bois, moins chers.

» Repas dans un établissement de catégorie moyenne : 13 à 26 €

» Location de voiture : à partir de 130 €/jour pour une petite voiture, hors assurance

» Pour les trajets en bus, train et avion, guettez les billets "minipris" disponibles uniquement sur Internet

🕐 Décalage horaire

→ Décalage horaire : aucun

→ Durée moyenne d'un vol direct Paris-Oslo : 2 heures 30

À table !

La plupart des établissements sont équipés pour recevoir les enfants et des menus leur sont souvent dédiés. Fumées, rôties ou cuites en ragoût, les viandes sont habituellement délicieuses. Le saumon, fumé ou grillé, est omniprésent (et plus abordable), et les pommes de terre figurent à presque tous les repas. Les enfants seront enthousiastes à l'idée d'essayer le petit-déjeuner en tube : fromage fondu et *kaviar* (des œufs de cabillauds sucrés et fumés). Rien ne dit cependant qu'ils renouvellent l'expérience… Les fruits sont rares et chers.

CARNET DE SANTÉ

» Attention aux animaux sur l'archipel du Svalbard, des cas de rage ont été signalés.

» Mouches et moustiques sévissent dans le nord du pays en été. Prévoyez des vêtements couvrants et des répulsifs.

SE DÉPLACER SANS GALÉRER

Le réseau routier norvégien est excellent, mais l'utiliser coûte cher : les péages sont nombreux dans le Sud. De plus, la location d'un véhicule est onéreuse. Le pays possède un très bon réseau de transports publics, trains, bus (confortables et ponctuels) et ferries. Les ferries côtiers Hurtigruten qui desservent tous les ports entre Bergen et Kirkenes sont une alternative pratique et agréable à la route, et les cars-ferries sont souvent le seul moyen d'accéder aux villages reculés à l'intérieur des fjord. L'avion est une option à ne pas négliger, surtout avec des enfants : en réservant à l'avance, les trajets peuvent ne pas revenir plus cher qu'en train.

BIBLIOTHÈQUE DU PETIT VOYAGEUR

› *Sous le soleil de minuit*, Simone Schmizberger (Flammarion, Castor Poche, 1996). Dès 6 ans

› *Contes norvégiens : le château de Soria Morai*, Nils Ahl (École des loisirs, coll. Neuf, 2002). Dès 11 ans

SOUVENIRS D'ENFANTS

› Des trolls de toutes formes et de toutes dimensions

› Des décorations pour le prochain arbre de Noël

PAYS BALTES

Le principal attrait de l'Estonie, de la Lituanie et de la Lettonie, c'est leur architecture destinée aux princes et aux princesses en herbe. Mais les enfants goûteront aussi les joies des activités de plein air (canoë sur les lacs et rivières, balades à vélo) dans leur nature étonnamment préservée. Sans oublier les plaisirs aquatiques dans les eaux de la Baltique.

Avec ou sans neige, l'architecture semble sortie d'un conte de fées

LES ENFANTS ADORERONT…

La nature à découvrir au fil de l'eau

» L'exploration des marais du parc national de Soomaa (Estonie), en canoë ou en *haabja*, une embarcation traditionnelle : avec un guide, vous aurez peut-être la chance de voir des ours, des lynx, des castors ou des élans.

» Le canoë ou le rafting (sans inquiétude pour les enfants, les rivières sont calmes), sur la Gauja, la Salaca ou l'Abava, en Lettonie.

» Le canotage sur le réseau de lacs et de rivières du parc national d'Aukštaitija (Lituanie).

Les châteaux, forteresses et remparts

» Au château de Rakvere (Estonie), des activités sont spécialement dédiées aux petits visiteurs (tir à l'arc, maniement de l'épée…).

» Le vieux centre médiéval de Tallinn, de Riga et de Vilnius.

» Le château de l'Île, à Trakai (Lituanie), qui ressemble à un décor de cinéma.

» Le château fort de Kuressaare, parfaitement conservé, dans le cadre intemporel de l'île de Saaremaa (Estonie).

» Les ruine du château de Cēsis (Lettonie), laissées par les chevaliers Porte-Glaive.

» Le musée en plein air de Rocca al Mar, près de Tallinn (Estonie), où ont été reconstituées des constructions traditionnelles en bois.

La vie à la mode baltique

» La cueillette des baies et des champignons est presque un sport national dans les trois pays. Vous pouvez rejoindre un groupe de connaisseurs, pour des "sorties cueillettes" organisées.

» Les balades à vélo sur les nombreuses pistes cyclables ; on trouve à louer très facilement des bicyclettes, sauf en Lituanie où il vaut mieux s'adresser à son hôtel.

» La luge, le ski de fond, les sorties en traîneaux à chevaux : autant d'activités pour découvrir les paysages sous la neige !

» La baignade sur les plages de la Baltique, notamment dans la petite station balnéaire de Pärnu (Estonie). Jurmala en Lettonie et Palanga en Lituanie sont aussi accueillantes pour les familles.

» La recherche de morceaux d'ambre dans les sables de la Baltique. Plusieurs mines et musées sont consacrés à cette résine fossilisée : le plus beau se trouve dans l'enclave russe de Kaliningrad.

Les distractions pour tous

» L'Adventure Parc d'Otepää (Estonie) propose des parcours dans les arbres dont certains spécialement destinés aux enfants.

» Les minivoitures électriques du parc Sereikiskiu de Vilnius, ou le tour de la ville fortifiée en voiture à cheval ou en taxi-vélo.

» Le musée du jouet de Tartu (Estonie), avec son attraction principale, un chemin de fer quasi grandeur nature.

QUAND EST-CE QU'ON PART ?

» Vacances : printemps, été.
» Le printemps et le début de l'été sont les périodes les plus agréables pour visiter les pays Baltes : les températures sont douces, la nature est en fleurs et les fêtes du solstice d'été joyeuses. L'été est plutôt chaud, mais parfois pluvieux, et la baignade n'est pas envisageable pour les frileux : l'eau des plages oscille entre 16 et 21°C. Mieux vaut éviter l'hiver, très froid, sauf pour les amateurs de patin à glace ou de ski de fond.

COMBIEN ÇA COÛTE ?

» Vol A/R Paris-Riga : à partir de 170 € ; Paris-Tallinn : à partir de 200 € ; Paris-Vilnius : à partir de 190 €
» Chambre double catégorie moyenne : 30 à 75 €
» Repas dans un établissement de catégorie moyenne : 10 à 20 €
» Location de voiture : environ 50 €/jour en Estonie, 45 €/jour en Lettonie et Lituanie (25 €/jour en passant par une petite agence privée)

CARNET DE SANTÉ

» Le vaccin contre l'encéphalite à tiques est conseillé si vous devez vous promener en pleine nature dans ces pays entre le printemps et l'automne.
» L'eau du robinet est potable, mais, dans les zones rurales, il est conseillé de boire de l'eau embouteillée ou décontaminée avec des cachets.
» Les moustiques peuvent être redoutables dans certaines régions humides. Pensez aux répulsifs et aux vêtements couvrants.

SE DÉPLACER SANS GALÉRER

Les réseaux de bus desservant les trois pays sont efficaces et rapides, les véhicules sont confortables. On préférera donc le bus au train, moins pratique et plus onéreux. En ville, les transports en commun sont souvent bondés, mais il reste les taxis, très abordables. Le réseau routier est en bon état et la circulation fluide, vous pouvez donc venir avec votre voiture ou en louer une. L'avion n'est pas une option intéressante les distances étant courtes et les prix élevés.

À table !

Ici, la pomme de terre est reine. En Estonie, on la sert avec du porc, du poulet, des saucisses ou du poisson fumé. En Lettonie, les enfants adoreront faire un repas de crêpes (*pankukas*), par exemple fourrées à la viande ou au fromage, ou les *piragi* (chaussons salés), délicieux à l'œuf dur ou au bacon. Au dessert, main basse sur les tartes aux baies dont les Lettons sont friands. En Lituanie, place aux *cepelinai*, des quenelles de pommes de terre au fromage, à la viande et aux champignons, et surtout aux *blyneliai*, des crêpes du type blinis salées ou sucrées.

🕐 Décalage horaire

→ Décalage horaire : +1 heure
→ Durée moyenne d'un vol direct Paris-Riga : 2 heures 40 ; Paris-Tallinn : 3 heures ; Paris-Vilnius : 2 heures 45

BIBLIOTHÈQUE DU PETIT VOYAGEUR
› *Contes de Lituanie*, Marc Daniau, O.-V. de Le Milosz (Seuil, 2005). Dès 8 ans

SOUVENIRS D'ENFANTS
› Des jouets et poupées en bois

PAYS-BAS

Les Pays-Bas font partie de ces pays où le bien-être des enfants est une priorité et où ils sont partout les bienvenus. Se déplacer à vélo, faire du patin à glace ou du bateau sur les canaux, participer à une visite ludique d'un musée : ils n'auront aucun mal à s'adapter aux coutumes locales, en toute décontraction.

LES ENFANTS ADORERONT…

Les visites pour les enfants dans Amsterdam

» Un goûter-croisière sur le "bateau à crêpes" pour sillonner les canaux.

» La visite d'un navire du XVIᵉ siècle ancré devant le musée NEMO ; les enfants seront accueillis par des pirates !

» Le Rijksmuseum, le Tropenmuseum, le NEMO… presque tous les musées proposent des activités éducatives, mais très ludiques.

Les excursions au rythme de l'eau

» Les croisières sur les canaux à Delft ou à Utrecht. Un moyen toujours apprécié des enfants pour découvrir une ville.

Avant une randonnée à vélo, choisissez bien votre monture

» Une promenade en pédalo sur les canaux d'Amsterdam.

» Une exploration des îles Wadden, des havres de paix où l'on peut se promener sur les longues plages, les dunes et ramasser moult coquillages.

» Lors des hivers rigoureux, on adopte les coutumes locales et on fait du patin à glace sur les canaux gelés.

» Un séjour sur une péniche ! On peut louer des pénichettes à Loosdrecht pour explorer les canaux en famille.

» Sur la presqu'île de Marken, un village de pêcheurs traditionnel très paisible – pas de voiture –, on peut embarquer pour une croisière sur la mer intérieure.

La chasse aux moulins et aux tulipes

» Une visite au Zaanse Schans, au nord-ouest d'Amsterdam ; dans ce musée de plein air, on s'amuse à vivre comme les habitants de la région il y a 150 ans. On peut visiter une fabrique de sabots, faire des balades en bateau et surtout admirer les moulins à vent encore en activité.

» Découvrir en quelques heures toutes les curiosités du pays au Madurodam (La Haye) : Amsterdam, Rotterdam, moulins, canaux et champs de tulipe sont reproduits en miniature.

» Sillonner le pays à vélo, à tandem, ou installé dans une remorque pour les plus petits.

» Voir les champs de tulipe au printemps autour de Haarlem ou dans le parc du château de Keukenhof (près de Lisse).

» Une journée à l'Efteling, le "Disneyland néerlandais", à Kaatsheuvel. C'est l'un des plus anciens et des plus prestigieux parcs d'Europe, célèbre pour ses décors de contes de fées.

QUAND EST-CE QU'ON PART ?

» Vacances : printemps, été.

» Les Pays-Bas demeurent un pays agréable à visiter toute l'année. Bien sûr, l'été (toujours doux) et le printemps sont plus propices aux pauses en terrasse au bord d'un canal, mais, pendant l'hiver, pas si rigoureux que ça, on se presse moins dans les musées (en été, il faut parfois jouer du coude tellement les visiteurs sont nombreux). Et si l'hiver est rude, vos enfants auront peut-être la joie de patiner sur les canaux.

COMBIEN ÇA COÛTE ?

» Vol A/R Paris-Amsterdam : environ 150 €
» Trajet A/R Paris-Amsterdam en Thalys : 100 à 150 €
» Chambre double catégorie moyenne : 80 à 160 €
» Repas dans un établissement de catégorie moyenne : 15 à 25 €
» Location de voiture : à partir de 25 €/jour

❶ Précautions

Certains croient encore que l'on peut laisser en toute sécurité les vélos dans la rue sans antivol aux Pays-Bas : c'est hélas une légende… Faites comme les Néerlandais, attachez-les fortement.

🕐 Décalage horaire

Décalage horaire : aucun
Durée moyenne d'un vol direct Paris-Amsterdam : 1 heure 15
Durée d'un trajet en Thalys Paris-Amsterdam : 3 heures 15
Durée d'un parcours en voiture Paris-Amsterdam : 5 heures 30

BIBLIOTHÈQUE DU PETIT VOYAGEUR
» *La Tulipe noire*, Alexandre Dumas (Le Serpent à plumes, 2006). Dès 10 ans

SOUVENIRS D'ENFANTS
› Des bulbes et oignons de tulipes, pour jouer au jardinier
› Des moulins à vent miniatures
› Un billard hollandais en bois (en fait un jeu de palet), pour s'amuser en famille
› Des sabots, unis ou décorés de moulins à vent

CARNET DE SANTÉ

Lors des promenades dans la campagne, méfiez-vous des tiques : si elles ne transmettent pas l'encéphalite à tiques aux Pays-Bas, la transmission de la maladie de Lyme est possible.

SE DÉPLACER SANS GALÉRER

Bienvenu dans un pays où les cyclistes sont prioritaires ! Les pistes cyclables sont partout, et il est aisé de prendre son vélo dans le train. Revers de la médaille, les piétons, surtout les jeunes, doivent faire très attention aux vélos dans les villes. Le réseau ferré est dense, efficace, les trains confortables et les prix sont très bas pour les enfants au-dessous de 11 ans. Les bus sont aussi pratiques. Circuler en voiture s'avère onéreux, les parkings coûtant cher. Et en ville, les places sont rares !

À table !

Des frites ! Les enfants risquent d'en faire une cure ici, où on en sert abondamment partout, généralement surmontées de mayonnaise. Ils les apprécieront sans doute accompagnées de moules (de septembre à avril) ou de *krokketen*, des croquettes de viande ou de poisson. En dessert, ils pourront se régaler de *pannekoeke*, des crêpes épaisses, ainsi que de tartes aux fruits, servies avec une sorte de crème anglaise (*vla*) et de la glace. Mais, juste avant le dessert, ils prendront bien un morceau d'édam, de gouda ou de mimolette !

POLOGNE

Les jeunes voyageurs apprécieront la visite des nombreux châteaux émaillant le pays. Ils découvriront le vrai visage de la Pologne à travers les séjours à la ferme, les grandes randonnées à pied, à cheval ou à vélo dans une nature accueillante… Les moins frileux pourront même goûter aux joies balnéaires du côté de la Baltique.

LES ENFANTS ADORERONT…
Les visites historiques et ludiques

» Une promenade en calèche pour admirer les plus beaux monuments de Cracovie, et rejoindre le splendide château royal sur la colline du Wawel.

» Les centres historiques de Wrocław ou de Gniezno, dont les maisons colorées comptent parmi les plus anciennes du pays.

» Parcourir la Voie royale de Varsovie, bordée de palais et d'églises, et s'arrêter dans le parc Łazienski, pour une promenade en bateau sur son lac.

» Une croisière pour aller de Gdánsk (Dantzig), la "perle de la Baltique", à la presqu'île de Hel.

Les joies de la vie en plein air

» Un séjour à la ferme, très populaire dans le pays, par exemple dans les Beskides.

» Les plages de la mer Baltique : les eaux sont peu profondes, le sable est blanc et fin et il y a souvent des aires de jeux. Mais attention, car l'eau dépasse rarement les 21°C et le vent souffle parfois très fort.

Le pays des Slaves, des Vikings et des chevaliers Teutoniques

» Plonger dans la vie quotidienne d'autrefois dans les nombreux *skansen* (parcs ethnographiques) qui parsèment le pays. Dans celui de Sanok, le plus vaste, sont reconstitués des villages traditionnels des XVIIᵉ et XVIIIᵉ siècles.

» Sur le site archéologique de Biskupin, une partie du village fortifié datant de l'âge du fer a été reconstitué.

» Le splendide château fortifié de Malbork (Marienburg) est le cadre d'un trépidant spectacle son et lumière de mi-avril à mi-septembre.

» Les châteaux de Niedzica, Bytów, Gniew ou Golub-Dobrzyń. Dans certains, des Confréries de chevaliers s'affrontent lors de tournois estivaux.

» L'univers des Vikings à Wolin, une île de Poméranie, lors de l'important festival organisé au mois d'août.

Une nature insolite propice aux activités

» La descente des gorges du Dunajec (parc national des Piénines), sur un radeau de bois piloté par des bateliers.

» Un parcours au milieu des Roches errantes, un labyrinthe naturel dans le parc national des monts Tabulaires.

» La descente en canoë de la Biebrza au cœur du plus grand marécage d'Europe centrale.

» Les sorties en voilier ou kayak dans la région des grands lacs de Mazurie.

» La randonnée facile jusqu'aux dunes mouvantes du parc national de Slowinski.

» La visite de la mine de sel souterraine de Bochnia : on dévale un toboggan en bois de 140 mètres de longueur avant une visite en petit train.

Les villes polonaises réservent des surprises aux enfants

QUAND EST-CE QU'ON PART ?

» Vacances : printemps, été, Toussaint.
» Du printemps à l'automne, les températures sont agréables, ce qui n'est pas le cas en hiver, rigoureux et neigeux. De plus, le soleil se couche tôt. Pour un séjour balnéaire sur la Baltique en juillet et août, réservez à l'avance, l'affluence est grande dans les stations.

COMBIEN ÇA COÛTE ?

» Vol A/R Paris-Varsovie : entre 200 et 240 €
» Chambre double catégorie moyenne : 40 à 80 €
» Repas dans un établissement de catégorie moyenne : 4 à 10 €
» Location de voiture : environ 30 €/jour dans les agences locales, à partir de 55 €/jour dans les grandes agences internationales

BIBLIOTHÈQUE DU PETIT VOYAGEUR

» *Twardowski le magicien. Contes polonais*, Marie-Anne K. Lefort (L'Harmattan, 2007). Dès 9 ans
» *Contes de Pologne*, Oldrich Sirovatka (Gründ, 1990). Dès 7 ans
» *Les Enfants d'Irena Sendlerowa*, Catherine Le Quellenec (Oskar éditions, 2009). Dès 9 ans
» *Jaroslaw, Kasia et Janusz vivent en Pologne*, Claire Veillères (La Martinière Jeunesse, coll. Enfants d'ailleurs, 2009). Dès 10 ans

SOUVENIRS D'ENFANTS

Des jouets en bois typiquement polonais, comme un échiquier avec ses personnages folkloriques

CARNET DE SANTÉ

Le risque de contracter l'encéphalite à tiques existe dans certaines zones rurales boisées du printemps à la fin de l'automne. La vaccination contre cette maladie transmise par les tiques est conseillée.

SE DÉPLACER SANS GALÉRER

On peut sillonner le pays en train, rapide et bon marché, et accéder aux régions plus reculées en bus. Circuler en voiture est pratique, mais les routes secondaires, souvent en mauvais état, peuvent s'avérer dangereuses. Le danger sur la route est augmenté par la présence de plus en plus importante de camions sillonnant le pays à grande vitesse sur des voies étroites. Rouler à vélo en zone rurale est un plaisir dans ce pays majoritairement plat, mais c'est à éviter en ville où les pistes cyclables sont rares.

À table !

Si les boulettes de viande gagneront facilement leurs faveurs, les soupes, courantes ici, comme le *barszcz* (soupe de betteraves), risquent de peiner à séduire vos enfants. Mais qui sait…
En revanche, pas de souci à prévoir avec la *kotlet schabowy* (escalope panée), ou les saucisses, très consommées dans le pays. De même avec les *pierogi*, des sortes de raviolis farcis avec toutes sortes de préparations, salées ou sucrées, présents sur les cartes de tous les restaurants. Les enfants se laisseront facilement tenter par les desserts, comme les *naleśniki z serem*, délicieuses crêpes fourrées au fromage blanc, ou le *makowiec* (roulé au pavot).

❶ Précautions

» Il est recommandé de garer sa voiture dans des parkings surveillés, les voitures étrangères étant la cible préférée des voleurs.

◗ Décalage horaire

» Décalage horaire : aucun
» Durée moyenne d'un vol direct Paris-Varsovie : 2 heures 15

PORTUGAL

Sa façade atlantique a vu partir Christophe Colomb et Vasco de Gama vers de lointains horizons. Aujourd'hui, ses 800 kilomètres de côte attirent les familles, surtout au sud, où l'eau est plus chaude. À vous de jouer les explorateurs pour découvrir châteaux forts et montagnes de l'intérieur. Les distances sont courtes, et vous ne serez jamais loin d'une plage pour que les plus remuants se défoulent.

LES ENFANTS ADORERONT...

Lisbonne, la capitale des navigateurs

» Le tramway n°28 qui s'élance en bringuebalant à l'assaut de l'Alfama.

» Le quartier de Belém pour marcher sur les pas des grands explorateurs : le Museo de la Marine et le monument des Découvertes (dans lequel on peut grimper) devraient fasciner les enfants.

» Les châteaux de Sintra, tout droit sortis d'un conte de fées.

» À la rencontre des loups dans le Centro Recuperação do Lobo Iberico, que l'on a de fortes chances de croiser lors d'une promenade.

Les joies du bord de mer

» Les plages de l'Algarve, les plus propices à la baignade ou à la plongée avec masque et tuba.

» Les stations balnéaires prisées des Lisboètes, Cascais et Estoril (plus familiale), et les plages de la Costa da Caparica appréciées des familles (Praia do Norte et Praia do São Sebastião). Initiation au surf possible.

» Les excursions en bateau pour observer les dauphins depuis Lagos, Albufeira ou Setúbal.

Les activités sur mesure

» Le Parque das Nações (Lisbonne), grand parc moderne aménagé en bordure du Tage, et son Oceanário, deuxième aquarium d'Europe, où les enfants pourront voir requins et otaries.

» Le musée de la Marionnette (Lisbonne) pour admirer les collections et profiter des spectacles.

» Le Portugal dos Pequenitos, ou "Portugal des petits", à Coimbra : les enfants investissent châteaux et villages du pays reproduits en miniature.

Donjons et dragons, temples et dinosaures

» Le château médiéval de Castelo de Vide, avec son petit musée qui présente les rois y ayant habité.

Les châteaux et palais portugais, construits pour les enfants ?

» Les remparts rouges du château de Silves, édifié lorsque la cité était la capitale maure de l'Algarve.

» La cité de Mértola, véritable musée en plein air où les enfants découvrent le Portugal médiéval.

» La commanderie de Tomar, hérissée de tourelles, pour une plongée dans l'univers des Templiers.

» Les ruines de Conímbriga, pour apprendre aux enfants le quotidien d'une ville romaine.

» Le temple antique d'Évora, superbe ville fortifiée.

» Les peintures rupestres en plein air de la vallée du Côa : chevaux, aurochs et bouquetins y gambadent à flanc de roche depuis 20 000 ans.

» Les empreintes laissées par les dinosaures au Parque Natural das Serras de Aire e Candeeiros.

QUAND EST-CE QU'ON PART ?

» Vacances : printemps, été, Toussaint.
» Au printemps et à l'automne, les températures sont chaudes sans être suffocantes. Si vous voyagez l'été avec de jeunes enfants, évitez les régions de l'Algarve, de l'Alentejo et de la haute vallée du Douro, où le mercure peut dépasser 45°C. De plus l'Algarve est prise d'assaut en août.

COMBIEN ÇA COÛTE ?

» Vol A/R Paris-Lisbonne : à partir de 180 €
» Prix moyen d'un séjour organisé "tout compris" avion + hôtel : à partir de 600 €
» Prix moyen d'un week-end à Lisbonne : 300 à 450 €
» Chambre double catégorie moyenne : 40 à 80 €
» Repas dans un établissement de catégorie moyenne : 6 à 12 €
» Location de voiture : environ 400 € pour 7 jours

ⓘ Précautions
↪ Le littoral compte une multitude de plages de sable et de criques superbes. Mais attention, elles sont baignées par l'Atlantique : l'eau peut être froide et certaines plages peu propices à la baignade en raison des vagues.

🕐 Décalage horaire
↪ Décalage horaire : -1 heure
↪ Durée moyenne d'un vol direct Paris-Lisbonne : 2 heures

SE DÉPLACER SANS GALÉRER

En ville, les circuits en bus éviteront aux enfants de fatiguer leurs jambes, et dans de nombreuses stations balnéaires, vous pourrez grimper à bord d'un "petit train touristique" pour gagner la plage. Pour les longues distances, les bus *expresso* sont un mode de déplacement rapide et confortable ; le train est meilleur marché (moitié prix pour les enfants de 4 à 12 ans), mais plus lent.

À table !
Un pays où le pain est délicieux, les légumes verts discrets, la charcuterie omniprésente, les desserts savoureux (dont l'incontournable *pastel de nata*) : bref, un paradis pour les petites papilles ! Mais gare à l'indigestion, car les portions portugaises sont pantagruéliques : fort heureusement, vous pouvez commander partout une *meia dose* (demi-portion). Enfin, amis (ou non) de la télévision, sachez que le petit écran s'invite dans quasi tous les établissements.

BIBLIOTHÈQUE DU PETIT VOYAGEUR
› *15 Contes du Portugal*, Luisa Dacosta, Consiglieri Pedroso (Flammarion, Castor Poche, 2001). Dès 11 ans
› *Voyage au Portugal*, Anne-Laure Witschger (Seuil Jeunesse, 2002). Dès 3 ans

À ÉCOUTER
› *Comptines et chansons du Papagaio* (livre-CD, Éditions Didier, 2003)
› *Rondes, comptines et berceuses du Portugal* (ARB Music, coll. Terres d'enfance, 2005)

SOUVENIRS D'ENFANTS
› Des jouets en bois de toutes sortes : figurines, pantins articulés, petites voitures…

Viana do Castelo
• Braga
• Porto
• Aveiro
Covilhã
• Coimbra
OCÉAN ATLANTIQUE
• Leiria
Portalegre •
ESPAGNE
Lisbonne ✪
• Setúbal • Évora
• Beja
Faro •

RÉPUBLIQUE TCHÈQUE ET SLOVAQUIE

Prague ressemble à une ville dessinée dans les livres d'images. Moins connu, le reste de la République tchèque recèle une foule de châteaux qui plairont aux plus jeunes. Ponctuée de grottes et de montagnes, la Slovaquie est un parfait terrain d'exploration pour les parents, et de jeux pour les enfants.

S'il est une ville qui émerveillera les enfants, c'est bien Prague

LES ENFANTS ADORERONT...

Prague et son décor de théâtre

» Le château de Prague : une énorme forteresse abritant rues et musées, dont un dédié aux jouets. Autre succès garanti : la relève de la garde.

» La montée de la colline de Petřín en funiculaire, pour un panorama inégalé de la ville ; tout à côté, le labyrinthe aux miroirs ravira les enfants.

» L'horloge astronomique, sur la grand-place, dont le carillon émerveille toujours les plus jeunes.

» Les nombreux jardins : les stalactites étranges du jardin Wallenstein, l'île aux enfants des jardins de Letna, mais surtout la colline de Petřín.

» Une promenade en bateau sur la Vltava (sur l'île Slave, vous pourrez louer barques et pédalos).

Les pays aux 2 000 châteaux

» La forteresse médiévale de Spiš (Slovaquie), l'une des plus vastes d'Europe centrale.

» Les châteaux forts de Kost, Pernštejn, Karlštejn et Bouzov (Rép. tchèque), et celui d'Orava (Slovaquie), accroché à son piton rocheux.

» Le théâtre rococo du château de Český Krumlov, doté d'une machinerie en bois d'origine.

» Les palais romantiques en République tchèque, comme le château de Lednice, où se mêlent tous les styles, et le château de Hluboká, une immense construction néogothique blanche.

Les visites pour remonter le temps...

» Les anciennes mines d'argent de Kutná Hora (Rép. tchèque), une visite souterraine pour les plus de 7 ans.

» Le Musée valaque en plein air de Rožnov pod Radhoštěm (Rép. tchèque), avec ses reconstitutions de maisons, de moulins et d'églises, et ses animations folkloriques.

» En Slovaquie, les *skansen* (musées d'architecture en plein air) de Čičmany, de Vlkolínec et, surtout, de Zuberec, sont eux aussi l'occasion de visites au milieu des champs.

... et celles pour frissonner

» L'ossuaire de Sedlec à Kutná Hora (Rép. tchèque) devrait faire une forte impression sur les ados, de même que la chambre des tortures à Liptovský Mikuláš (Slovaquie).

Grottes, lacs et montagnes

» Une promenade dans la vallée de la Vrátna, au cœur des Petites Fatras, les plus accessibles des montagnes slovaques.

» Une randonnée le long d'une des nombreuses rivières qui parcourent le parc de la Šumava (Rép. tchèque).

» L'ascension des monts des Géants (Krkonoše en tchèque) en téléphérique.

» Une paisible balade en bateau dans les gorges de la Kamenice, dans le parc de la Suisse tchèque.

» Les grottes et les gouffres du Karst morave en République tchèque (on peut même naviguer sur ses rivières souterraines) et du Karst slovaque (Gombasecká, Domica, Ochtinská...).

» La baignade dans les nombreux lacs entourant la belle ville slovaque de Banská Štiavnica.

QUAND EST-CE QU'ON PART ?

»   Vacances : printemps, été.

»   Les mois de mai, juin et septembre sont les plus courus, mais les mois d'avril et d'octobre, plus frais, peuvent constituer une alternative moins onéreuse pour visiter ces pays. La plupart des Tchèques prennent leurs vacances en juillet et en août, lorsque les hôtels et les sites touristiques connaissent leur fréquentation maximale. C'est notamment vrai à Prague, dans le Krkonoše et dans les monts Tatras. En dehors des stations de ski, de nombreux sites et hôtels ferment de novembre à avril.

COMBIEN ÇA COÛTE ?

»   Vol A/R Paris-Prague : 120 à 190 €, Paris-Bratislava : 220 à 360 €

»   Prix moyen d'un week-end à Prague : à partir de 300 € pour 2 nuits

»   Prix moyen d'un séjour circuit "tout compris" en Slovaquie : 500 à 1 000 € pour 7 nuits

»   Chambre double catégorie moyenne : 25 à 50 €

»   Repas dans un établissement de catégorie moyenne : 6 à 12 €

»   Location de voiture : 40 à 90 €/jour

À table !

La cuisine tchèque n'a pas vraiment bonne réputation, mais le régime viandes en sauce-pommes de terre (purée, gnocchis, frites) est apprécié des plus petits, tout comme les incontournables *knedliky* (sortes de quenelles). Le chou et la choucroute, assortis de saucisses, devraient plaire également. Côté dessert, les crêpes et les gros gâteaux pleins de crème finiront de remplir les jeunes estomacs.

CARNET DE SANTÉ

Le vaccin contre l'encéphalite à tiques est préconisé si vous envisagez des excursions en forêts pendant l'été.

SE DÉPLACER SANS GALÉRER

Dans les deux pays, la solution idéale consiste à se déplacer en voiture ; sinon, alterner le train (pour les longs trajets) et le bus (pour les plus courts) permet de sillonner facilement les deux territoires à bon marché. Si l'on prend son propre véhicule depuis la France, solution économique, il faut environ deux jours de route pour atteindre Prague en passant par l'Allemagne. Prague se visite facilement à pied, en tramway et en métro.

🕐 Décalage horaire

➛ Décalage horaire : aucun

➛ Durée moyenne d'un vol Paris-Prague (direct) : 1 heure 45 ; Paris-Bratislava (1 escale) : 3 heures

BIBLIOTHÈQUE DU PETIT VOYAGEUR

› *Le Golem*, Hana Neborova (Gründ, 2006). Dès 10 ans

› *Contes tchèques. Cheveux d'Or*, collectif (École des loisirs, 2002). Dès 6 ans

› *10 Contes de Slovaquie*, Peter Glocko, Maria Durickova (Casterman, Castor Poche, 2001). Dès 6 ans

SOUVENIRS D'ENFANTS

› Des jouets en bois : puzzle, toupies rigolotes, casse-tête…

› Des marionnettes de toutes sortes : princesses, sorcières grimaçantes…

ALLEMAGNE   POLOGNE

Liberec

Usti nad Labem

★ Prague   Hradec Králové

Plzeň   RÉPUBLIQUE TCHÈQUE   Ostrava

Olomouc

ALLEMAGNE

České Budějovice   Brno   Žilina   Martin   Prešov

SLOVAQUIE   Košice

Banská Bystrica

Trnava   Lučenec

Nitra

★ Bratislava

AUTRICHE   Komárno

HONGRIE

ROUMANIE

Oubliez les clichés ! Avec des villages colorés et un riche folklore, une magnifique campagne ponctuée d'une myriade de forteresses, la Roumanie offre aux familles des conditions de voyage faciles et sûres. Même lorsqu'on cherche les traces de l'ancêtre des héros de *Twilight*, le fameux comte Dracula…

Les trésors de la campagne roumaine, à découvrir avec des enfants

LES ENFANTS ADORERONT…
Les forteresses moyenâgeuses, dans les pas de Dracula

» Le château de Bran, surnommé le "château de Dracula" ; le prince Vlad Țepeș, qui inspira le célèbre vampire, y séjourna.
» L'impressionnante citadelle de Poienari, le véritable château de Vlad Țepeș.
» Le Count Dracula Club à Bucarest : le prince de la nuit apparaît tandis que l'on déguste ses steaks bien saignants dans un décor plus kitsch qu'effrayant…
» La belle cité médiévale de Sighișoara, ville natale du comte.

La montagne, la mer et les grottes mystérieuses

» La baignade et les jeux nautiques sur les plages de la mer Noire. Pour éviter la foule en été, préférez celles de Doi Mai et de Vama.

» Les randonnées en famille dans les Carpates ou dans la région du Maramureș.
» Les grottes des monts Apuseni ou celle de l'Ours près de Chișcău, avec ses concrétions fantastiques.
» La mine de sel de Praid. Dans ce monde souterrain, balançoires et toboggans attendent les plus jeunes. En surface, on plonge dans une piscine d'eau salée.

Une campagne comme autrefois

» En Transylvanie, fermes, chevaux, troupeaux d'oie et charrettes plongeront les enfants dans un monde rural disparu ailleurs en Europe ; les villages saxons aux maisons colorées se situent près de Brașov et de Sibiu, deux superbes villes ; dans cette dernière, un musée de la Civilisation populaire traditionnelle regroupe 120 maisons et un petit zoo.
» En Bucovine, les fresques des monastères peints se lisent comme une BD, dans une campagne pittoresque.
» Dans le Maramureș, région rurale et reculée, les églises en bois et les meules de foin omniprésentes vous transportent dans un autre temps.

À table !

Rurale et peu variée, la cuisine roumaine n'a rien pour effrayer les enfants. Le porc et la pomme de terre en sont les ingrédients principaux. S'ils risquent de bouder la soupe (*ciorbă*) ou le chou, très présents, ils apprécieront la spécialité locale, la *mămăligă*, une sorte de polenta parsemée de brânza (un fromage de chèvre salé) servie en plat ou comme accompagnement. En dessert cap sur les *kuros kalacs* (beignets au sucre ou au chocolat), les *clătite* (crêpes) ou le *saraillie*, un délicieux gâteau aux amandes.

QUAND EST-CE QU'ON PART ?

» Vacances : printemps, été, Toussaint.
» À chaque saison, une activité. L'été est bien sûr la meilleure saison pour profiter de plaisirs balnéaires ; Bucarest est cependant à éviter à cette saison, la chaleur peut s'avérer étouffante, les températures dépassant quelquefois les 40°C. La campagne est belle et propice aux randonnées, mais elle est aussi agréable au printemps, à la fonte des neiges. Pour faire du ski dans les stations parmi les moins chères d'Europe, rendez-vous de décembre à mars.

COMBIEN ÇA COÛTE ?

» Vol A/R Paris-Bucarest : environ 200 €
» Chambre double catégorie moyenne : 30 à 75 €
» Repas dans un établissement de catégorie moyenne : 7 à 10 €
» Location de voiture : 25 à 55 €/jour

CARNET DE SANTÉ

» Les vaccins contre les hépatites A et B sont conseillés, de même que celui contre la méningite à tiques dans le cas de séjours en zones rurales, surtout durant la saison chaude. Ceux contre la rage et la typhoïde peuvent être recommandés selon le séjour.
» L'accès aux soins n'est pas toujours aisé en dehors des grandes villes. Et la stérilisation du matériel médical peut laisser à désirer. En cas de problème, privilégiez les hôpitaux des grandes villes.

SE DÉPLACER SANS GALÉRER

Le réseau ferré reste très dense, et voyager en train dans la campagne a beaucoup de charme. Le train à vapeur du Maramureş est même devenu une vraie attraction en soi ! Évitez les *personal*, très lents et bondés. Entre les grandes villes, préférez les trains *accelerat*, *rapid* ou *expres*. Circuler en bus est peu coûteux, mais c'est aussi lent et les horaires, comme les arrêts, sont très variables ; les *maxitaxis* (ou microbus) sont plus rapides. La voiture est parfois dangereuse, car beaucoup de routes ne sont pas bitumées et les charrettes se mêlent aux autres véhicules.

Précautions

→ Prenez garde pendant vos randonnées : les montagnes roumaines abritent une population importante d'ours.
→ Vous ne trouverez de lit pour enfant dans aucun hébergement.
→ Le delta du Danube est à éviter l'été, en raison des moustiques.

Décalage horaire

→ Décalage horaire : +1 heure
→ Durée moyenne d'un vol direct Paris-Bucarest : 2 heures 50

BIBLIOTHÈQUE DU PETIT VOYAGEUR
› *Miruna, Cosmin et Marius vivent en Roumanie*, Claire Veillères (La Martinière Jeunesse, 2010). Dès 10 ans
› *Contes de Roumanie. La jeune fille qui portait malheur*, Ana Palanciuc (École des loisirs, 2009). Dès 9 ans

SOUVENIRS D'ENFANTS
› Des jouets en bois traditionnels
› Des œufs de Pâques joliment décorés

UKRAINE
UKRAINE
HONGRIE
MOLDAVIE
Baia Mare
Suceava
Iaşi
Oradea
Cluj-Napoca
Tirgu Mureş
Bacău
UKRAINE
Timişoara
Sibiu
Braşov
Galaţi
Buzău
Tulcea
Piteşti
Ploieşti
SERBIE
Bucarest
Constanţa
Craiova
MER NOIRE
BULGARIE

101

RUSSIE

Moscou et Saint-Pétersbourg possèdent des sites qui émerveilleront les enfants et proposent des conditions d'hébergement parfaites. La situation est tout autre dans les régions isolées, où les enfants ne se risqueront pas. Mais, entre ces deux extrêmes, que de villes, de palais, de paysages et de cultures à découvrir !

LES ENFANTS ADORERONT...

Moscou, sur les pas des tsars

» L'immense place Rouge bordée par l'incroyable cathédrale Basile-le-Bienheureux, le mausolée de Lénine (pour les taxidermistes en herbe) et le Kremlin hérissé de dômes dorés.
» Le parc Gorki, avec ses manèges d'été et ses patinoires en hiver.
» Le décompte des 7 gratte-ciel staliniens depuis le mont des Moineaux qui domine toute la ville.
» Une sortie au cirque Nikouline ou au Grand Cirque de Moscou.
» Les pavillons du Centre panrusse des expositions, disséminés dans un vaste parc. L'obélisque du musée des Cosmonautes se dresse juste devant.

Saint-Pétersbourg et son architecture de conte de fées

» La forteresse Pierre-et-Paul, dont les remparts dominent la Neva.
» Les dômes colorés de l'église du Sauveur-sur-le-Sang, la cathédrale Smolny, d'un joli bleu ciel, et la cathédrale Saint-Isaac.
» Incontournables avec des enfants : le zoo, la visite du croiseur *Aurore*, le musée du transport ferroviaire.
» Une excursion jusqu'au parc du palais de Pavlovsk, avec ses écureuils peu farouches.
» L'île Krestovski, pour se défouler à vélo ou à rollers et faire un tour de manège au parc Divo Ostrov.
» Une croisière sur les canaux pour admirer les palais et les cathédrales.
» Le splendide château de Petrodvorets, avec son beau parc en bordure de la Baltique parsemé de cascades et de fontaines féeriques.

La Côte d'Azur russe

» Au bord de la mer Noire, les stations balnéaires d'Anapa, de Gelendkij et surtout de Sotchi disposent de tout le nécessaire pour distraire les enfants.

Le lac Baïkal : la mer de Sibérie

» Une excursion sur le lac Baïkal vers les îles et les petits villages en bois établis sur ses rives.
» Les musées en plein air de Taltsy et d'Oulan-Oude, agréable ville où se mêlent les cultures russe, soviétique et mongole, pour découvrir l'architecture en bois de la région.
» Une expédition en Bouriatie, pour voir les cavalcades de chevaux sauvages et avoir un aperçu de la culture mongole.

La Carélie, le chemin vers l'Arctique

» L'île Kiji et son église de la Transfiguration tout en bois, avec son incroyable cascade de coupoles.
» Le camping, le rafting et le canoë dans la belle campagne émaillée de lacs.

La rencontre avec le Père Noël russe

» Veliki Oustioug est la patrie officielle de Ded Moroz, le Père Noël russe ! Une petite ville de toute beauté, au charme poétique.

Les enfants repartiront les bras chargés de souvenirs colorés

QUAND EST-CE QU'ON PART ?

» Vacances : été, Toussaint.
» Si vous voulez échapper aux foules et à la chaleur, évitez juillet et août et choisissez plutôt mai-juin ou septembre-octobre. Si rude que soit l'hiver, les villes et les paysages sous la neige sont superbes. Au printemps, le climat est agréable, mais la neige fondue rend souvent les rues boueuses.

COMBIEN ÇA COÛTE ?

» Vol A/R Paris-Moscou : à partir de 170 € (1 escale) ou 400 € (direct) ; Paris-Saint-Pétersbourg : à partir de 165 € (1 escale) ou 300 € (direct)
» Prix d'un week-end 3 nuits "tout compris" avion + hôtel à Saint-Pétersbourg : à partir de 700 €
» Chambre double catégorie moyenne : 40 à 260 €
» Repas dans un établissement de catégorie moyenne : 8 à 40 €
» Location de voiture : à partir de 500 €/semaine

CARNET DE SANTÉ

» Les vaccins contre les hépatites A et B sont conseillés, ainsi que ceux contre la rage, la grippe et la typhoïde pour un long séjour hors de Moscou ou Saint-Pétersbourg. Le vaccin contre l'encéphalite à tiques est recommandé si vous devez parcourir les zones boisées de mai à juillet.

❶ Précautions

↳ Dans le Caucase russe, ne visitez que la côte de la mer Noire, les autres régions étant sujettes à des troubles.

🕐 Décalage horaire

↳ Décalage horaire : +2 heures à Moscou et à Saint-Pétersbourg
↳ Durée moyenne d'un vol direct Paris-Moscou ou Paris-Saint-Pétersbourg : 3 heures 30

BIBLIOTHÈQUE DU PETIT VOYAGEUR

› *Babayaga*, Taï-Marc Le Thanh, Rébecca Dautremer (Gautier-Languereau, 2003). Dès 4 ans
› *Contes et histoires vraies de Russie*, Léon Tolstoï, Michel Gay (École des loisirs, 2010). Dès 9 ans

SOUVENIRS D'ENFANTS

› Des matriochkas
› Un jeu de "poulettes" et un culbuto en bois

» Évitez de vous baigner dans les lacs et les étangs en raison des risques de leptospirose, de paludisme autochtone et de méningite (régions de Novossibirsk et de Iekaterinbourg).
» Ne buvez pas l'eau du robinet, même dans les grandes villes.

SE DÉPLACER SANS GALÉRER

Les vols intérieurs sont déconseillés, car les appareils sont assez vétustes et les normes de sécurité pas toujours respectées. Le réseau de chemin de fer est heureusement étendu, avec des trains bon marché et confortables. Ils sont généralement lents, mais les trajets peuvent s'effectuer de nuit. Les bus permettent de circuler entre les petites villes. Conduire en Russie n'est pas chose aisée : optez plutôt pour une location de voiture avec chauffeur. Le transport par voie fluviale permet de parcourir de longues distances pendant l'été (de Moscou à Saint-Pétersbourg, le long de la Volga et du Don). Dans les grandes villes, les transports en commun sont bondés aux heures de pointe.

À table !

À Moscou et à Saint-Pétersbourg, on mange des plats du monde entier, mais vos enfants devraient apprécier les saveurs russes. Les innombrables hors-d'œuvre sont parfaits pour caler les petits ventres si les plats principaux – des ragoûts assez lourds – les attirent moins. Les *pelmeni* (raviolis à la viande) et les *kotlety* (grillades de viande) sont des valeurs sûres. Vous trouverez également des en-cas dans les kiosques omniprésents, dont les *pirojki* (chaussons fourrés). Et ne ratez pas la traditionnelle glace à la vanille !

SICILE

Des sites volcaniques et des temples pour les petits savants, une mer cristalline pour les apprentis plongeurs, l'Odyssée d'Ulysse pour les jeunes rêveurs… La Sicile se prête merveilleusement bien à un voyage avec les enfants, qui seront vite captivés par les Cyclopes et autres mythes antiques.

De sable ou de galets, les plages siciliennes raviront les enfants

LES ENFANTS ADORERONT…
Plages, îles et découverte de la faune marine

» Les plages de sable du golfe de Castellammare (ouest), celles baignées de lumière autour d'Avola (sud-est), la Scala dei Turchi (côte sud), bordée de falaises, ou la grande plage de Cefalù, superbe cité médiévale.

» Les îles les plus proches (les îles Éoliennes, les îles Égades). Un masque et un tuba suffisent pour découvrir leurs paysages sous-marins.

» Des excursions en bateau pour explorer les grottes du littoral, près de Taormine notamment.

Les volcans

» Les enfants feront l'ascension de l'Etna (3 350 m tout de même) sans trop de mal en empruntant bus et téléphérique, puis une jeep jusqu'au cratère. Une balade entre les coulées de lave impressionnante !

» Avec son zoo, son téléphérique, son parc de la Préhistoire, Etnaland est *le* parc d'attractions de l'île. Sans oublier les toboggans aquatiques et le Crocodile Rapids !

» Les îles Éoliennes, archipel volcanique, véritable manuel de géologie à ciel ouvert.

Palerme pour tous les goûts

» Le musée international des Marionnettes, où les enfants peuvent fabriquer eux-mêmes leurs propres marionnettes (*puppi*) et assister à un spectacle.

» Une promenade en calèche dans le centre historique.

» Le Musée archéologique régional. Une passionnante initiation à l'Antiquité.

» Une curiosité effrayante, qui fascinera les ados : les corps momifiés conservés au couvent des Capucins.

Dieux grecs, héros et chevaliers

» Les vestiges grecs, parmi les mieux conservés d'Europe : le théâtre antique de la charmante ville de Taormine, le théâtre de Syracuse, les temples d'Agrigente, de Ségeste ou de Sélinonte.

» La ville médiévale d'Erice, que l'on peut visiter en prenant le funiculaire à Trapani.

» L'imposant château de Lombardie à Enna, construit par les sarrasins.

À table !

Les restaurants siciliens disposent rarement de chaises hautes ou de menus enfant, mais l'on peut facilement commander un *mezzo piato* ("demi-assiette"). Les enfants boudent rarement leur plat quand on y trouve de délicieuses pâtes, sauf celles à la sauce pimentée, à éviter. Ils se rattraperont sur *lasagne cacate* (avec bœuf et saucisses hachés) et les *antipasti* à grignoter (charcuterie, fromage, légumes marinés…). S'il fait chaud, rien de tel qu'une glace. Moins légers, les fameux *cannoli*, pâtisseries fourrées à la ricotta et fruits confits.

QUAND EST-CE QU'ON PART ?

» Vacances : printemps, Toussaint.
» La Sicile jouit d'un climat doux toute l'année sur les côtes, et l'on peut se baigner dès mi-avril et jusqu'en octobre à condition de ne pas être trop frileux. En plein été, les températures dépassent les 30°C, les stations balnéaires sont souvent bondées et les prix grimpent, car l'île est l'une des principales destinations de vacances pour les Italiens du continent.

COMBIEN ÇA COÛTE ?

» Vol A/R Paris-Palerme : 200 à 250 €
» Prix moyen d'un séjour organisé dans un hôtel-club d'une station balnéaire, formule "tout compris" : 800 €
» Chambre double catégorie moyenne : 80 à 180 €
» Repas dans un établissement de catégorie moyenne : 25 à 40 €
» Location de voiture : à partir de 30 €/jour
» Des réductions importantes, voire la gratuité, sont accordées dans la plupart des musées jusqu'à 18 ans

⚠ Précautions

→ Si vous voulez prendre le en train, réservez bien à l'avance pour ne pas risquer de voyager debout.
→ En Sicile comme dans le reste de l'Italie, les vols à la tire sont fréquents. Les automobiles immatriculées à l'étranger attisent la convoitise.
→ Lors des promenades dans la campagne, mettez des chaussures montantes et des vêtements longs aux enfants pour minimiser les risques de morsures de vipère. En cas de morsure, la plupart des pharmacies vendent des antidotes.

🕐 Décalage horaire

→ Décalage horaire : aucun
→ Durée moyenne d'un vol direct (seulement en compagnie *low cost*) Paris-Palerme : 2 heures 30 ; avec 1 escale (souvent Rome) : environ 4 heures 30

SE DÉPLACER SANS GALÉRER

Le plus simple est de louer une voiture. Sachez cependant que l'essence est assez chère. Les réseaux de transports en commun sont étendus, mais desservent surtout les destinations le plus fréquentées ; le train est plus lent que le bus, mais moins cher aussi. Même si Palerme et les autres villes principales se visitent aisément à pied, les petites jambes risquent de se fatiguer. Préférez dans ce cas les transports en commun aux taxis, assez onéreux et dont la conduite est parfois dangereuse. Des ferries (*traghetti*) et hydrofoils (*aliscafi*) desservent les îles au large de la Sicile depuis Palerme et Trapani.

BIBLIOTHÈQUE DU PETIT VOYAGEUR
› *L'Odyssée*, Homère, adaptation Hélène Kérillis (Hatier Jeunesse, 2010). Dès 9 ans
› *La Fameuse Invasion de la Sicile par les ours*, Dino Buzzati (Gallimard, Folio Junior, 2009). Dès 9 ans
› *Celui qui savait tout*, Sophie Tasma (École des loisirs, 1997). Dès 9 ans
› *Contes siciliens. Le prince d'amour*, Frédéric Morvan (École des loisirs, 2002). Dès 9 ans

SOUVENIRS D'ENFANTS
› Des marionnettes (*puppi*)
› Des reproductions de chariots traditionnels en bois

SUÈDE

La Suède est une destination qui se prête à la découverte en famille : sa nature exceptionnelle invite à la vie au grand air et de nombreux parcs d'attractions accueillent les plus jeunes. Et partout, dans les musées, les magasins, les restaurants, des espaces de jeux leur sont dédiés.

La nature suédoise est facilement accessible avec des enfants

LES ENFANTS ADORERONT...
Stockholm, paradis des petits

» Une excursion sur l'île de Djurgården : elle accueille le vaste parc d'attractions Gröna Lund et le musée Junibacken Galarparken, dédié à la facétieuse héroïne de livres pour enfants Fifi Brindacier. Non loin, le Skansen, un musée de plein air, présente la vie suédoise d'autrefois à travers de nombreuses animations. Les enfants verront aussi sur l'île le *Vasa*, navire du XVIIe siècle conservé dans le musée du même nom.

» À Östermalm, le Musée historique présente quantité d'objets vikings et une immense maquette de la ville fortifiée de Birka.

» Birka, sur l'île de Björkö, avec son petit village viking où les enfants peuvent se déguiser et entrer dans la peau des célèbres explorateurs scandinaves.

Les parcs et musées faits pour eux

» Les Suédois ont débusqué le Père Noël ! Il vit près de Mora, dans un charmant village sorti tout droit d'un conte de fées. Les enfants croiseront aussi des trolls et des elfes avant de pouvoir serrer la main de leur idole.

» L'Astrid Lindgrens Värld, parc inspiré par les héros d'Astrid Lindgren, créatrice de Fifi Brindacier, à Vimmerby.

» L'Universeum, à Göteborg : temple de la science de sept étages où les enfants peuvent monter dans un vaisseau spatial, grimper dans un funiculaire et réaliser toutes sortes d'expériences.

» Le musée du Jouet à Malmö : il comprend un espace de jeu et même une pièce hantée, pour les plus courageux !

» Liseberg, le plus grand parc d'attractions d'Europe du Nord, situé à Göteborg.

» Le zoo de Kolmården, le plus grand de Scandinavie, qui enchantera les petits visiteurs avec le spectacle de dauphins et le safari en bus.

Les escapades en pleine nature

» Les balades à vélo sur des sentiers balisés, notamment dans les régions de Skåne et du Gotland.

» À cheval : des randonnées équestres sont proposées partout dans la campagne suédoise. Et surtout dans les somptueuses landes de l'île de Gotland, terre du poney du même nom – et monture idéale pour les plus petits.

» En traîneau à chiens, pour une balade mémorable à travers les paysages déserts du Jämtland, par exemple depuis la ville animée de Åre.

» En *dressin*, un chariot à pédales que l'on dirige sur les voies ferrées désaffectées dans la région du Värmland.

QUAND EST-CE QU'ON PART ?

» Vacances : été, Toussaint.

» C'est en automne et en été que le climat est le plus agréable, mais si vous recherchez le soleil, préférez la période allant de fin mai à fin juillet (août est souvent pluvieux, Stockholm est agréable dès avril). La Suède est le royaume du camping, mais ceux-ci n'ouvrent pour la plupart que durant l'été. Les hivers peuvent être très rigoureux et la vie est alors quelque peu ralentie, sauf dans les stations de ski ou les grandes villes.

COMBIEN ÇA COÛTE ?

» Vol A/R Paris-Stockholm : 180 à 260 €

» Chambre double catégorie moyenne : 80 à 160 €. Avec un léger supplément, deux lits d'appoint peuvent généralement être installés pour les enfants.

» Repas dans un établissement de catégorie moyenne : 8 à 18 €

» Location de voiture : à partir de 35 €/jour

» À Stockholm, le week-end et pendant les fêtes, les bus et le métro sont gratuits pour les moins de 12 ans.

🕐 Décalage horaire

→ Décalage horaire : aucun

→ Durée moyenne d'un vol direct Paris-Stockholm : 2 heures 30

À table !

Les restaurants proposent souvent des menus spécifiques et disposent toujours de chaises hautes. Au petit-déjeuner, les petits affamés apprécieront les pâtisseries et les céréales. Le hareng est avec le saumon l'un des ingrédients principaux de la cuisine suédoise. S'ils n'aiment pas le poisson, les enfants se rattraperont avec les *köttbullar*, des boulettes de viande généralement servies avec de la purée et avec de la confiture d'airelles (*lingonsylt*). Ils apprécieront le *pytt i panna*, plat fait de dés de saucisses, viandes et pommes de terre. Ils fondront sans doute pour les pâtisseries, surtout le populaire *kanelbullar*, un délicieux petit pain à la cannelle.

CARNET DE SANTÉ

En été, le vaccin contre l'encéphalite à tiques est conseillé si vous envisagez des promenades en forêt.

SE DÉPLACER SANS GALÉRER

Le bateau est une façon originale de visiter le pays : de nombreuses croisières sont proposées sur les voies navigables qui relient les lacs et des ferries permettent d'accéder aux nombreuses îles qui bordent la côte. Avec des enfants, le train est un mode de déplacement ultraconfortable : la seconde classe du X2000, le TGV suédois, vaut largement notre première classe. Seul petit hic, les prix élevés. Si vous optez pour la voiture, les élans et les rennes peuvent représenter de réels dangers, surtout dans le nord du pays. Soyez vigilants, particulièrement au lever et au coucher du soleil.

BIBLIOTHÈQUE DU PETIT VOYAGEUR

› *Le Merveilleux Voyage de Nils Holgersson à travers la Suède*, Selma Lagerlöf (Flammarion, Castor Poche, 1999). Dès 8 ans

› *Tsatsiki*, Moni Nilsson-Brännström (Flammarion, 2003). Dès 6 ans

› *Fifi Brindacier*, Astrid Lindgren (Hachette Jeunesse, 2007). Dès 9 ans

SOUVENIRS D'ENFANTS

› Les jouets en bois, spécialité suédoise
› Un petit drakkar peuplé de figurines vikings
› Des poupées de chiffons ou figurines de trolls

SUISSE

Alerte à la crise de foie ! Dans ce pays réputé paisible, l'abus de chocolat peut être dangereux. Pour qu'ils oublient vite les tablettes, lancez vos enfants sur la piste des sommets, été comme hiver.

LES ENFANTS ADORERONT...

Les nombreux sentiers de rando familiaux, dont...

» La montée au Pilate (environs de Lucerne), par la ligne du chemin de fer à crémaillère, vraie curiosité pour les petits ; l'ascension au sommet Tomlishorn est facile (poussettes possibles) ; en empruntant le téléphérique, on accède au Seil Park, parc d'aventure dans les arbres.
» Le sentier des Nains, adapté pour les 4-10 ans, ou celui des Marmottes, accessibles depuis Hasliberg ou Meiringen (canton de Berne).
» Le parc national suisse (Grisons, vallée d'Engadine) avec un sentier didactique et un chemin des enfants multimédia, pour découvrir marmottes et edelweiss.

Les activités d'été

» La luge d'été, pratiquée un peu partout dans les stations de montagne.

Les montagnes suisses sont aussi amusantes en été qu'en hiver

» Des croisières en bateau et la baignade dans les lacs : Genève (plages de pelouse ou Genève-plage, complexe avec piscines et toboggans), Zurich (baignade dans la Limmat), Neuchâtel ou Bienne.
» Les grottes sculptées, comme le palais des Glaces à Aletsch (près d'Interlaken), la grotte de Gletsch (Valais) ou celle de Vallorbes (Suisse romande).
» Les trains panoramiques, funiculaires et téléphériques, un peu partout : le glacier express de Zermatt à Saint-Moritz, la montée au Niesen (près de Spiez)… frissons garantis !

Les joies de la neige

» Les aménagements pour la luge, exceptionnels ; parmi les plus longues pistes : Wangs-Pizol (Heidiland, 7 km) et celle du Faulhorn-Grindelwald (15 km, un record en Europe).
» Une balade en calèche ou traîneau, comme à Zermatt, station sans voiture.

Au pays de Heidi, du chocolat et du fromage

» La région bucolique de Heidiland (près de Maienfeld, à la frontière autrichienne), ponctuée de prairies et de chalets, où l'auteur Johanna Spyri situe les aventures de Heidi.
» Le musée suisse de l'Habitat rural, près de Brienz (canton de Berne), une centaine de maisons anciennes dans un grand parc avec démonstration des anciens métiers.
» À Bâle, le musée des Maisons de poupées, le plus grand d'Europe ; le musée historique des Calèches et des Traîneaux ; le musée du Jouet.
» Les deux sentiers des fromageries près de Gruyères, pour savoir comment sont fabriqués les fromages.
» La chocolaterie Cailler à Broc, et son parcours adapté aux petits.
» Le musée HR Giger, à Gruyères, dédié à l'inventeur d'Alien, pour les ados qui n'aiment plus Heidi !

QUAND EST-CE QU'ON PART ?

» Vacances : hiver, printemps, été, Noël.
» La période estivale, de juin à septembre, reste la plus agréable pour les activités de plein air, mais les prix sont élevés, les chambres prises d'assaut et les principaux sites envahis par les touristes. Il est beaucoup plus intéressant de choisir les périodes charnières d'avril-mai ou de fin septembre-octobre (on peut alors encore se baigner). Pour les sports d'hiver, la saison alpine s'étend de fin novembre à avril, avec un pic d'affluence à Noël.

COMBIEN ÇA COÛTE ?

» Vol A/R Paris-Genève ou Paris-Zurich : environ 200 €
» Chambre double catégorie moyenne (chez l'habitant) : 80 à 100 €
» Repas dans un établissement de catégorie moyenne : 30 à 40 €
» Location de voiture : 45 €/jour

⏱ Décalage horaire

⟶ Décalage horaire : aucun
⟶ Durée moyenne d'un vol Paris-Genève : 1 heure 25
⟶ Durée moyenne d'un train Paris-Genève : 3 heures 20
⟶ Durée d'un parcours en voiture Paris-Genève : 6 heures

BIBLIOTHÈQUE DU PETIT VOYAGEUR
⟩ *Astérix chez les Helvètes*, René Goscinny, Albert Uderzo (Hachette). Dès 9 ans
⟩ *Heidi*, Johanna Spyri (Rouge et Or, 2010). Dès 7 ans

À ÉCOUTER
Les disques de Henri Dès, le chanteur suisse bien connu des enfants

SOUVENIRS D'ENFANTS
⟩ Une horloge à coucou pour se réveiller le matin !
⟩ Un couteau suisse
⟩ Une cloche à vache pour réveiller ses parents le matin !

SE DÉPLACER SANS GALÉRER

Rapides et bien entretenues, les autoroutes évitent les longs temps de trajets. Attention, il faut absolument acheter une vignette pour y circuler (28 € l'année), dès votre entrée en Suisse. Le train offre un moyen de transport pratique et abordable, notamment si l'on est muni de la carte famille Swiss Travel System (gratuite) : elle permet aux moins de 16 ans de voyager gratuitement lorsqu'ils sont accompagnés de leurs parents. Le Swiss Pass (environ 280 € par personne pour une semaine) permet de voyager gratuitement dans les trains, cars et bateaux, de visiter librement les musées et d'avoir 50% de rabais sur la plupart des trains de montagne.

À table !

Raclette, Rösti (galettes à base de pomme de terre), charcuterie et fromage… les spécialités suisses glisseront sans souci dans les petits estomacs, à l'exception des arêtes, assez nombreuses, des poissons de lac. Outre les tablettes de chocolat, les enfants apprécieront aussi la double crème de gruyère (sucré) et les meringues. Attention, l'alcool présent dans la fondue n'est pas toujours apprécié des petits.

UKRAINE

En Ukraine, les petits voyageurs aimeront marcher sur les pas des guerriers tatars et des Cosaques, depuis les magnifiques steppes jusqu'au littoral de la mer Noire. Une nouvelle destination encore aventure, pour famille débrouillarde.

Les enfants prendront plaisir à dénicher les secrets de l'Ukraine

LES ENFANTS ADORERONT...
Les épopées cosaques et tatares
» Kamenets-Podolski : cette ville fortifiée a de quoi frapper l'imagination. Prolongez le plaisir avec un saut jusqu'à la très impressionnante forteresse de Khotyn, à seulement 25 kilomètres de là.
» Le Palais des Khans de Bakhtchissaraï, pour avoir un bel aperçu de la splendeur passée des Tatars.
» L'île Khortytsya, son musée consacré aux Cosaques zaporogues, et le village cosaque reconstitué pour les besoins du film russe *Tarass Boulba*. Des spectacles équestres et des reconstitutions de combats sont donnés par des descendants de Cosaques.

La rencontre avec une nature préservée
» Une randonnée dans le parc national des Carpates pour observer des chamois, des loutres… et peut-être des ours.

» Une croisière dans la réserve naturelle du Karadag, au milieu des rocs volcaniques qui surgissent de la mer Noire.
» Un safari en voiture, à cheval ou en minibus dans la réserve d'Askania Nova pour découvrir les animaux qui y vivent en liberté (buffles, cerfs, antilopes, zèbres, chameaux, gnous, flamants roses…) ; mais on peut aussi juste admirer le jardin botanique et le zoo.
» Une promenade sur les canaux de Vylkovo dans une *tchaïka*, une embarcation traditionnelle, jusqu'à la réserve de biosphère du delta du Danube.

Les visites mystérieuses
» Une visite de la cité troglodytique de Tchoufout-Kalé, un surprenant dédale de grottes abritant des chambres funéraires. Surveillez vos enfants, des ouvertures donnent sur la falaise.
» Une excursion dans la laure des Catacombes à Kiev, un ensemble d'églises reposant sur des souterrains labyrinthiques troués de grottes.

Les plages de Crimée
» Les baignades sur les plages de Crimée. À Yalta, durant la haute saison, les vacanciers et les habitants adorent prendre la pose en costumes français du XVIIIe siècle. Un spectacle à ne pas rater.

> ### À table !
> Les *vareniki*, petits raviolis en demi-lune farcis aux légumes ou à la viande, ont souvent la faveur des enfants. Le poulet à la kiévienne, c'est-à-dire pané et fourré au beurre, remporte tous les suffrages, comme les *chachliki* (brochettes de porc ou de poulet), souvent accompagnés de pommes de terre. En dessert, on proposera des *vareniki* sucrés à vos enfants ou des gâteaux, souvent au miel, tel le *medivnik*. Autre spécialité sucrée, les fruits secs servis avec du miel.

QUAND EST-CE QU'ON PART ?

» Vacances : printemps, été, Toussaint.
» Si le printemps est la saison idéale pour visiter l'Ukraine, l'automne n'est pas à négliger. Les températures sont douces, comparé à l'été pendant lequel il vaut mieux ne pas rester en ville, tellement la chaleur peut être étouffante. Direction : les Carpates ou les montagnes de Crimée pour prendre l'air et faire de belles randonnées, ou les plages de la mer Noire pour des plaisirs plus aquatiques. Attention, les stations balnéaires sont souvent prises d'assaut, pensez à réserver !

COMBIEN ÇA COÛTE ?

» Vol A/R Paris-Kiev : à partir de 185 €
» Chambre double catégorie moyenne : 65 à 125 € à Kiev, 40 à 80 € ailleurs
» Repas dans un établissement de catégorie moyenne : 4 à 12 €
» Location de voiture : à partir de 26 €/jour

❶ Précautions

→ Il est déconseillé de se promener à la tombée de la nuit dans les parcs et les zones boisées de Kiev et des grandes villes.
→ Le pays n'est pas partout adapté à un séjour avec des petits, notamment à cause des conditions d'hygiène et du manque d'infrastructures conçus pour eux.

🕐 Décalage horaire

→ Décalage horaire : +1 heure
→ Durée moyenne d'un vol direct Paris-Kiev : 3 heures

CARNET DE SANTÉ

» Les vaccins contre les hépatites A et B sont conseillés, de même que ceux contre la rage, la typhoïde et l'encéphalite à tiques dans le cas de séjours prolongés en zones rurales.
» En cas d'affection grave, il est préférable de se faire soigner dans une grande ville. Les cliniques privées sont bien plus chères que les hôpitaux publics, mais ceux-ci ne sont pas toujours bien équipés.

SE DÉPLACER SANS GALÉRER

Les trains constituent la solution la plus pratique et confortable pour se déplacer (les trajets se font de nuit). Le réseau de bus est dense, mais mieux vaut ne faire que des trajets n'excédant pas 3 heures, car les véhicules sont peu confortables. Quant à l'avion, il est déconseillé sur les vols intérieurs, car les engins sont souvent anciens. Les routes étant en très mauvais état, la conduite ukrainienne dangereuse et le carburant parfois rare, il n'est pas recommandé de se déplacer en voiture de nuit hors des agglomérations. En ville, vous trouverez de nombreux taxis (ne montez que dans les taxis officiels, car tout le monde est un peu taxi à ses heures). Les bus, trolleybus et tramways sont nombreux dans les villes ; il y a un métro à Kiev.

BIÉLORUSSIE
POLOGNE
Loutsk
Rivne
Lviv
Ternopil
Zhytomyr
Tchernihiv Krolevets
Kiev
Soumy
RUSSIE
Oujhorod
Tchernivtsi
Vinnytia
Bila Tserkva
Tcherkassy
Kharkiv
Krementchouk
Oleksandrija
MOLDAVIE
Krasni Okni
Kryvyï Rih
Dnipropetrovsk
Louhansk
Zaporizhzhya
Donetsk
ROUMANIE
Odessa
Mykolaïv
MER NOIRE
Crimée
Ievpatoriïa
MER D'AZOV
Kertch
RUSSIE
Simferopol

BIBLIOTHÈQUE DU PETIT VOYAGEUR

› *La Moufle, conte ukrainien*, Diane Barbara (Actes Sud Junior, 2006). Dès 6 ans
› *Contes et légendes d'Ukraine*, Kabakova Galina (Flies France, 2009). Dès 10 ans

SOUVENIRS D'ENFANTS

› Une matriochka (poupée gigogne) et des œufs en bois peint
› Une poupée en tissu en costume traditionnel

Afrique et océan Indien

I-nou-bli-able ! Ah, la faune sauvage des parcs animaliers africains… La migration des gnous dans le Serengeti (Tanzanie), les lions du Krüger (Afrique du Sud) et les lémuriens de Madagascar laisseront des souvenirs indélébiles autant aux parents qu'à leurs enfants.

L'Afrique, c'est aussi un festival de couleurs et de sons. Vos enfants garderont en mémoire le bazar du Caire ou des marchés colorés de Bamako, en découvrant des produits dont ils ignoraient l'existence. Quant aux ados, ils se laisseront gagner par les rythmes des djembés et des balafons.

Pourtant, l'Afrique demande de l'audace aux parents, et pas mal d'organisation. Sur une bonne partie du continent, les problèmes sanitaires, notamment le paludisme, perdurent. Un minimum de précautions permet d'éviter aux enfants les problèmes de santé. Mais, plus qu'ailleurs, préparer son voyage et prévoir les différentes étapes est le meilleur moyen de se prémunir contre les galères. D'autant qu'en y mettant le prix, on peut voyager dans des conditions de confort adaptés aux plus jeunes, en préférant les hôtels haut de gamme, des lodges ou des hôtels-clubs pour les destinations balnéaires. L'Afrique du Nord, le Maroc et la Tunisie en tête, reste bien plus facile : simple d'accès, francophone, avec une belle gamme de loisirs pour tous les âges, de la plage à la montagne, une cuisine saine et variée et de bons hébergements. La magie du désert (Mauritanie, Algérie, Mali) se partage également en famille, à condition de partir par l'intermédiaire d'un tour-opérateur spécialisé qui saura vous concocter un circuit sur mesure. Du côté de l'océan Indien, la magie des îles opère à coup sûr. Vos enfants adoreront jouer les Indiana Jones au milieu des paysages lunaires du piton de la Fournaise à la Réunion. Pour des vacances plus farniente, dans de bonnes conditions de confort, les Seychelles et Maurice sont imbattables. Aux Seychelles, vos bambins pourront même faire des guili-guilis à des tortues terrestres géantes.

AFRIQUE DU SUD

Avec sa profusion de parcs naturels, de plages, de sentiers de randonnée, ainsi qu'un niveau de confort inégalé sur le continent africain, l'Afrique du Sud se prête parfaitement à un voyage en famille. Plus que partout ailleurs, c'est dans ses parcs nationaux et réserves que les enfants auront le plus de chances de voir les fameux "Big Five".

LES ENFANTS ADORERONT...

La faune sauvage

» Les "Big Five" (les "cinq grands") : le rhinocéros noir, le buffle du Cap, l'éléphant, le léopard et le lion. Parmi les nombreux parcs, le Kruger National Park est bien conçu pour emmener des enfants en safari.

» Les baleines de Biscaye observables depuis la côte entre juin et décembre à Hermanus.

» Les fières autruches et les attachants suricates à Oudtshoorn.

» Les éléphants à l'Addo Elephant National Park et au Tembe Elephant Park.

» Les requins blancs et autres congénères facilement observables lors des sorties en bateau organisées par des spécialistes.

Rencontre émouvante près du Cap

À table !

La cuisine d'Afrique du Sud est cosmopolite et les enfants trouveront facilement leurs repères dans les saveurs proposées. Dans chaque petite ville sont installés des steak-houses et des pizzerias. Évitez les fast-foods de poulet, souvent mauvais. Près du Cap, les enfants se régaleront de filets de poissons panés – à condition de se mettre à l'heure sud-africaine, le dîner étant généralement servi vers 18 heures.

Les divertissements pour tous

» Avec 3 000 km de côtes baignées par deux océans, baignade et sports nautiques ne sont jamais loin. Certaines plages autour du Cap et le long de la Garden Route sont idéales en famille.

» Incontournables au Cap : le Two Oceans Aquarium avec ses requins, phoques et manchots ; une balade à dos de chameau à l'Imhoff Farm ; le téléphérique vers la Table Mountain, pour admirer la ville ; les sites historiques comme la prison de Robben Island où fut enfermé Nelson Mandela, ou Iziko Slave Lodge, quartier où étaient regroupés les esclaves.

» L'incroyable parc d'attractions Gold Reef City, près de Johannesburg, avec pour thème la ruée vers l'or des années 1880.

Un aperçu de l'Afrique traditionnelle

» Les maisons xhosa peintes de couleurs vives.

» Le village de Matsamo, un "musée vivant" consacré à la culture swazi.

» La région du peuple venda, avec ses forêts et ses lacs sacrés.

Des paysages pour s'émerveiller

» Les baobabs qui, pour les plus gros, ont plus de 3 000 ans.

» Les sables rouges du désert du Kalahari.

» Les floraisons du "royaume floral du Cap" (fin août à fin octobre) et celles de la côte ouest.

QUAND EST-CE QU'ON PART ?

» Vacances : printemps, Toussaint, Noël.
» Le climat est variable selon les régions, mais les périodes de mi-saison (mars-mai, septembre-novembre) sont idéales, avec des températures chaudes mais sans excès (23°C en moyenne la journée). De juin à août, le climat peut se révéler un peu froid et humide. Évitez si possible les vacances scolaires des Sud-Africains, notamment de mi-décembre à fin janvier, où les prix s'envolent.

COMBIEN ÇA COÛTE ?

» Vol A/R Paris-Johannesburg : entre 650 et 900 €
» Prix moyen d'un circuit vol compris : 1 700 à 2 000 €
» Chambre double catégorie moyenne : 35 à 55 €
» Repas dans un établissement de catégorie moyenne : 10 à 15 €
» Location de voiture : 14 à 62 €/jour

❗ Précautions

➤ Beaucoup de lodges en pleine nature refusent les enfants de moins de 12 ans, limitant ainsi les options de logement au camping ou au logement (bungalow, cottage) tout équipé dans la plupart des parcs nationaux et réserves.

➤ Sur le rivage atlantique, l'eau est froide toute l'année ; à l'est en revanche, côté océan Indien, l'eau est chaude.

➤ Pour des raisons de sécurité, il est déconseillé de se déplacer de nuit, que ce soit à pied ou en véhicule. Lors des déplacements en voiture, verrouillez vos portières.

➤ Lors des baignades en mer, surveillez de près vos affaires, car les vols ne sont pas rares.

BIBLIOTHÈQUE DU PETIT VOYAGEUR
» *La Savane africaine*, Nancy Honovich (Casterman, coll. Explorama, 2008). Dès 8 ans
» *Nelson Mandela* (Mango Jeunesse, coll. L'œil et le mot, 2001). Dès 13 ans

SOUVENIRS D'ENFANTS
» Un jeu de *jukskei*, sport traditionnel consistant à lancer des sortes de quilles en caoutchouc contre un piquet de bois planté dans le sable
» Un *mefuhva*, jeu de stratégie et de réflexion d'Afrique australe faisant partie des jeux de semailles

CARNET DE SANTÉ

» Le vaccin contre les hépatites A et B est recommandé, et dans une moindre mesure pour la typhoïde.
» Un traitement antipaludéen est conseillé si l'on doit se rendre dans le nord-est ou le sud-est du pays (régions frontalières avec le Mozambique et le Zimbabwe, parc Kruger compris).
» Les soins prodigués dans les établissements hospitaliers privés sont de qualité mais coûteux. Prévoyez une assurance assistance internationale.

SE DÉPLACER SANS GALÉRER

Sillonner l'Afrique du Sud est aisé, et le meilleur moyen avec des enfants consiste à louer un véhicule (les tarifs sont bien moins élevés qu'en Europe et le réseau routier est excellent). Pour les longues distances, vous aurez le choix entre l'avion et le train, tous deux assurant des liaisons régulières entre les principales villes. Bus municipaux, taxi-minibus et taxis ordinaires permettent des déplacements aisés en ville. Au Cap ou à Durban, les enfants adoreront grimper dans un *rikki* (petite camionnette ouverte) ou dans un *tuk-tuk* (tricycle motorisé).

🕐 Décalage horaire

➤ Décalage horaire : +1 heure en hiver
➤ Durée moyenne d'un vol direct Paris-Johannesburg : 11 heures

ALGÉRIE

L'Algérie compte nombre de lieux à explorer avec des enfants, même dans le sud du pays où beaucoup d'agences proposent des circuits adaptés aux plus jeunes. Avec un peu de préparation, l'expérience sera inoubliable. Des montagnes de Kabylie au Sahara, la compagnie de vos voyageurs en herbe ne rendra l'accueil des habitants que plus chaleureux.

Le sud de l'Algérie, terre des "hommes bleus"

LES ENFANTS ADORERONT...
Les expériences drôles et insolites
» Le ski sur les dunes de sable à Béni-Abbès.
» Un petit périple à dos de chameau dans le désert.
» Participer à la Sebiba, la fête des Touareg de Djanet : dix jours de festivités se terminant par une reconstitution de batailles en costumes traditionnels.
» Danser sur du raï à Oran pendant le festival que la ville consacre à cette musique en août.
» Se faire tatouer les mains au henné comme une vraie Berbère.

L'atmosphère des villes et les oasis magiques
» Constantine la féerique, accrochée à son rocher. La traversée de l'étroit pont Mellah-Slimane perché à 100 mètres au-dessus des gorges est une expérience vertigineuse.
» Alger la Blanche, dominant la baie. Pour une pause rafraîchissante après les promenades dans les rues animées, les enfants apprécieront le Jardin d'essai, avec ses multiples essences

et son nouveau zoo, ainsi que la forêt de Bouchaoui pour une balade en poney.
» Timimoun Gourara, oasis coincée entre un lac salé et les dunes du désert, avec ses maisons en terre rouge hérissées de piques en bois.

L'Algérie des Romains
» Le site antique de Djemila, niché dans les montagnes de la Petite Kabylie, est un lieu magique. Les enfants apprécieront le crapahutage sur les gradins du théâtre taillé à flanc de colline et sur l'escalier monumental du temple de la Gens Septimia.
» L'ancien port romain de Tipaza, sur les rives de la Méditerranée, pour le spectacle splendide des ruines dominant la mer.
» Les musées installés près des sites, comme ceux de Cherchell ou de Lambèse-Tazoult : leurs collections, souvent petites mais de grande qualité, captent mieux l'attention des enfants que les expositions fleuves.

À table !
Si les épices et les aromates sont au cœur de la cuisine algérienne, rares sont les restaurants préparant une cuisine typique. La plupart proposent plus volontiers des grillades, poulets-frites et pizzas, ce qui ne dérangera pas les enfants. Le couscous, dont les recettes sont innombrables, satisfait généralement petits et grands, de même que les *marqa*, délicieux plats de viande en sauce. Quant aux pâtisseries à base de pâte d'amande et de miel, elles raviront petits et grands.

QUAND EST-CE QU'ON PART ?

» Vacances : printemps, Toussaint.
» Les enfants supporteront facilement le climat algérien à l'automne et au printemps. Si vous prévoyez une expédition dans le Sahara, octobre-novembre est la meilleure période, car les températures diurnes sont assez douces et les nuits pas trop froides. Quel que soit votre voyage, évitez la période du ramadan : les restaurants ferment et, de manière générale, les habitants vivent au ralenti.

COMBIEN ÇA COÛTE ?

» Vol A/R à partir de 200 €
» Prix moyen d'un séjour "tout compris" : à partir de 800 €
» Prix moyen d'un circuit organisé "tout compris" et adapté aux enfants : environ 1 200 €
» Chambre double catégorie moyenne : 15 à 35 €
» Repas dans un établissement de catégorie moyenne : 5 à 10 €
» La location d'un 4x4 avec chauffeur : entre 100 et 150 €/jour.
» Périple dans le désert en 4x4 organisé par une agence de voyages : entre 50 et 80 €/jour et par personne

❶ Précautions

↝ Les troubles qui ont secoué le pays invitent à la prudence. Informez-vous sur les risques éventuels avant de plannifier votre voyage.
↝ Pour des raisons de sécurité, tout déplacement dans le Sahara doit être effectué obligatoirement en compagnie d'un guide algérien professionnel.
↝ En raison de l'insécurité générée par la pauvreté, les promenades dans la Casbah d'Alger sont déconseillées.
↝ On ajoute parfois dans le henné des composants qui provoquent des allergies. Dans tous les cas, n'acceptez que le henné traditionnel rouge.

🕐 Décalage horaire

↝ Décalage horaire : -1 heure en été
↝ Durée moyenne d'un vol direct Paris-Alger : 2 heures

CARNET DE SANTÉ

» La déshydratation et l'insolation sont les principales menaces qui guettent les enfants : protégez leur tête et faites-leur boire beaucoup d'eau.
» Les vaccinations contre les hépatites virales A et B ou la fièvre typhoïde pourront vous être conseillées par votre médecin traitant selon le type de séjour choisi.

SE DÉPLACER SANS GALÉRER

La location de voiture est facile dans les principales villes, mais, dans le Sud, vous devrez opter pour un véhicule avec chauffeur. Bien que lent, le réseau de train se révèle assez commode pour relier Alger à Constantine, Oran, Béjaïa ou Annaba. Pour les très longues distances, privilégiez les déplacements en avion (le réseau d'aéroports régionaux est excellent) ; vous épargnerez aux enfants des trajets de bus souvent inconfortables et éprouvants.

BIBLIOTHÈQUE DU PETIT VOYAGEUR

› *Histoire du chat qui boude*, Mohamed Dib, Christophe Merlin (Albin Michel, 2003). Dès 6 ans

À ÉCOUTER

› *Rondes, comptines et berceuses d'Algérie*, (ARB Music, coll. Terres d'enfance, 2007)

SOUVENIRS D'ENFANTS

› Des bracelets, ceintures et colliers achetés sur les marchés, et une robe traditionnelle kabyle pour jouer à la princesse des Mille et Une Nuits.

ÉGYPTE

De quoi susciter des vocations d'archéologues ! Avec ses pyramides et ses temples uniques au monde, l'Égypte des pharaons réunit petits et grands autour d'une même fascination pour cette civilisation disparue. Entre deux leçons d'histoire, une croisière sur le Nil ou un séjour-plongée en mer Rouge font office de récréation.

LES ENFANTS ADORERONT...

Le Caire, du bazar aux pyramides

» Les pyramides et le Sphinx colossal de Gizeh, devant lequel vous pourrez jouer aux énigmes. Pour éviter la foule tels des explorateurs, visitez la pyramide à degrés de Djoser et celle de Saqqarah.

» Les trésors de Toutankhamon et les momies du Musée égyptien.

» La reconstitution de la vie au temps des pharaons au Village pharaonique.

» L'ambiance hors du temps des bazars du Caire islamique, sillonné par les ânes.

» Le marché aux dromadaires de Birqash.

Isis, Osiris et les rois d'Égypte

» Les gigantesques colonnes de Karnak, l'étonnant musée de la Momification et le temple de Louxor – à visiter si possible à la nuit tombée pour voir les bas-reliefs illuminés ; la Vallée des Rois et la Vallée des Reines.

» Le temple d'Horus à Edfou.

» Assouan, ses musées et le spectacle de son et lumière sur l'île de Philae.

» La traversée du lac Nasser pour accéder au monumental temple de Ramsès II à Abou Simbel.

Gizeh à dos de dromadaire, l'aventure et l'histoire pour les enfants

À table !

La cuisine des restaurants est peu variée. Les enfants seront enchantés de trouver des pommes de terre – souvent frites – un peu partout. Riz et pâtes sont aussi souvent proposés de même que les viandes de mouton ou le poulet grillé. Ils picoreront dans les mezze (dont le fameux *foul*, la purée de fèves à l'huile d'olive). Faits de petits pains ronds les sandwichs aux garnitures variées (kebab, kofta, falafel, légumes divers cuits) sont souvent délicieux. Évitez absolument les légumes crus.

L'aventure du désert

» Les excursions en 4x4 dans le désert Blanc, pour s'étonner devant les étranges formations crayeuses, et dans le désert Noir hérissé de cônes sombres.

» Une randonnée à dos de dromadaire dans les dunes de la Grande Mer de sable.

» Une excursion en 4x4 au Coloured Canyon, une gorge étroite et multicolore au cœur du désert du Sinaï.

» L'ascension du biblique mont Sinaï à pied ou à dos de dromadaire.

Un peu de fraîcheur au fil de l'eau

» À Assouan, une minicroisière en felouque.

» Un tour en calèche le long de la corniche et du fort d'Alexandrie.

» Une sortie en sous-marin à Hourghada, à bord du *Sindbad submarine*, pour explorer au sec les fonds de la mer Rouge !

» Dahab, sur la côte est du Sinaï, pour pratiquer la plongée avec masque et tuba, ou avec bouteille (à partir de 8 ans) – loin des grandes stations touristiques de la mer Rouge.

» Les oasis magiques, havres rafraîchissants émergeant du désert : Dakhla et sa palmeraie ou Bahariya et son musée des Momies dorées.

QUAND EST-CE QU'ON PART ?

» Vacances : hiver, printemps, Toussaint.
» Les mois de mai, octobre et novembre sont les meilleurs pour parcourir le pays dans son entier. L'hiver convient le mieux pour explorer la Haute-Égypte (excepté pour les tarifs hôteliers). Si les températures de mars et avril sont agréables, il faut se méfier du vent de sable qui empêche les sorties. À moins de se limiter à la côte du Sinaï, évitez les mois chauds avec les enfants (températures très élevées, visites à l'aube et au coucher du soleil).

COMBIEN ÇA COÛTE ?

» Vol A/R Paris-Le Caire : à partir de 400 €
» Prix moyen d'un séjour organisé "tout compris" avion + hôtel en mer Rouge : à partir de 600 € les 7 nuits
» Prix moyen d'une croisière sur le Nil avion + hôtel : 400 à 600 € les 7 nuits
» Chambre double catégorie moyenne : 20 à 85 €
» Repas dans un établissement de catégorie moyenne : 2 à 10 €
» Location de voiture : 40 à 80 €/jour pour une petite voiture, 80 à 160 €/jour pour un 4x4

❶ Précautions
⇥ Le tourisme dans le désert du sud de l'Égypte, dans les zones limitrophes de la Libye et du Soudan, est fortement déconseillé.

🕐 Décalage horaire
⇥ Décalage horaire : +1 heure
⇥ Durée moyenne d'un vol direct Paris-Le Caire : 4 heures 30

BIBLIOTHÈQUE DU PETIT VOYAGEUR
› *L'Égypte des pharaons*, Sylvie Baussier, Rémi Saillard (Nathan, coll. Kididoc, 2002). Dès 4 ans
› *L'Égypte racontée aux enfants*, Jean-Marc Durou, Émilie Camatte (La Martinière Jeunesse, 2010). Dès 9 ans
› *Le Cavalier du Nil et deux récits de chevaux*, Alain Surget (Flammarion, Castor Poche, 2002). Dès 10 ans
› *Les Voyages d'Alix*, tomes 1 et 2, Jacques Martin (Casterman, 2000). Dès 10 ans

SOUVENIRS D'ENFANTS
› Un jeu de table hérité de l'Égypte antique : un jeu de "20 cases", un *senet*, un *mehen* ou un *seega*
› Une feuille de papyrus peinte

CARNET DE SANTÉ

» Il est recommandé d'effectuer les vaccins contre l'hépatite A et la fièvre typhoïde.
» Prévoyez des répulsifs antimoustiques et des vêtements longs couvrants, notamment dans la vallée du Nil. La transmission du paludisme est possible, bien que de façon très limitée, dans la région du Fayoum.
» La pollution atmosphérique du Caire est importante : évitez d'y séjourner avec des enfants très jeunes ou sujets à l'asthme.

SE DÉPLACER SANS GALÉRER

En dehors du Caire, la conduite est convenable ; la location d'une voiture – ou mieux, d'un 4x4 – vous permettra de découvrir des régions non desservies par les transports en commun. Ceux-ci sont bien développés, mais les trajets peuvent être éprouvants pour les enfants : les bus qui relient les villes sont souvent bondés. Préférez les bus "deluxe", mais la clim et la vidéo y sont souvent poussées à fond. Le train est envisageable sur les itinéraires Le Caire-Alexandrie et Le Caire-Louxor-Assouan. Les vols intérieurs peuvent vous faire gagner du temps, même si les tarifs sont assez élevés. Quelque 250 bateaux de croisière relient Assouan à Louxor par le Nil en 3 ou 4 jours. Pour gagner la mer Rouge, optez pour l'avion ou le bateau-navette reliant Hourghada à Charm el-Cheikh.

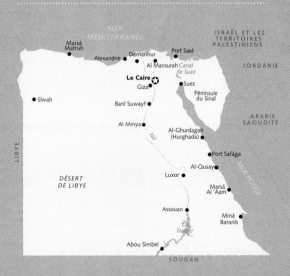

KENYA

Le Kenya est la destination mythique des safaris. Dans ses paysages grandioses, la grande faune sauvage de l'Afrique s'offrira aux jeunes regards ébahis. La présence des guides massaï ajoutera à la magie de cette découverte. Une fois parcourus parcs et réserves naturels, il sera plus que temps d'emmener votre troupe profiter des plages de l'océan Indien.

Tous les animaux ne s'observent pas du haut d'un 4x4 au Kenya

LES ENFANTS ADORERONT...
Jouer à *Kirikou et les Bêtes sauvages*

» Dans les grandes réserves du Sud : Masai Mara, Tsavo et Amboseli (avec le Kilimandjaro en toile de fond !). Pour observer tous les animaux dans les meilleures conditions – raison pour laquelle ces parcs sont très fréquentés !

» Au bord des lacs, dans les réserves des lacs Nakuru, Baringo et Bogoria, nichées dans la vallée du Rift : les oiseaux les fréquentent par milliers, surtout en janvier et février.

» Dans la forêt de Kakamega, dans l'Ouest, la seule réserve en pleine forêt tropicale du pays.

» Sur les hauteurs du parc du mont Kenya (qui compte même des glaciers) ou dans les montagnes Aberdare, ponctuées de hautes cascades.

» Dans les réserves de Samburu et de Buffalo Springs, encore très sauvages et d'accès plus difficiles : mais peut-être les plus belles...

Les aventures pour jeunes explorateurs

» Les randonnées à dos de chameau sur la plage ou, pour les plus grands, un safari dans les territoires entre Isiolo et le lac Turkana.

» Le survol du Masai Mara en montgolfière : rien de tel pour observer les gigantesques rassemblements de gnous et de zèbres, les troupeaux d'éléphants et les antilopes.

» Explorer la mangrove en bateau depuis la jolie ville de Kilifi.

» Une nuit dans l'un des camps de toile des parcs, pour entendre rugir les fauves au milieu de la nuit, bien à l'abri derrière une clôture.

Les plages, les îles et la faune sous-marine

» Les plages qui s'étendent au sud de Mombasa jusqu'à la frontière avec la Tanzanie, notamment à Diani Beach et à Tiwi Beach (plus calme).

» Les petites îles de l'archipel de Lamu, pour profiter d'un paradis tropical et découvrir les traditions swahilies.

» L'observation de la faune sous-marine avec un masque et un tuba dans les parcs marins de Watamu, de Kisite et de Malindi.

> ### À table !
> Il y a une grande variété de restaurants au Kenya, servant tous types de cuisine – italienne, libanaise, asiatique, etc. – connus des palais des enfants. Sinon, les restaurants proposent généralement des plats à base de viande de bœuf ou de mouton (généralement en barbecue, appelé *nyama choma*), accompagnés de haricots, pommes de terre, bananes plantains et autres féculents. Les fruits sont de tous les menus : mangues, papayes, ananas, fruits de la passion, bananes, goyaves... Attention aux buffets des lodges qui sont souvent de piètre qualité en dehors des établissements haut de gamme.

QUAND EST-CE QU'ON PART ?

» Vacances : hiver, été, Toussaint, Noël.
» Les mois de janvier et de février, lorsque le temps est chaud et sec, constituent la meilleure période. Entre juin et septembre, le temps est également agréable mais plus frais, sauf sur la côte. La pluie sévit entre mars et mai (bon nombre d'hôtels ferment) et, dans une moindre mesure, entre octobre et décembre.

COMBIEN ÇA COÛTE ?

» Vol A/R Paris-Nairobi : 650 à 1 000 €
» Prix moyen d'un séjour organisé "tout compris" mêlant safari et plage : 1 000 à 1 700 € pour 10 nuits (vol non compris)
» Chambre double catégorie moyenne : 50-80 €
» Repas dans un établissement de catégorie moyenne : 10-15 €
» Location de 4x4 : 400 €/semaine, plus les services du chauffeur

ⓘ Précautions

➙ Dans pratiquement tous les parcs, les enfants de moins de 7 ans ne sont pas admis. De toute manière, le rythme d'un safari (levers à l'aube, longues attentes en voiture…) ne convient pas à des plus petits.
➙ Certains camps de toile n'acceptent pas les enfants au-dessous de 12 ans.
➙ Ne laissez jamais vos enfants sans surveillance dans les camps et les lodges.
➙ Nairobi est généralement un point de passage obligé. Certains quartiers, surtout après 22h, sont à éviter.

🕐 Décalage horaire

➙ Décalage horaire : +1 heure en été, +2 heures en hiver
➙ Durée moyenne d'un vol Paris-Nairobi avec 1 escale : 12 heures

BIBLIOTHÈQUE DU PETIT VOYAGEUR
› *Les animaux de la savane racontés aux enfants*, Christine et Michel Denis-Huot (La Martinière Jeunesse, coll. Monde raconté, 2003). Dès 8 ans
› *Safari nature*, Elizabeth Laird (Gallimard Jeunesse, 2000). Dès 9 ans

SOUVENIRS D'ENFANTS
› Des *kikoi* (pièces de tissu très colorées)
› Des objets en pierre à savon (notamment des jeux d'échecs)

CARNET DE SANTÉ

» Le vaccin contre la fièvre jaune est obligatoire, ceux contre les hépatites A et B, et la typhoïde sont vivement conseillés. Le vaccin contre la méningite à méningocoques est préconisé en cas de séjour prolongé.
» Le paludisme sévit dans les environs du lac Victoria toute l'année. Ailleurs (côte et zones d'altitude inférieure à 1 500 m), les risques n'existent que durant la saison des pluies.

SE DÉPLACER SANS GALÉRER

Quoique chères, les locations de 4x4 (avec chauffeur !) sont un excellent moyen pour sillonner les parcs et le pays, notamment dans le Nord où les transports en commun sont quasi inexistants. Avec de nombreux aéroports disséminés sur le territoire, l'avion est une solution pratique et sûre pour gagner, notamment, les réserves d'Amboseli, de Masai Mara et de Samburu et l'archipel de Lamu. Deux lignes de trains traversent le pays, dont une permettant de gagner Mombasa depuis Nairobi (évitez la troisième classe, éprouvante pour des enfants). Le pays compte par ailleurs un réseau dense de bus, *matatu* (minibus), taxis collectifs, mais ces moyens de transport sont à éviter pour les plus petits.

MADAGASCAR

Madagascar est une île qui se donne moins facilement que ses petites voisines, Maurice ou la Réunion. Il faut avoir une âme d'aventurier, comme l'ont les enfants, pour apprécier sa beauté sauvage. Les transports sont éprouvants et les conditions d'hébergement rarement idylliques, mais l'on peut y faire face avec un peu de préparation !

À table !

La nourriture servie dans les restaurants touristiques (qui sont recommandés, pour des raisons sanitaires) est en grande partie influencée par la cuisine française. Les enfants pourront se régaler de poissons bien frais, ainsi que de viandes grillées (le zébu fait partie des spécialités locales !). Les plats sont souvent accompagnés de riz, ingrédient quasi obligatoire d'un vrai repas malgache, mais on sert aussi facilement aux visiteurs des frites ou des légumes. Au rayon dessert, faites goûter aux enfants le *koba ravina*, gâteau à base de farine et d'arachide cuit dans des feuilles de bananier, les beignets de banane et, bien sûr, les fruits tropicaux. Les produits laitiers sont rares.

LES ENFANTS ADORERONT…

Les merveilles naturelles

» La vallée du Tsaranoro, un site d'exception au pied de somptueux massifs granitiques que domine le pic du Tsaranoro.
» Les belles formations de grès dans le parc national de l'Isalo, et notamment l'impressionnant canyon des Makis.
» L'allée des Baobabs (près de Morondava) : une vingtaine de ces géants du monde végétal dressent leur silhouette au-dessus des rizières et de zébus indolents.

Les plages de rêve

» Nosy Be, île au nord de Madagascar, et les îlots qui l'entourent (Nosy Komba, Nosy Sakatia…). Leurs plages sont très fréquentées, mais on y trouve des infrastructures hôtelières de qualité et des activités pour toute la famille (plongée, sorties en pirogues pour explorer le littoral…).
» L'île Sainte-Marie, sur la côte est : un ancien repaire de pirates, idéal pour jouer les Robinson Crusoé. L'eau est peu profonde, et donc parfaite pour les enfants.

Les lémuriens et autres animaux rares

» Les makis catta, emblèmes de l'île, qui s'ébattent dans le parc d'Anjà, facile d'accès.
» Les sifakas qui comptent parmi les acrobates les plus agiles, nombreux dans la réserve de Berenty.
» Les geckos et les caméléons que vous rencontrerez sans doute au cours d'une promenade.
» Les baleines à bosse depuis l'île Sainte-Marie qu'elles longent par centaines de juillet à septembre.

Un artisanat coloré

» Les artisans d'Antsirabe surprendront vos enfants avec leurs savoir-faire singuliers (pousse-pousse, charrettes à zébus, miniatures ou… bonbons !).
» L'atelier de fabrication de papier antaimoro, proche du papyrus, à Ambalavao.

Tous les enfants tombent sous le charme des lémurs

QUAND EST-CE QU'ON PART ?

» Vacances : printemps, été, Toussaint.
» Évitez la saison des pluies (novembre-mars) : la chaleur est étouffante et la circulation difficile. Des cyclones peuvent frapper l'île de fin décembre à fin février. Partez plutôt du printemps à l'automne. Dans le nord et l'est de l'île, le climat est plus humide que dans le Sud et l'Ouest. Pendant l'hiver austral, sur les hauts plateaux, les températures tombent parfois au-dessous de zéro la nuit.

COMBIEN ÇA COÛTE ?

» Vol A/R Paris-Antananarivo : 800 à 1 100 €
» Chambre double catégorie moyenne : 15 à 30 €
» Repas dans un établissement de catégorie moyenne : 5 à 10 €
» Location de voiture avec chauffeur : 25 €/jour hors carburant ; location de 4x4 : entre 55 et 100 €/jour hors carburant

● Précautions

➤ Ne laissez pas les enfants se baigner dans les eaux stagnantes. Des cas de bilharzioses ont été recensés sur l'île.
➤ Le pays est pauvre, et les vols sont fréquents dans la plupart des grandes agglomérations et dans les zones inhabitées (même les parcs naturels ou les plages).
➤ Les déplacements à Madagascar sont déconseillés de nuit.

● Décalage horaire

➤ Décalage horaire : +1 heure en été, +2 heures en hiver
➤ Durée moyenne d'un vol direct Paris-Antananarivo : 11 heures

BIBLIOTHÈQUE DU PETIT VOYAGEUR

» *Aina, Lalatiana et Alisoa vivent à Madagascar*, Dorine Leleu (La Martinière, 2008). Dès 6 ans
» *Le Zébu né d'un œuf d'oiseau de Paradis. Un conte de Madagascar*, Muriel Bloch (Gallimard Jeunesse, 2006). Dès 6 ans
» *Les Pirates de Madagascar*, Thore Hansen (Flammarion, coll. Castor Poche, 2007). Dès 11 ans

SOUVENIRS D'ENFANTS

» Des jouets en matériaux de récupération, comme des petites voitures en boîtes de conserve
» Un solitaire ou un échiquier en pierres semi-précieuses

CARNET DE SANTÉ

» Les vaccins contre les hépatites A et B, ainsi que celui contre la typhoïde sont conseillés. Le paludisme est très présent dans l'est du pays. L'île de Sainte-Marie présente un risque de paludisme accru. La dengue est répandue sur la côte nord-est de l'île.
» Les centres hospitaliers manquent de médicaments et d'équipements. En cas d'affection grave, il est indispensable de se faire rapatrier sur l'île de la Réunion ou en France.
» Ne laissez pas vos enfants jouer avec les chiens errants, la rage est présente sur l'île.

SE DÉPLACER SANS GALÉRER

La location de voiture (obligatoirement avec chauffeur) est de loin le mode de transport le plus pratique, mais il faut savoir que sur 30 000 km de réseau routier, seulement 5 500 km sont goudronnés. Aussi, pour les longues distances, il est préférable d'utiliser l'avion (en sachant que les retards et même les annulations ne sont pas rares). Les taxis-brousse représentent le moyen de transport le plus populaire sur l'île, mais ils sont souvent bondés, lents et inconfortables.

MALI

Partir au Mali en famille, c'est se jeter sur les chemins cahoteux de l'aventure… Les jeunes enfants seront soumis à rude épreuve lors des trajets sur les pistes. Mais, à bord d'une pirogue glissant sur le Niger ou grimpés sur le dos d'un chameau, leur regard changera aussitôt. Et ils seront prêts à être éblouis par les villages animés ou les dunes du Sahara.

LES ENFANTS ADORERONT…

Les destinations mythiques
» Aux portes du désert, Tombouctou et ses mystères.
» Une randonnée dans le pays dogon, le long des falaises de Bandiagara qui dominent d'étonnants villages, avec leurs greniers aux toits coniques.
» La fascinante Djenné, avec son incroyable mosquée à découvrir lors du trépidant marché du lundi qui se tient devant.

Les traditions fascinantes
» Les jolis villages bobo de la région de San.
» L'extraordinaire collection de masques, statues, tissus et objets archéologiques du Musée national de Bamako. Et son parc est l'un des rares endroits calmes de la ville.
» Les reconstitutions des cérémonies des masques dans les villages dogon de Tireli et de Sanga.
» Les marchés colorés, comme celui de Sikasso, et ceux consacrés à l'artisanat pour faire le plein de souvenirs à Ngolonina ou à Ségou (marché des potiers).
» La rencontre avec les Touareg et, pour prolonger l'expérience, une nuit dans l'un de leurs campements à la belle étoile.

Un village malien aux portes du désert, à deux pas de l'aventure

À table !
Au Mali, on se régale de poulet *yassa*, du poulet grillé et mariné dans une sauce aux oignons et au citron. La viande et le poisson (sur les rives du Niger) sont en général servis avec du riz, souvent en sauce, du mil ou du couscous. Les enfants apprécieront aussi les bananes frites et les frites de patates douces. Et ils seront agréablement étonnés par le goût de fruit rouge du *bissap*, infusion réalisée avec des pétales d'hibiscus et que l'on boit chaud ou froid : bien sûr on évitera les boissons vendues dans des sachets plastiques, mais les fleurs séchées sont en vente sur tous les marchés.

Les balades au fil de l'eau
» Une balade sur les rives du Niger à Ségou, l'une des villes les plus reposantes du pays.
» Les promenades en pirogue ou en pinasse sur le fleuve Niger pour découvrir les villages de pêcheurs.
» Une croisière au départ de Mopti, à bord d'une pinasse en direction de Tombouctou.

Les paysages merveilleux
» Les dunes du Sahara autour de Tombouctou, à découvrir à dos de dromadaire.
» Les paysages de Far West entre Douentza et Gao.
» Les chutes d'eau de Fenou et de la Gouina, considérées comme les plus belles d'Afrique occidentale.

Les animaux sauvages
» Les hippopotames et les oiseaux du lac Debo.
» Les chimpanzés dans la réserve de faune de Bafing.
» Les éléphants du désert dans le Gourma.
» Les crocodiles sacrés à Amani, dans le pays dogon.

QUAND EST-CE QU'ON PART ?

- Vacances : Toussaint, Noël.
- La période s'étendant de novembre à janvier est la plus agréable pour visiter le Mali. Les températures ne sont pas très élevées et la circulation des bateaux sur le Niger est possible. Entre janvier et mars, l'harmattan peut être extrêmement désagréable. De mars à septembre, les températures sont bien trop éprouvantes pour les visiteurs, surtout les plus jeunes, et les pluies sont de surcroît importantes entre juin et septembre.

COMBIEN ÇA COÛTE ?

- Vol A/R Paris-Bamako : à partir de 600 €
- Chambre double catégorie moyenne : 18 à 60 €
- Repas dans un établissement de catégorie moyenne : 3 à 6 €
- Location de voiture : à partir de 75 €/jour avec chauffeur

❗ Précautions

Informez-vous des dernières évolutions de la situation locale avant tout projet de séjour dans le pays. La région de Kidal est quoi qu'il en soit déconseillée aux voyageurs.

🕐 Décalage horaire

- Décalage horaire : -2 heures en été, -1 heure en hiver
- Durée moyenne d'un vol direct Paris-Bamako : 5 heures 40

BIBLIOTHÈQUE DU PETIT VOYAGEUR

- *Adama ou la vie en 3D du Mali à Saint-Denis*, Valentine Goby (Autrement, 2008). Dès 9 ans
- *Moriba Yassa le paresseux. Contes du Mali*, N'Tji Idriss Mariko (L'Harmattan, 2008). Dès 6 ans
- *Sadio et Maliba l'hippopotame. Légende du Mali*, Aboubacar Eros Sissoko (L'Harmattan, 2005). Dès 6 ans

SOUVENIRS D'ENFANTS

- Des jouets en matériaux de récupération, comme des voitures en aluminium ou des poupées en chiffons
- Un *awalé*, le jeu traditionnel africain avec son plateau en bois et ses graines

CARNET DE SANTÉ

- Le vaccin contre la fièvre jaune est obligatoire pour entrer sur le territoire malien, et celui contre l'hépatite A est vivement recommandé. Ceux contre l'hépatite B, la typhoïde, la rage et la méningite à méningocoques peuvent être recommandés selon le type de séjour.
- Le paludisme est présent au Mali. Un traitement prophylactique est nécessaire. Employez les précautions d'usage pour prémunir vos enfants des piqûres de moustiques.
- Il est déconseillé de se baigner dans les fleuves, rivières et plans d'eau (risque de bilharziose).

SE DÉPLACER SANS GALÉRER

Le fleuve Niger n'est navigable qu'entre juillet-août et décembre. Ferry, pirogue ou pinasse, vous avez le choix des embarcations. Les bus sont lents, et vous pouvez aussi bien tomber sur un véhicule récent que sur une épave. Les minibus et les taxis-brousse sont plus chers, mais ils vous amèneront sur des axes peu fréquentés. Entre Bamako et Kayes, préférez le train, même s'il n'est pas ponctuel. Pour assurer plus de confort aux enfants, choisissez la 1re classe. Si vous voulez vous déplacer en voiture, il est fortement recommandé d'en louer une avec chauffeur en raison de l'état des routes et de la conduite, difficile, sur piste.

MAROC

Couleurs des souks, randonnée sur les flancs de l'Atlas, promenade à dromadaire sur les dunes du Sahara, baignade dans l'Atlantique : le Maroc est une destination idéale pour initier en toute sécurité les enfants aux saveurs de l'aventure.

Les splendeurs des villes impériales fascinent toute la famille

LES ENFANTS ADORERONT…

Les balades de ksours en médinas

» La place Jemaa el-Fna à Marrakech, ses charmeurs de serpents, ses dresseurs de singes, ses fakirs… et une promenade en calèche autour des remparts.

» L'architecture impériale de Fès, les balades dans la médina quasi inchangée depuis 1 000 ans !

» Le ksar d'Aït Benhaddou et, à quelques kilomètres, la casbah du Glaoui à Telouet, en ruine mais toujours digne d'un palais des *Mille et Une Nuits*.

» Même s'il n'y a plus beaucoup d'animations dans ses rues, les belles ruines et mosaïques romaines de Volubilis devraient plaire aux enfants.

Les plongeons rafraîchissants

» Sur les plages de l'Atlantique autour de Rabat et de Salé, sur la plage Robinson près de Tanger, à Agadir où les baignades sont surveillées ou sur la plage d'Essaouira, au pied des superbes remparts.

» Dans le splendide Parque Maritimo del Mediterraneo, un parc de loisirs à Ceuta (une enclave espagnole), au bord de la Méditerranée.

La magie du désert

» Une visite des studios de cinéma de Ouarzazate, aux portes du désert, pour revivre les scènes d'*Astérix et Cléopâtre* ou de *Gladiator*.

» Les promenades à dos de dromadaire dans les dunes de M'Hamid ou de Merzouga.

Les montagnes de l'Atlas

» Les vallées du Drâa, des Aït Bouguemez et les gorges de Todra ponctuées de villages berbères ; l'occasion de se mettre au frais.

» Une courte balade à dos d'âne ou une randonnée de quelques jours pour découvrir les villages et vallées du Moyen Atlas.

» Les paysages lunaires de l'Anti-Atlas, plissé comme un mille-feuille.

» Le splendide cirque montagneux de Tafraoute, au cœur de l'Anti-Atlas, et les petits villages de la vallée des Ammeln aux maisons plantés dans le roc.

» Les cascades d'Ouzoud, chute de plus de 100 mètres de hauteur au cœur de l'Atlas.

» Les balades dans la sublime forêt de Cèdres, dans le Moyen Atlas central.

À table !

Avec ses jus, omelettes, petites crêpes et viennoiseries… le petit-déjeuner est souvent royal, et facilement avalé par les enfants. En revanche, les salades qui ouvrent les repas les surprendront peut-être en raison des épices qui viennent en relever le goût. Si la saveur sucrée-salée des tajines ou de la pastilla peut aussi les rebuter, le couscous devrait les mettre en joie. Pour un repas rapide, optez pour les snacks qui proposent des brochettes grillées, des *keftas* (boulettes), des pizzas et des *briouats* (chausson de pâte feuilletée). Côté dessert, outre la classique corne de gazelle, le couscous sucré et la salade d'orange sont généralement appréciés.

QUAND EST-CE QU'ON PART ?

» Vacances : printemps, fin de l'été, Toussaint.
» Le printemps (mi-mars à mai) et l'automne (septembre-novembre) sont les saisons les plus agréables pour découvrir le pays. L'hiver confirme le dicton : "le Maroc est un pays froid où le soleil est chaud", car si les températures sont clémentes en journée, les nuits sont très fraîches, voire glaciales en montagne et dans le désert. Mais les visites sont agréables. Si vous souhaitez voyager au Maroc en été, limitez-vous au littoral et aux hauteurs de l'Atlas, car la chaleur est étouffante à l'intérieur du pays.

COMBIEN ÇA COÛTE ?

» Vol A/R Paris-Marrakech : à partir de 180 € ou 300 € selon la saison. Allers à 40 € auprès de certaines compagnies *low cost*.
» Prix d'un séjour organisé "tout compris" avion + hôtel : à partir de 250 ou 400 € la semaine selon la saison
» Chambre double catégorie moyenne : 35 à 55 €
» Repas dans un établissement de catégorie moyenne : 7 à 18 €
» Location de voiture : 45/jour (130 € pour un 4x4)

CARNET DE SANTÉ

» Les vaccins contre les hépatites A et B sont conseillés. Dans une moindre mesure ceux contre la rage et la typhoïde selon la durée et les modalités du séjour.
» Hors des grandes villes, les infrastructures médicales peuvent être inexistantes ou mal équipées.

SE DÉPLACER SANS GALÉRER

Si vous optez pour une arrivée au Maroc en ferry (liaison maritime Sète-Tanger, 36 heures, deux nuits à bord) ou si vous louez une voiture, vous découvrirez le charme de la conduite marocaine et l'utilisation du klaxon à outrance. Évitez la conduite de nuit, car les routes ne sont pas éclairées et les traversées de villages dangereuses. Les chemins de fer marocains (ONCF) disposent de l'un des réseaux les plus modernes d'Afrique, mais il ne dessert que quelques grandes villes et ne descend pas au sud de Marrakech. Les bus sont très nombreux et de bonne qualité. Les taxis sont pratiques pour circuler en ville. Vous pouvez négocier pour en louer un pour la journée ou la semaine si vous ne souhaitez pas conduire.

---

❶ Précautions

→ Les tatouages au henné peuvent être tentants pour les enfants, mais on y ajoute parfois des composants qui provoquent des allergies. Dans tous les cas, n'acceptez que le henné traditionnel rouge.

❷ Décalage horaire

→ Décalage horaire : -1 heure
→ Durée moyenne d'un vol direct Paris-Marrakech : 3 heures 15

BIBLIOTHÈQUE DU PETIT VOYAGEUR
› *Pépé au Maroc*, Viviane Merlin, Ursi (Éditions Le Lutin Malin, coll. Les Voyages de Pépé, 2006). Dès 3 ans
› *Le Maroc des enfants*, collectif (livre-jeu, Éditions Bonhomme de chemin, 2009). Dès 7 ans
› *Aujourd'hui au Maroc*, Hassan Aït Yamsel, Elhoussaine Oussiali (Gallimard Jeunesse, 2010). Dès 8 ans
› *Voyages et rencontres au Maroc* (CD + Livre, Enfance et découvertes, 2007). Dès 6 ans

SOUVENIRS D'ENFANTS
› De beaux jeux en bois : échecs, dames, solitaire, dominos…

MAURICE ET RODRIGUES

La vie est douce dans ce paradis posé sur l'eau entre l'Afrique et l'Asie. Les enfants peuvent profiter aussi bien des merveilles de la nature – baignades dans l'eau des lagons ou des cascades, observation des jardins de coraux et des poissons exotiques qui peuplent les fonds marins – que des diverses attractions culturelles ou sportives qui leur sont dédiées.

LES ENFANTS ADORERONT...

Les curiosités de Port Louis

» Le Muséum d'histoire naturelle, où vos enfants verront la reconstitution d'un dodo, animal emblématique de l'île dont l'espèce est aujourd'hui disparue.

» Fort Adélaïde, une fière citadelle du XIXᵉ siècle qui domine le port.

» Le champ de Mars, le plus vieil hippodrome de l'océan Indien, pour assister à une course de chevaux dans une ambiance familiale mais passionnée.

Les plaisirs aquatiques

» La baignade avec les dauphins dans leur habitat naturel : le rêve devient réalité à Rivière Noire, près de Tamarin sur la côte ouest, encadré par des moniteurs expérimentés.

» Une sortie en bateau à fond transparent pour ne rien rater de la foisonnante vie sous-marine dans le parc marin de Blue Bay.

» Une marche sous l'eau avec scaphandre, à Grand Baie. Les enfants à partir de 7 ans, équipés d'un casque de scaphandrier, peuvent admirer la faune sous-marine.

Les conditions d'hébergement sont optimales pour les enfants

À table !

Grillades de poissons ou de viandes, fruits et légumes frais à profusion : il y a tout ce qu'il faut pour bien nourrir vos enfants à l'île Maurice. Seul bémol : les plats sont souvent épicés, conséquence des influences créole et indienne. Il vaut donc mieux proscrire les plats en sauce (cari, rougail…) ou demander au cuisinier de moins relever les plats qui leur sont destinés. Si vos enfants ne sont pas très amateurs de légumes, ils aimeront peut-être les saveurs exotiques de la patate douce ou du *pipengaille*. Et, assurément, les fruits gorgés de sucre (mangues, goyaves, noix de coco ou ananas) feront plaisir à tous.

Des expériences en famille

» Le Mauritius Aquarium, à la pointe aux Piments ; les enfants peuvent y nourrir les poissons et assister à un spectacle avec des tortues, des murènes et même des requins !

» Une randonnée (dès 8-10 ans), un safari photo ou un minisafari en quad (dès 8 ans) à la réserve de Casela Yémen, pour admirer antilopes, zèbres et autruches.

» L'Aventure du Sucre, un musée pour tout connaître sur la transformation de la canne à sucre (avec un parcours pour les enfants).

La nature fascinante

» Les chutes de Tamarin, l'un des plus beaux endroits de Maurice. L'accès est délicat (mieux vaut avoir une voiture), mais il est possible de se baigner dans les bassins sous certaines chutes.

» L'île aux Aigrettes et ses tortues, une réserve naturelle qui est également le sanctuaire de nombreuses espèces d'oiseaux en voie de disparition.

» Les îlots du lagon de Rodrigues dont l'île Cocos et l'île aux Sables, le temps d'une excursion avec pique-nique sur la plage.

QUAND EST-CE QU'ON PART ?

» Vacances : toutes.

» On peut se rendre toute l'année à l'île Maurice, le climat y est agréable en toute saison. La chaleur peut juste être un peu accablante entre mi-décembre et mi-mars, et l'on note de la fraîcheur (toute relative) en fin de journée pendant l'hiver austral, de juin à septembre. Les prix augmentent singulièrement pendant les fêtes de fin d'année, mais aussi en novembre et décembre, période de vacances des Mauriciens, et en juillet-août, quand les Européens sont en congé estival.

COMBIEN ÇA COÛTE ?

» Vol A/R Paris-Port Louis : 1 000 à 1 300 €

» Prix moyen d'un séjour balnéaire formule avion + hôtel + demi-pension : 850 à 1 500 € pour 7 nuits

» Chambre double catégorie moyenne : 50 à 120 €

» Repas dans un établissement de catégorie moyenne : 10 à 15 €

» Location de voiture : entre 17 et 30 €/jour. Les forfaits achetés à l'étranger sont souvent moins chers que ceux vendus sur place en ce qui concerne les agences internationales ; leurs tarifs sont toutefois plus élevés que ceux qui sont pratiqués par les petites agences locales.

ⓘ Précautions

➤ La nuit, ne vous promenez pas dans les rues du centre de Port Louis.

🕓 Décalage horaire

➤ Décalage horaire : +3 heures

➤ Durée moyenne d'un vol direct Paris-Port Louis : 11 heures

BIBLIOTHÈQUE DU PETIT VOYAGEUR

› *Longue Vie aux dodos*, Dick King-Smith (Gallimard, 2007). Dès 8 ans

› *Sirandanes*, J. M. G. et Jémia Le Clézio (Seghers Jeunesse, 2005). Dès 9 ans

› *À la poursuite de l'oiseau du sommeil*, Joseph Danan (Actes Sud, 2010). Dès 10 ans

SOUVENIRS D'ENFANTS

› Des maquettes de bateaux, spécialité locale

› Des dodos en bois

CARNET DE SANTÉ

» Aucun vaccin n'est exigé.

» Les soins sont en général gratuits pour les visiteurs dans les hôpitaux publics, mais ils sont souvent de meilleure qualité dans les cliniques privées. En cas de problème de santé grave, il est recommandé de se faire rapatrier sur l'île de la Réunion.

SE DÉPLACER SANS GALÉRER

Maurice est une petite île et l'on peut facilement la parcourir en bus ; ils sont souvent vieux mais ont l'avantage d'être fréquents, du moins dans les principales localités. Le réseau routier est dans un état convenable, sauf certaines routes secondaires. Les services d'un taxi avec chauffeur vous coûteront entre 50 et 60 € par jour. Et cela vous épargnera l'adaptation à la conduite à gauche !

MAURITANIE

La Mauritanie est épargnée par le tourisme de masse, ce qui explique son caractère exceptionnellement préservé. Le manque d'infrastructures et d'hébergements en fait une destination peu propice pour des enfants en bas âge. Mais les plus grands auront l'excitante impression d'être les premiers à fouler les cités du désert et les plages immaculées.

La Mauritanie, un trésor caché d'Afrique de l'Ouest

LES ENFANTS ADORERONT...
Les cités caravanières du Sahara
» Chinguetti, pour se promener dans les ruelles ensablées du *ksar* (vieille ville) et parmi les vestiges du fort.
» L'ancienne cité perchée d'Ouadâne, avec ses maisons accrochées à la falaise dominant le verdoiement de l'oasis.

Les excursions dans le désert
» Une méharée (balade à dos de dromadaire), notamment dans les magnifiques dunes de l'Adrar.
» Un circuit en 4x4, plus confortable, pour un périple plus long ; les nuits passées dans un campement au milieu du désert feront des souvenirs impérissables.

» Un survol en montgolfière de l'Adrar depuis Atâr ou Chinguetti. Magique !
» Une excursion vers la plus populaire des oasis, la luxuriante Terjît, avec ses bassins où l'on peut faire trempette.
» L'oasis de Matmata, pour ses crocodiles emprisonnés dans de grandes mares, en plein désert !

La côte atlantique
» Une excursion en lanche, bateau de pêche traditionnel, au milieu des îles et îlots du parc national du Banc d'Arguin pour s'approcher au plus près des milliers d'oiseaux qui s'y reproduisent (flamants roses, pélicans, cormoran…).
» La baie de Nouâdhibou, parfaite pour la baignade ; le cimetière des bateaux vaut aussi le détour !
» Sur toute la côte, les immenses plages de sable fin sont presque désertes ; on y fait trempette sans s'éloigner, car des courants sont présents à quelques dizaines de mètres du rivage.
» Nouakchott, la capitale, pour son marché grouillant d'animation et le retour des bateaux au port après la pêche.
» Une balade au phare du cap Blanc, où vit la dernière colonie de phoques moines.

À table !
La cuisine mauritanienne est peu variée, les ingrédients essentiels étant le riz et la viande de mouton, de chèvre ou même de chameau. Les enfants trouveront leur bonheur autour des plats d'influence berbère, les couscous, délicieux, les tajines ou les méchouis. Les légumes (carottes, betteraves et salades) seront parfois présents dans les oasis, où l'on peut aussi faire le plein de dattes. Les enfants devraient apprécier le *tiéboudienne*, du riz au poisson présent dans le sud du pays (mais gare aux épices, mieux vaut goûter avant). Faites-leur tester le lait de chamelle et le fruit du baobab, le "pain de singe" : les Mauritaniens petits et grands en raffolent.

PRATIQUE

QUAND EST-CE QU'ON PART ?

» Vacances : hiver, Toussaint, Noël.
» La meilleure période pour se rendre en Mauritanie se situe entre novembre et mars, quand les températures sont plus modérées (25°C en journée) et les soirées plus fraîches. À partir d'avril, la chaleur n'est supportable que sur la côte. Entre juin et août, les vents chauds peuvent s'avérer désagréables même au bord de la mer.

COMBIEN ÇA COÛTE ?

» Vol A/R Paris-Nouakchott : à partir de 600 €
» Chambre double catégorie moyenne : 12 à 56 €
» Repas dans un établissement de catégorie moyenne : 2 à 8 €
» Location de 4x4 avec chauffeur : environ 60 €/jour

⚠ Précautions

→ L'accès à certaines zones dans le nord-est du pays est formellement déconseillé. Pour des excursions hors des sentiers battus ou dans le désert, il est nécessaire de partir accompagné d'un guide recruté par le biais d'une agence de voyages agréée.

🕐 Décalage horaire

→ Décalage horaire : -2 heures en été, -1 heure en hiver
→ Durée moyenne d'un vol direct Paris-Nouakchott : 5 heures 30

CARNET DE SANTÉ

» Le vaccin contre l'hépatite A est vivement recommandé, de même que celui contre la fièvre jaune. Ceux contre l'hépatite B, la typhoïde et la rage sont conseillés.
» Le paludisme est présent dans la région du fleuve Sénégal et plus largement au sud de Nouakchott. Prévoir un traitement prophylactique si vous vous rendez dans cette zone.
» Les enfants doivent être protégés de la chaleur et régulièrement hydratés, même la nuit.

SE DÉPLACER SANS GALÉRER

L'idéal est de louer un 4x4, si possible en louant les services d'un guide ou, mieux, ceux d'un chauffeur (la majorité des loueurs sont à Nouakchott et à Atâr). On peut faire appel aux taxis-brousse, mais les trajets peuvent s'avérer très longs et éprouvants pour les enfants. Air Mauritanie a mis en place des vols réguliers entre la capitale et les principales villes. Mieux vaut éviter la solution ferrée, certes pittoresque : il s'agit du train minéralier qui relie Zouérate et Nouâdhibou, et qui est aussi le plus lent du monde (30 km/h).

BIBLIOTHÈQUE DU PETIT VOYAGEUR

› *Diakhere, la cadette. Contes de Mauritanie*, Mamadou Sall (Lirabelle, 2006). Dès 7 ans
› *Mauritanie*, Mamadou Sall (Éditions Grandir). Dès 9 ans
› *La Fourmi et le roi Salomon*, Mamadou Sall (livre + DVD, Les Éditions des Bragues, 2010). Dès 4 ans

SOUVENIRS D'ENFANTS

› De superbes perles en verre coloré pour fabriquer des colliers
› Un coffre en bois incrusté d'argent : une fabuleuse boîte à trésor

RÉUNION

La nature de la Réunion invite à toutes les aventures. Les enfants adoreront explorer les sentiers qui sillonnent les paysages somptueux, des contreforts du piton de la Fournaise aux cirques secrets. Et si l'on ne va pas à la Réunion pour ses plages, l'eau est omniprésente et propice à toutes sortes de sports nautiques – canyoning, surf, plongée…

LES ENFANTS ADORERONT…

Les balades au cœur d'une nature intense

» La marche est le meilleur moyen de se frotter à la nature. Parmi les 1 000 kilomètres de sentiers qui parcourent l'île, il y a forcément des itinéraires qui conviendront aux petits. Notre suggestion : les champs de lave solidifiée dans l'Enclos du volcan.

» Un pique-nique dominical en famille au bord des rivières et des bassins d'eau douce dans l'est de l'île.

» Les promenades à cheval ou à poney, pour prendre de la hauteur… dans le secteur de Maïdo ou à Bourg-Murat.

» Un "safari dauphins", en bateau, pour faire ami-ami avec ces joyeux cétacés, au départ de Saint-Gilles-les-Bains.

L'exploration des mystérieux fonds marins

» Une promenade en bateau à fond transparent, pour ne pas perdre une miette des récifs coralliens.

» L'aquarium de la Réunion à Saint-Gilles-les-Bains où sont reconstitués des paysages sous-marins de l'île parmi lesquels évoluent requins et barracudas.

» L'initiation à la plongée sous-marine dans l'un des nombreux centres de l'île, notamment sur la côte ouest.

Les sports de grands !

» Le parapente : les enfants peuvent s'y initier dès 6 ans, notamment à Saint-Leu, en tandem bien sûr…

» Le VTT : les enfants de plus de 12 ans s'essayeront à la descente du Maïdo, avec un moniteur (plus de 35 km du sommet du belvédère jusqu'à la mer). Enivrant !

» Le surf : les écoles acceptent les enfants dès 6 ans (parfois dès 5 ans).

» Le canyoning : certains des 70 canyons équipés sur l'île sont tout à fait accessibles aux enfants (avec accompagnateurs).

À table !

Bonne nouvelle : les piments sont servis à part. Les enfants peuvent donc se régaler de la cuisine réunionnaise, pleine de saveurs. Ils n'échapperont pas au cari, ragoût de viande ou de poisson très parfumé et servi avec du riz et des lentilles. Au dessert, outre les délicieux fruits frais dont regorge l'île (dont le fameux ananas Victoria, mais aussi les mangues, les papayes ou les letchis), ils pourront goûter l'irrésistible tarte à la noix de coco ou le gâteau à la banane.

Les sorties instructives et ludiques en famille

» L'Observatoire astronomique des Makes, pour s'initier aux secrets de l'astronomie.

» La Maison du volcan, située tout près du piton de la Fournaise, pour découvrir la volcanologie à travers des maquettes, des vidéos et autres présentations interactives.

» La Forêt de l'Aventure pour jouer à Tarzan au milieu du parc du Maïdo. Un parcours est destiné aux enfants de plus de 5 ans.

» Le centre Kelonia à Saint-Leu, un observatoire consacré à l'univers des tortues marines.

Les enfants ne seront pas insensibles à la grâce des tortues marines

QUAND EST-CE QU'ON PART ?

» Vacances : printemps, été, Toussaint.
» La Réunion est une île très prisée pendant les fêtes de fin d'année : si vous souhaitez vous y rendre à cette période, il faut réserver votre voyage bien en avance pour trouver des places et accepter des tarifs élevés, au niveau des avions comme de l'hébergement. La saison sèche (d'avril à octobre) est propice à l'exploration de la nature réunionnaise ; la fréquentation reste importante et mieux vaut ne pas s'y prendre au dernier moment.

COMBIEN ÇA COÛTE ?

» Vol A/R Paris-Saint-Denis : à partir de 700 €
» Prix moyen d'un séjour balnéaire "tout compris" avion + hôtel + demi-pension : 1 100 €
» Chambre double catégorie moyenne : 45 à 90 €
» Repas dans un établissement de catégorie moyenne : 10 à 15 €
» Location de voiture : 30 à 35 €/jour

❶ Précautions

→ Attention aux courants, vérifiez la couleur des drapeaux sur les plages et ne laissez pas vos enfants trop s'éloigner du rivage.
→ Attention au soleil et à la chaleur.

🕐 Décalage horaire

→ Décalage horaire : +2 heures en été, +3 heures en hiver
→ Durée moyenne d'un vol direct Paris-Saint-Denis : 11 heures

CARNET DE SANTÉ

» Aucun vaccin n'est exigé.
» Prévenez vos enfants que certains coquillages et poissons sont venimeux ; mieux vaut ne pas les toucher. Pour marcher dans l'eau ou sur les rochers, chaussez-les de sandales en plastique.

SE DÉPLACER SANS GALÉRER

La Réunion est une île qui a du relief. Un bon réseau de bus couvre l'ensemble de l'île. Un truc : pour demander l'arrêt, il faut taper dans ses mains ! Le réseau routier étant de bonne qualité, la voiture est idéale pour explorer tous les recoins de l'île. Les tarifs de location de voiture sont moins élevés en dehors de l'aéroport.

BIBLIOTHÈQUE DU PETIT VOYAGEUR

› *Contes et légendes de l'île de la Réunion*, Isabelle Hoarau (Orphie, 2005). Dès 6 ans
› *L'Île au volcan : les aventures de Titom à la Réunion*, Jacques Desrosiers (Orphie, 2003). Dès 9 ans
› *La Réunion de A à Z. 100 mots sur la Réunion*, Baptiste Vignol (Édition du Boucan, 2007). Dès 6 ans
› *Aventure à la Réunion*, Philippe Hivet (Orphie, 2009). Dès 9 ans
› *À l'ombre du flamboyant* (livre + CD, Didier Jeunesse, coll. Comptines du monde, 2004). Dès 3 ans

SOUVENIRS D'ENFANTS

› Des tambours traditionnels (morlon, matalon, rouleur…) ou un bobre
› Un kayamb (hochet en forme de parallélépipède)

OCÉAN INDIEN

SÉNÉGAL

Qu'on opte pour un tranquille séjour balnéaire ou pour un voyage plus indépendant, le Sénégal est le pays idéal pour une introduction à l'Afrique. Les enfants seront séduits par les plages où résonnent les djembés, l'ambiance des villages et l'observation des animaux sauvages lors de promenades en pirogue.

LES ENFANTS ADORERONT...
La faune et la flore tout droit sorties d'un livre illustré
» Dans le parc national de la langue de Barbarie, près de Saint-Louis ; d'une pirogue, on peut observer les milliers d'oiseaux aquatiques qui vivent dans les marécages et îles de l'estuaire.
» Dans la réserve de Bandia : l'endroit du Sénégal où on a plus le chance d'apercevoir rhinocéros, girafes, gazelles et singes.
» Dans le delta du Siné-Saloum, pour sillonner le labyrinthe des mangroves en pirogue depuis Palmarin, Dionewar ou Djifer et pique-niquer sur les îlots paradisiaques.

Les activités culturelles
» Un atelier peinture sur la magique île de Gorée, après une visite de l'émouvante Maison des esclaves.
» Les "cours de tambours instantanés" dispensés un peu partout sur la côte, pour devenir un roi du djembé.
» Un stage de batik : on en trouve pour les enfants par exemple dans le village de Ziguinchor, en Casamance.

> ### À table !
> Les enfants vont se régaler avec le traditionnel poulet *yassa*, poulet grillé et mariné dans une sauce aux oignons et au citron servi avec du riz, ou la version *bœuf yassa*. Ils apprécieront aussi l'autre plat national sénégalais, le *tiéboudienne*, du riz mélangé à du poisson et des légumes. Pour les adeptes (mais toujours en vérifiant la fraîcheur), les poissons grillés (notamment le thiouf) sont aussi un régal. Demandez toujours si un plat est relevé avant de le commander, l'usage du piment est courant ici et les petits palais pourraient ne pas apprécier.

Les escapades inoubliables
» La baignade dans le lac Rose, non loin de Dakar, où l'on flotte sans faire d'effort grâce à la forte teneur en sel de ses eaux.
» La détente et les plaisirs aquatiques sur les plages autour de Saly, sur la Petite Côte.
» L'excursion jusqu'au site sacré de Dindefelo pour se baigner sous la cascade et dormir au village dans une case en pierre ou en bambou.
» Un après-midi à l'Accrobaobab Adventure (à 65 km de Dakar) : un site de parcours dans les arbres pas comme les autres, puisqu'on peut jouer à Tarzan sur des baobabs ! Le parcours est ouvert aux plus de 10 ans, mais il existe une version miniature pour les plus petits.

Le Sénégal, un pays dépaysant mais pas déroutant pour les enfants

PRATIQUE

QUAND EST-CE QU'ON PART ?

» Vacances : hiver, Toussaint, Noël.

» La saison sèche, de novembre à février, est la plus agréable : les températures sont plus douces, l'absence de précipitations facilite les déplacements même dans les zones les plus reculées, et l'on est mieux protégé contre les moustiques. En outre, lors de la saison des pluies, nombre de parcs nationaux ferment. Octobre et novembre sont plutôt secs et les touristes peu nombreux, idéal si l'on veut éviter les foules, mais il faut pouvoir supporter la chaleur parfois torride.

COMBIEN ÇA COÛTE ?

» Vol A/R Paris-Dakar : à partir de 500 € en basse saison, 800 € en haute saison

» Chambre double de catégorie moyenne : 30 à 90 €

» Repas dans un établissement de catégorie moyenne : 4,50 à 9 €

» Location de voiture : environ 700 €/semaine

ⓘ Précautions

→ On ne peut pas se déplacer avec une poussette, même à Dakar.

🕐 Décalage horaire

→ Décalage horaire : -2 heures en été, -1 heure en hiver

→ Durée moyenne d'un vol direct Paris-Bamako : 5 heures 40

CARNET DE SANTÉ

» Le vaccin contre la fièvre jaune est obligatoire.

» Ne laissez pas vos enfants jouer avec les animaux, la rage est présente dans le pays.

» Le paludisme est présent au Sénégal. Un traitement préventif est conseillé. Employez les précautions d'usage pour prémunir vos enfants des piqûres de moustiques. Elles vous aideront également à vous protéger de la dengue et d'autres affections comme les filarioses.

SE DÉPLACER SANS GALÉRER

Pour sillonner le Sénégal, on peut utiliser le réseau de bus, mais les cars sont lents et leurs horaires fluctuants. Les taxis-brousse sont plus économiques que les voitures de location, mais seules ces dernières vous assureront souplesse et confort relatif. Les enfants apprécieront les balades en bateau sur les fleuves. La pirogue peut s'avérer plus dangereuse. Si vous n'avez pas l'habitude des routes africaines, il est préférable de louer une voiture avec chauffeur. Quel que soit le moyen de transport, ne vous attendez pas à voyager dans des véhicules très confortables, ni très rapides, ni très sûrs. Il n'y a pas de ceinture de sécurité dans la plupart des taxis-brousse, et pas de siège enfant.

BIBLIOTHÈQUE DU PETIT VOYAGEUR

› *Le Journal de Roxane Vernet au Sénégal*, Isabelle Lebret (Mango, 2006). Dès 6 ans

› *Aujourd'hui au Sénégal*, Fabrice Hervieu-Wane (Gallimard, 2005). Dès 9 ans

› *Les Ruses de la tortue. Contes du Sénégal*, Amadou Tackhy Ndiaye (L'Harmattan, 2007). Dès 6 ans

› *Le Trésor de Galam au Sénégal*, Noël Le Coutour (L'Harmattan, 2007). Dès 12 ans

SOUVENIRS D'ENFANTS

› Des percussions (djembés, balafons…)

› Avions, voitures et autres jouets en matériaux de récupération (fil de fer, canettes, chiffons…), des jouets ingénieux, rigolos et colorés

SEYCHELLES

Les enfants ne se lasseront pas d'explorer les criques des îles paradisiaques qui forment l'archipel, ni d'en découvrir les merveilles de la faune et de la flore. Et dans les eaux chaudes qui les baignent, il y a de multiples activités très ludiques auxquelles s'adonner… Avantage non négligeable pour les enfants : les Seychellois sont nombreux à parler français. Pratique pour bénéficier des conseils d'un guide ou d'un moniteur de plongée.

LES ENFANTS ADORERONT…
Les activités aquatiques
» L'exploration des eaux transparentes et peu profondes avec un masque et un tuba. Pour les plus grands, à partir de 8-10 ans, la destination est idéale pour s'initier à la plongée avec bouteille.
» Une promenade en bateau à fond de verre : ludique et toujours un peu magique.

Les animaux rares
» Les oiseaux qui nichent par milliers sur les petites îles comme Aride, Cousin ou Bird. Privilégier une visite avec un guide naturaliste pour des explications vivantes.
» Les tortues terrestres géantes, à admirer dans des parcs à tortues ou dans leur environnement naturel sur les îles de Curieuse, de Bird ou de Cousin.
» Les requins-baleines, qui passent au large de Mahé, entre août et octobre.
» Les tortues marines, qui viennent pondre sur les plages entre octobre et février, notamment sur les plages de Bird.

La nature facétieuse
» Les cocofesses, emblèmes du pays, sont à découvrir dans la vallée de Mai sur Praslin.
» Les énormes blocs de granit semblant tout droit sortis de l'imagination d'un décorateur de cinéma qui encadrent Anse Source d'Argent (La Digue). Non seulement le paysage est fantastique, mais l'eau est peu profonde…

Les balades à pied, à cheval ou… à bœuf
» Une randonnée dans le foisonnant parc national du Morne Seychellois. Partez plutôt avec un guide et choisissez l'itinéraire Copolia, court et ombragé.
» Une promenade en char à bœufs sur la délicieuse île de La Digue.
» Une balade à cheval ou à poney sur l'île de Mahé.

À table !
Bourgeois, cordonniers (*jobs*), capitaines… drôles de noms pour des poissons ! Ces espèces sont parmi les plus appréciées aux Seychelles, où on les sert grillées, frites ou en ragoût. Si vos enfants ne sont pas fans de poisson, ils risquent bien de changer d'avis. Les sauces sont délicieuses, agrémentées d'épices et d'aromates mais pas trop relevées, et souvent adoucies par du lait de coco. Pour les desserts, c'est un véritable festival de fruits : bananes, mangues, corossols, ananas… dégustés tels quels, ils sont savoureux, mais les enfants les adoreront aussi cuisinés en tarte ou en gâteau.

S'ils aiment la mer et le soleil, vos enfants seront au paradis !

QUAND EST-CE QU'ON PART ?

» Vacances : printemps, été, Toussaint.

» Certes, l'eau est bonne et les températures sont douces toute l'année, mais le soleil n'est pas toujours au rendez-vous. Entre décembre et février, les épisodes pluvieux sont plus nombreux ; cela n'empêche pas les touristes d'affluer en masse pendant les fêtes de fin d'année, ni les hôteliers d'augmenter les tarifs pour l'occasion. Les précipitations se font plus rares entre juin et septembre, mais les vents se renforcent et certaines plages deviennent impropres à la baignade. Les périodes les plus agréables demeurent les intersaisons, d'octobre à novembre et d'avril à mai.

COMBIEN ÇA COÛTE ?

» Vol A/R Paris-Victoria : à partir de 700 €

» Prix moyen d'un séjour organisé "tout compris" avion + hôtel : 1 300 €

» Chambre double catégorie moyenne : 100 à 250 €

» Repas dans un établissement de catégorie moyenne : 10 à 20 €

» Location de voiture : 45 €/jour (pour une location de plus de 3 jours)

! **Précautions**

↳ Sur certaines plages, les courants peuvent être violents. Renseignez-vous avant de laisser les enfants se baigner.

↳ Des actes de piratage ont été signalés au large des côtes seychelloises. Il convient d'être vigilant notamment dans les eaux au sud-ouest de l'archipel.

🕐 **Décalage horaire**

↳ Décalage horaire : +2 heures en été, +3 heures en hiver

↳ Durée moyenne d'un vol direct Paris-Victoria : 9 heures 30

CARNET DE SANTÉ

» Aucun vaccin n'est exigé.

» Les pharmacies sont rares et mal approvisionnées ; emportez une trousse médicale conséquente avec vos médicaments habituels et tout ce qu'il faut pour soigner les petits bobos.

SE DÉPLACER SANS GALÉRER

Il est très facile de rejoindre Praslin depuis Mahé en avion grâce à des vols inter-îles. Des bateaux relient aussi régulièrement les trois îles principales, Mahé, Praslin et La Digue. Sur Mahé et Praslin, on peut circuler en bus : mais attention, sur certaines lignes, l'attente peut être longue en bord de route, à des arrêts dépourvus d'abris. Mieux vaut récupérer à l'hôtel ou à la gare routière de Victoria des indications sur le réseau. La location de voitures est possible à Praslin ou à Mahé, mais l'assurance ne couvre que les dommages causés, pas ceux subis ! La conduite se fait à gauche. À La Digue, les voitures sont interdites : alors on marche, on monte sur un char à bœufs, ou on fait du vélo !

BIBLIOTHÈQUE DU PETIT VOYAGEUR

» *Contes et poèmes des Seychelles*, Antoine Abel (L'Harmattan, 2004). Dès 12 ans

» *Une tortue se rappelle*, Antoine Abel (L'Harmattan, 2000). Dès 12 ans

SOUVENIRS D'ENFANTS

» Des coquillages pour fabriquer des colliers ou pour commencer une collection

» Des petits pantins articulés en bambou et coco à La Digue

TANZANIE ET ZANZIBAR

La Tanzanie offre aux enfants mille opportunités de s'émerveiller : des parcs nationaux à la faune incroyable, des lacs grands comme des mers, les rivages de l'océan Indien et la chatoyante île de Zanzibar. Dans le cadre d'un voyage en famille, le charme du pays résidera aussi dans l'accueil réservé par ses habitants, d'une gentillesse sans faille.

LES ENFANTS ADORERONT...

Le royaume des animaux sauvages

» Observer les "Big Five" (lion, buffle, rhinocéros, éléphant et léopard), les gnous et les zèbres par milliers lors d'un safari dans le cratère du Ngorongoro et les plaines du Serengeti, où l'on peut même troquer le 4x4 pour une montgolfière.

» Les colonies de babouins, les flamants roses et les girafes dans le parc national de Lake Manyara et les éléphants au Tarangire, destinations moins connues.

» Les réserves du Sud, moins fréquentées : Selous pour une excursion sur la rivière Rufiji au milieu des hippopotames et des crocodiles ; Ruaha, particulièrement sauvage.

» Le petit parc de Saadani, pour observer les animaux, faire une sortie en bateau sur le fleuve Wami et profiter des belles plages du littoral.

» L'Arusha National Park, le plus facile à visiter sans grosse organisation (une simple location de 4x4 suffit), est parfait pour les enfants (pas très grand, beaucoup d'animaux : girafes, buffles, singes, flamants, etc.). Et, en toile de fond, ils pourront admirer le mythique Kilimandjaro !

Voir tous les animaux qui font rêver les enfants… et leurs parents

À table !

Accompagnée de riz ou de frites, la viande de bœuf, délicieuse, et de poulet est souvent au menu des restaurants (attention aux épices toutefois), ainsi que le *nyama choma* (viande grillée). Les lodges proposent généralement une cuisine assez haut de gamme, adaptée aux goûts occidentaux avec des aliments très frais. Le poisson et les fruits de mer sont délicieux sur la côte et les îles de Zanzibar et de Pemba. Près des lacs, le tilapia, un poisson d'eau douce à la chair tendre, est très apprécié des enfants. La Tanzanie étant une sorte de verger géant, les enfants feront le plein de fruits gorgés de sucre.

Les couleurs de l'océan Indien

» Les plages de Zanzibar – Bwejju, Matemwe ou Pongwe comptent parmi les plus belles – et ses îles minuscules (Mnemba, Chumbe) pour jouer à Robinson Crusoé.

» Stone Town, la vieille ville de Zanzibar, les ruines du palais Mahurubi, l'ambiance des marchés.

» Embarquer sur un *dhow*, bateau de pêche traditionnel, pour rejoindre une des petites îles paradisiaques proches de la côte ou admirer le coucher de soleil en pleine mer.

» La plongée avec masque et tuba pour admirer facilement les poissons et les coraux dans les parcs marins de l'île de Mafia et de Mnazi Bay ou depuis n'importe quelle plage de Zanzibar.

Les paysages et les villes magiques

» La splendide région de Lushoto, ponctuée de pitons volcaniques, et les monts Usambara aux villages pittoresques.

» La traversée en ferry des gigantesques lacs Tanganyka, Nyasa et Victoria, agrémentée d'escales dans les petits ports.

» Les marchés de villages riches en couleurs et les *mnada* (foires) organisés par les Massaï une fois par mois (pour trouver vêtements et bijoux).

QUAND EST-CE QU'ON PART ?

» Vacances : hiver, été, Toussaint, Noël.
» La Tanzanie peut se visiter de juillet à mars. Attention néanmoins, au nord, dans les parcs, les températures peuvent être fraîches en juillet. Les précipitations en novembre ne posent pas de problème. La saison des pluies dure d'avril à juin et mieux vaut ne pas aller en Tanzanie alors : la plupart des routes des parcs sont impraticables et sur les côtes les hôtels ferment souvent pendant un mois.

COMBIEN ÇA COÛTE ?

» Vol A/R : 600 à 1 000 €
» Prix moyen d'un circuit organisé "tout compris" : 2 000 à 3 000 € pour 7 à 9 nuits
» Prix moyen d'un séjour à Zanzibar "tout compris" : à partir de 1 600 € pour 6 nuits
» Chambre double catégorie moyenne : 28 à 80 €
» Repas dans un établissement de catégorie moyenne : 4 à 12 €
» Location de 4x4 : 55 à 160 €/jour hors assurance (plus 12 à 30 €/jour pour un chauffeur)

❗ Précautions

→ Dans pratiquement tous les parcs, les enfants de moins de 7 ans ne sont pas admis. De toute manière, le rythme d'un safari (levers à l'aube, longues attentes en voiture…) ne convient pas à des plus petits.
→ Certains camps de toile n'acceptent pas les enfants au-dessous de 12 ans.
→ Ne laissez jamais vos enfants sans surveillance dans les camps et les lodges.

🕐 Décalage horaire

→ Décalage horaire : +1 heure en été, +2 heures en hiver
→ Durée moyenne d'un vol Paris-Dar es-Salaam ou Kilimandjaro (avec 1 escale) : 10 à 12 heures

CARNET DE SANTÉ

» La vaccination contre la fièvre jaune est obligatoire, celle contre les hépatites A et B, la rage et la typhoïde est vivement conseillée.
» Le paludisme sévit dans tout le pays, un traitement prophylactique est donc nécessaire.
» Prévoyez des vêtements épais, et de préférence de couleurs claires, pour vous protéger des piqûres de mouches tsé-tsé, très douloureuses, si vous vous rendez au Tarangire, et dans les parcs du Centre.

SE DÉPLACER SANS GALÉRER

La location de voiture (généralement des 4x4) est le plus souvent proposée avec chauffeur en Tanzanie, sauf à Zanzibar. Le bus est souvent le seul moyen de rallier une destination : privilégiez les express, qui font moins de haltes et sont moins bondés. Pour de courts trajets, optez pour le *dalla-dalla* (minibus), à déconseiller toutefois avec de très jeunes enfants. Le train est à éviter.

BIBLIOTHÈQUE DU PETIT VOYAGEUR

› *La Courge qui parlait*, Sami, Yann Lovato (Éditions du Jasmin, coll. Premiers Contes, 2004). Dès 5 ans
› *Akimbo et les éléphants*, Alexander McCall Smith (Gallimard, coll. Folio Cadet, 2006). Dès 6 ans
› *L'Enfant du vent. Récits traditionnels d'Afrique*, A. Bryan (Flammarion, coll. Castor Poche, 1996). Dès 8 ans

SOUVENIRS D'ENFANTS

› Des bracelets et colliers massaï en perles
› Des couvertures massaï
› Des peintures *tingatinga* (idéal pour les enfants)

TUNISIE

À deux heures d'avion de la France, ses hôtels-clubs balnéaires accueillent à bras ouverts les plus jeunes le long de superbes plages. Pour les plus grands, cap sur une Tunisie plus aventurière, vers les dunes du désert et les célèbres décors de *La Guerre des Étoiles* !

En Tunisie, le contact sera facile pour vos bambins !

LES ENFANTS ADORERONT…
Les barbotages rafraîchissants
» Dans la mer, où les enfants profiteront des plages parmi les plus belles de la Méditerranée et d'une eau à 23°C.
» Dans les chutes d'eau de Tamerza, un village fortifié en pleine montagne.
» Dans les sources chaudes de l'oasis de Ksar Ghilane, à l'ombre de sa palmeraie.

Les ksour, les villages et la Menace fantôme
» Autour de Tataouine, les sites berbères creusés dans la montagne et les ksour (greniers à grain fortifiés), lieux uniques qui ont accueilli le tournage de *La Guerre des Étoiles*.
» Les maisons berbères construites sous la terre, comme à Matmata où les enfants adoreront passer une nuit dans un hôtel troglodytique ;

l'hôtel Sidi Driss a servi de décor à la maison d'enfance de Skywalker.
» Depuis Tozeur : le village de Mos Espa construit pour *La Menace fantôme*, Onk Djemel, pour admirer les dunes, le canyon de Sidi Bouhlel, le chott el-Djerid, où Luke s'est arrêté devant un cratère.

L'Orient des légendes et des livres d'images
» Une promenade d'une heure à dos de dromadaire à Douz pour découvrir les dunes majestueuses.
» L'amphithéâtre d'El Djem, le troisième en taille de l'Empire romain, sur les traces des combats de gladiateurs.
» Les souks colorés et trépidants de Tunis, de Sousse ou de Hammamet, où les enfants dénicheront la lampe du génie ou les babouches d'Aladin.
» Le parc Chak Wak, aux portes de Tozeur, qui retrace l'histoire de notre planète : des dinosaures aux guerres puniques, en passant par des épisodes bibliques. Le top : une reproduction de l'arche de Noé avec ses animaux !
» CarthageLand, un parc d'attractions en version punique : manèges, montagnes russes et spectacles empruntent les grands épisodes de l'épopée d'Hannibal.

À table !
Dans les stations balnéaires, poulet, pâtes, pizzas, crêpes et sandwichs côtoient les en-cas tunisiens, délicieux : *chapati* (galette de pain repliée fourrée de thon, d'œufs et de pommes de terre hachées), proche de la *brick* tout aussi délicieuse. Mais pour la plupart des enfants, la Tunisie sera avant tout le paradis du couscous (à la viande, au poisson ou simplement végétarien). Saupoudrés de sucre ou de miel, les beignets – *yoyo* ou *babalouni* – risquent fort de devenir incontournables à l'heure du goûter. Attention aux gargotes où l'on a tendance à abuser du piment.

QUAND EST-CE QU'ON PART ?

» Vacances : printemps, fin de l'été, Toussaint.
» Le printemps et l'automne sont les meilleures saisons pour découvrir la Tunisie avec des enfants, et particulièrement les mois de mai-juin et septembre-octobre. En été, mieux vaut rester sur la côte méditerranéenne, où il fait plus frais (mais les stations balnéaires sont alors bondées). La baignade reste possible jusqu'à fin octobre, où l'eau est encore à une vingtaine de degrés. L'hiver est frais et la plupart des hôtels ferment.

COMBIEN ÇA COÛTE ?

» Vol A/R Paris-Tunis : environ 290 €
» Prix d'un séjour organisé "tout compris" avion + hôtel : à partir de 400 €
» Chambre double catégorie moyenne : 15 à 55 €
» Repas dans un établissement de catégorie moyenne : 3 à 8 €
» Location de voiture : 15 à 30 €/jour

❗ Précautions

→ Les méduses sont parfois présentes : fiez-vous aux conseils des habitants.
→ Attention de ne pas perdre vos enfants dans les souks !

🕐 Décalage horaire

→ Décalage horaire : il n'y en a pas
→ Durée moyenne d'un vol direct Paris-Tunis : 2 heures

BIBLIOTHÈQUE DU PETIT VOYAGEUR
› *Les Sept Jarres et autres contes de Tunis*, Michèle Madar (L'Harmattan, 2003). Dès 9 ans
› *Arafat, enfant de Tunisie* (PEMF, 2001). Dès 6 ans

À ÉCOUTER
› *Voyages et rencontres en Tunisie* (Enfance et découvertes, 2007)
› *Rondes, comptines et berceuses de Tunisie*, (ARB Music, coll. Terres d'enfance, 2004)

SOUVENIRS D'ENFANTS
› Une poupée en costume berbère
› Un dromadaire en peluche

CARNET DE SANTÉ

» Aucun vaccin n'est obligatoire en dehors des vaccins classiques, mais les vaccins contre les hépatites A et B sont conseillés.
» Le système de soins est très bon dans les grandes villes, mais ailleurs médicaments et équipements médicaux ne sont pas toujours disponibles.

SE DÉPLACER SANS GALÉRER

Si vous louez un véhicule, vérifiez qu'il dispose de la climatisation. Les sociétés internationales proposent généralement des sièges enfants. Sinon, le réseau de transport (bus, taxis collectifs ou "louage", train) est plutôt bon. Pour les longues distances, préférez les trajets en bus de nuit pour éviter la chaleur.

Moyen-Orient

Au Moyen-Orient, les enfants sont rois, et les vôtres ne feront pas exception. Voyager en famille est un sésame qui vous ouvrira toutes les portes et vous attirera la sympathie, autant dans les transports en commun (on vous cédera la place), les hôtels (on vous proposera les meilleures chambres), les restaurants (personne ne s'offusquera si vos bambins ne tiennent pas en place) que dans les sites touristiques.

La visite des souks en famille constituera un temps fort de votre voyage : plongez-vous dans l'ambiance et apprenez à vos chérubins les rudiments du marchandage, en achetant quelques babioles.

Cette région riche en somptueux vestiges archéologiques aiguisera la curiosité intellectuelle – et l'imagination – de vos enfants. Implantés dans un décor digne des *Mille et Une Nuits*, les ruines de Pétra, en Jordanie, les citadelles médiévales en Syrie, les palais des sultans à Istanbul ou la vieille ville de Jérusalem leur donneront l'impression de faire un voyage dans le temps. Le Moyen-Orient est aussi l'occasion de visiter des sites sacrés, comme la mosquée des Omeyyades à Damas ou le mur des Lamentations à Jérusalem.

Après les découvertes culturelles, place aux joies du farniente et de la baignade. Le Moyen-Orient compte de nombreuses stations balnéaires dotées d'excellentes infrastructures, comme Aqaba (Jordanie), Eilat (Israël), Bodrum (Turquie), Lattaquié (Syrie). Et pourquoi pas une croisière à bord d'un *gület* le long des côtes turques ? Partagez également en famille quelques escapades dans les déserts de la région : jouez à Lawrence d'Arabie avec les Bédouins du Wadi Rum en Jordanie, dévalez les dunes de sable aux Émirats arabes unis ou explorez le désert du Neguev en Israël. Le tout dans de bonnes conditions de confort et à moins de 4 heures de l'Hexagone !

DUBAÏ ET LES ÉMIRATS ARABES UNIS

Ville futuriste posée au bord du golfe Persique, Dubaï permet un séjour balnéaire facile avec des enfants, à condition de prendre garde au soleil ! Et il est possible de sortir de la ville pour partir à la découverte du désert en toute sécurité. Histoire de voir un peu plus loin que les châteaux de sable….

LES ENFANTS ADORERONT…

Les constructions futuristes

» Les gratte-ciel de Dubaï, dont le Burj Al Arab évoquant une voile de bateau au-dessus de l'eau.

» La Burj Khalifa à Dubaï, la plus haute tour du monde avec 828 mètres ! Emprunter l'ascenseur qui gravit en quelques secondes ses 124 étages devrait stupéfier plus d'un enfant.

» L'île artificielle en forme de palmier près de Jumeïrah, avec ses villas et hôtels incroyables.

Les plages et les sports nautiques

» Les plages bordées d'un parc pour pouvoir mettre les petits à l'ombre, notamment la Jumeirah Beach Park.

» Les plages des hôtels de luxe (ouvertes aux non-résidents) qui proposent des activités aquatiques et des équipements idéaux pour les enfants.

Les traditions au parfum d'Orient

» Une excursion en boutre (petit voilier traditionnel) depuis Abou Dhabi le long de la côte dubaïote ou vers la péninsule de Musandam (Oman) : petits ports de pêche et dauphins sont au programme.

» Assister à une course de chevaux et aller voir les chameaux s'entraîner au camélodrome.

» Observer l'envol d'un faucon dans l'Emirates Heritage Village (Abou Dhabi), un musée sur les traditions des Émirats très bien conçu.

Sable blanc et eaux turquoise, des arguments de poids !

» Le petit émirat d'Umm al-Quwaïn, avec sa vieille ville, ses plages superbes et ses colonies d'oiseaux : une image des Émirats avant le boom pétrolier.

» Les vieux quartiers de Bur Dubaï et de Shindagha, les souks de l'or de Deira et celui des épices (Dubaï).

Les expériences hors norme !

» Dévaler les pentes du toboggan aquatique Wild Wadi Waterpark pour dominer la ville et la mer (Dubaï).

» Surfer le matin sur les vagues de sable et dévaler l'après-midi la poudreuse du Ski Dubai Snow Park, la plus grande station de ski couverte du monde (Dubaï).

» Survoler le désert en montgolfière à l'aube (à partir de 5 ans).

» Faire trempette dans les "Hatta Pools" des monts Hajar (dans le nord-est des Émirats), des piscines naturelles jalonnant les gorges.

» Une sortie en 4x4 ou en chameau dans le désert suivie d'un dîner sous une tente avec des Bédouins depuis Abou Dhabi.

À table !

La cuisine dubaïote s'inspirant notamment de celle du Liban voisin, les enfants apprécieront les *mezze* et les "*mixed grilled*" qui permettent de picorer dans divers plats. Les spécialités venues d'Iran les séduiront sans doute moins, car plus épicées ou intégrant des saveurs sucré-salé. Mais, avec les innombrables restaurants de spécialités étrangères – occidentale, indienne, américaine, chinoise, russe… –, il y a en pour tous les goûts. La plupart proposent d'ailleurs des menus enfants.

QUAND EST-CE QU'ON PART ?

» Vacances : hiver, Noël.
» Octobre-novembre et mars-avril sont les mois les plus agréables, avec des températures chaudes mais supportables (30°C dans la journée, 20°C la nuit). De décembre à février, les températures sont plus douces (24°C en moyenne) avec des soirées un peu fraîches. En dehors de l'hiver, il fait une chaleur infernale (jusqu'à 48°C en juillet-août, avec un taux d'humidité élevé) : à éviter, surtout avec des enfants !

COMBIEN ÇA COÛTE ?

» Vol A/R Paris-Dubaï : à partir de 350 € avec escale, 700 € direct
» Prix moyen d'un séjour organisé "tout compris" avion + hôtel : à partir de 900 € pour 6 jours
» Chambre double catégorie moyenne : 150 à 260 €
» Repas dans un établissement de catégorie moyenne : 7 à 14 €
» Location de voiture : à partir de 35 €/jour hors assurance

! Précautions

↳ Pendant le mois du ramadan, manger, boire ou fumer en public au cours de la journée est une infraction. Même si les enfants ne sont pas concernés, la période n'est pas idéale pour eux car les restaurants sont fermés pendant la journée.

🕐 Décalage horaire

↳ Décalage horaire : +2 heures en été, +3 heures en hiver
↳ Durée moyenne d'un vol direct Paris-Dubaï : 6 heures 30

CARNET DE SANTÉ

» Le vaccin contre l'hépatite A est recommandé.
» Un voyageur sur deux est touché par la turista : évitez l'eau du robinet (officiellement potable), même pour un brossage de dents et même dans un 4-étoiles.

SE DÉPLACER SANS GALÉRER

À Dubaï, taxis, bus, *abra* (bateau-taxi) et, depuis 2009, le tout nouveau métro (sans conducteur !) permettent des déplacements faciles. Les taxis collectifs sont intéressants pour les grands trajets. L'exercice de la conduite dans les Émirats peut s'avérer épique – les Émiratis ayant tendance à suivre leur propre code de la route –, mais, avec un minimum de prudence, la location d'une voiture est le meilleur moyen pour entreprendre une excursion d'un jour ou deux depuis Dubaï.

BIBLIOTHÈQUE DU PETIT VOYAGEUR
» *Barbedor*, Michel Tournier, Georges Lemoine (Gallimard Jeunesse, 2003). Dès 6 ans
» *Lawrence d'Arabie*, Jean-François Bory, Régis Loisel (École des loisirs, 1989). Dès 12 ans

SOUVENIRS D'ENFANTS
» Ballerines, diadèmes et vêtements surchargés de paillettes pour jouer à Shéhérazade
» Des chameaux en peluche, petits, moyens, ou très très grands !

ISRAËL

En Israël, vos enfants auront de nombreuses occasions de réviser leurs leçons d'histoire de manière ludique tant les vestiges abondent. Mais pas question de faire d'un séjour en Israël un simple voyage d'étude : les plages de la mer Méditerranée et de la mer Rouge sont propices à la baignade et le désert offre des possibilités d'excursions à ne pas manquer.

Des sites archéologiques, du ciel bleu… et la mer jamais bien loin

LES ENFANTS ADORERONT…

Jérusalem, sacrée et ludique

» Un tour de Jérusalem en bus à impériale pour découvrir tous les sites importants.

» Le Time Elevator : idéal pour faire découvrir l'histoire de la ville aux enfants. Une expérience pleine de sensations : le sol et les sièges remuent !

» Jouer à Indiana Jones dans le tunnel d'Ézéchias, creusé il y a près de 3 000 ans et long de 500 mètres.

» Le zoo biblique abrite les animaux mentionnés dans la Bible, même ceux aujourd'hui disparus d'Israël comme les crocodiles.

Se promener dans un livre d'histoire

» Un téléphérique vous amène au sommet de la falaise jusqu'aux ruines de la forteresse de Massada. La vue sur la mer Morte et le désert environnant est proprement époustouflante.

» Les vestiges de Césarée ; on peut admirer notamment l'amphithéâtre romain et les fortifications de la "ville croisée".

» Les grottes et galeries de Beit Guvrin et de Tel Maresha, vestiges de la plus grande cité hellénistique de la région.

» La citadelle dominant le port et la ville souterraine des croisés à Saint-Jean-d'Acre.

Une nature étonnante

» Une baignade dans la mer Morte ; c'est magique, on flotte sans faire le moindre effort.

» Une randonnée dans la réserve d'Ein Gedi, une oasis en plein désert, avec une végétation luxuriante et même des bassins pour se baigner.

» Une promenade à dos de dromadaire dans le désert de Judée depuis Kfar Hanokdim, oasis habitée par des Bédouins, près de Massada. Des excursions semblables sont aussi possibles à partir d'Eilat.

» Une baignade avec des dauphins à Dolphin Reef, plage privée et aménagée à Eilat. On peut se contenter de caresser les cétacés et de les nourrir.

Des distractions à partager en famille

» Plonger à Eilat, station balnéaires fameuse de la mer Rouge… et donc très fréquentée.

» À Tel-Aviv, les enfants s'initieront aux plaisirs du sport local, le *matkot* (*beach-tennis*), sur les plages de Gordon Beach ou de Frishman Beach.

» Mini-Israël ; des reproductions à échelle réduite des principaux sites historiques et monuments du pays (Latroun, près de Jérusalem). Les décors sont peuplés de personnages animés qui amusent beaucoup les enfants.

» Le parc d'observation sous-marine d'Eilat ; l'observatoire proprement dit se trouve à plus de 4 mètres sous le niveau de l'eau.

À table !

La cuisine israélienne séduira les enfants qui se régaleront de *pitas* (petits pains plats et ronds) trempées dans l'houmous (purée de pois chiche) ou garnies de boulettes de pois chiche (*falafel*), de schnitzel (viande panée) ou de boulettes de viande. Le kebab (viande grillée) est toujours un succès, comme les pâtisseries orientales au pavot, au miel ou aux dattes. Les fruits sont délicieux. Comme les petits Israéliens, vos enfants adoreront les Bamba, des barres de maïs soufflé au beurre de cacahuète.

QUAND EST-CE QU'ON PART ?

» Vacances : printemps, Toussaint.

» Israël est un pays qui peut se visiter toute l'année, mais avec des enfants les conditions sont idéales au printemps et à l'automne. En été, la chaleur peut être accablante, surtout dans le Sud, et l'humidité gênante sur le littoral. Les hivers peuvent être froids sur les hauteurs et la neige fait quelquefois des apparitions à Jérusalem, où la température moyenne oscille quand même autour de 10°C à cette période de l'année. Au moment des fêtes religieuses juives, comme Pessah, la vie est compliquée pour les visiteurs qui trouvent les commerces fermés et les transports restreints, tandis que les prix des chambres grimpent.

COMBIEN ÇA CÔUTE ?

» Vol A/R Paris-Tel-Aviv : 400 à 600 €

» Prix moyen d'un séjour balnéaire à Eilat formule "tout compris" avion + hôtel : 800 €

» Chambre double catégorie moyenne : 50 à 100 €

» Repas dans un établissement de catégorie moyenne : 6 à 12 €

» Location de voiture : 25 €/jour

CARNET DE SANTÉ

» Aucun vaccin n'est exigé.

» Des cas de "fièvre du Nil" ont été constatés en Israël. Cette maladie se manifeste par des symptômes grippaux ou des méningites dont les conséquences peuvent être dramatiques chez les enfants en bas âge. Elle est transmise par les moustiques. Il est donc recommandé de prévoir des produits antimoustiques efficaces.

» La rage est présente dans le pays. Ne laissez pas votre enfant jouer avec les animaux.

SE DÉPLACER SANS GALÉRER

Israël est un petit pays que l'on peut sillonner facilement par la route, d'autant que le réseau routier est en bon état. Les bus desservent tout le pays, ils sont rapides et confortables, mais ne circulent pas pendant shabbat. Comme les bus, les taxis collectifs, appelés *sherout* ou "service taxi", circulent sur une ligne fixe (ils ont 13 places). L'attente n'est en général pas trop longue. Pour louer une voiture, il est recommandé de s'y prendre à l'avance, depuis l'étranger. C'est d'ailleurs souvent moins onéreux.

ⓘ Précautions

→ Le ministère des Affaires étrangères déconseille formellement de se rendre dans la bande de Gaza.

🕒 Décalage horaire

→ Décalage horaire : +1 heure

→ Durée moyenne d'un vol direct Paris-Tel-Aviv : 4 heures 30

BIBLIOTHÈQUE DU PETIT VOYAGEUR

> *Histoire du judaïsme*, Douglas Charing (Gallimard, 2003). Dès 9 ans

> *Le Premier Voyage en Israël de Sammy Spider*, Sylvia Rouss (Yodéa, 2006). Dès 3 ans

> *Le Chant des baleines*, Uri Orlev (Gallimard, 2003). Dès 9 ans

À ÉCOUTER

> *Comptines du jardin d'Éden* (Didier Jeunesse, coll. Comptines du monde, 2005)

SOUVENIRS D'ENFANTS

> Des toupies de Hanouka (*sevivon*)

> Des raquettes en bois pour jouer au *matkot*, sorte de *beach-tennis*

JORDANIE

Moïse, les Romains, les croisés, Lawrence d'Arabie, Indiana Jones ! La Jordanie est un livre d'images où se bousculent personnages mythiques ou historiques. L'hospitalité des Jordaniens envers les enfants contribue aussi à faire de cette destination l'une des plus agréables du Moyen-Orient.

LES ENFANTS ADORERONT…
Les incroyables voyages dans l'Histoire

» S'engager dans le Siq, canyon étroit long de 1 500 mètres, et accéder à Pétra, l'antique capitale nabatéenne, où fut tourné accessoirement *Indiana Jones et la dernière croisade*. On peut parcourir ce site immense à dos d'âne, pour éviter de fatiguer les plus jeunes.

» Sur les pas des Romains à Jerash, l'une des plus belles cités romaines du Moyen-Orient. Immanquable avec des enfants, la reconstitution des courses de chars et les jeux du cirque organisés tous les jours dans l'hippodrome.

» Sur les pas de Moïse : les sites antiques de la vallée du Jourdain (Madaba, Mont Nebo…) permettent de raconter de façon ludique les récits bibliques.

» Sur les pas des souverains arabes : le Qusayr Amra et les *qasr* (châteaux) du désert oriental.

» Sur les pas des croisés : les forteresses de Kérak et de Shobak, bâties au XIIe siècle.

L'âne, un précieux auxiliaire pour une balade avec des enfants

À table !

Le pain (*khobz*, ou *pita*), délicieux, est largement présent à chaque repas. Il accompagne merveilleusement les mezze, venus du Liban voisin, qui permettront aux enfants de picorer dans divers plats. Les petits carnivores apprécieront aussi le *chawarma*, un sandwich fourré de viande de mouton ou de poulet cuite à la broche que l'on trouve partout. Pour varier un peu, faites-leur goûter au *mensaf*, le plat national composé d'une viande d'agneau cuite dans le lait et servie sur un lit de riz et de pignons de pain. Côté dessert, les pâtisseries orientales sont à l'honneur. En dehors d'Amman et des villes proches, vous ne trouverez rien d'ouvert après 20h.

Le souvenir de Lawrence d'Arabie

» Le désert de Wadi Rum et ses roches rouges émerveilleront toute la famille et une nuit sous une tente bédouine laissera des souvenirs impérissables.

» On parcourt facilement le désert à cheval ou à dos de dromadaire, à l'aide d'un guide ou d'une agence locale.

» La réserve naturelle de Dana, la plus belle du pays, l'un des seuls endroits verdoyants du pays. Dormir dans une ancienne maison du village amusera parents et enfants.

De drôles de baignades

» Dans la mer Rouge pour découvrir les fonds marins multicolores : un masque et un tuba suffisent, mais la plongée avec bouteille est possible dès 8 ans.

» Dans la mer Morte, pour les plus grands, pour s'amuser à flotter sans nager ! Sur le littoral, le complexe d'Al-Wadi possède une piscine à vagues et des toboggans.

» Dans les sources chaudes de Hammamat Ma'in, qui disposent d'une petite piscine familiale.

QUAND EST-CE QU'ON PART ?

» Vacances : printemps, Toussaint.
» Les meilleures saisons pour découvrir le pays avec des enfants sont le printemps (mi-mars à fin avril) et l'automne (fin septembre à mi-octobre), lorsque la chaleur n'est pas trop forte. En hiver, s'il fait froid dans le Nord (avec des pluies parfois abondantes en janvier et février), on peut tout de même se baigner dans la mer Rouge et visiter agréablement Pétra. Si le visiteur peut s'accommoder des contraintes liées à la période du ramadan (commerce et restaurants fermés), celles-ci peuvent s'avérer réellement embarrassantes lors d'un voyage avec des enfants.

COMBIEN ÇA COÛTE ?

» Vol A/R Paris-Amman : 450 €
» Prix moyen d'un circuit "tout compris" : à partir de 1 700 € pour 7 nuits
» Chambre double catégorie moyenne : 20 à 90 €
» Repas dans un établissement de catégorie moyenne : 3,50 à 8 €
» Location de voiture : à partir de 35 €/jour

ⓘ Précautions

→ Pour nager dans la mer Morte, équipez les enfants de lunettes de natation. Pas de baignade en cas de bobos et de coupures : l'eau très salée pique vraiment fort !
→ Prévoyez des sandales en plastique pour la mer Rouge : le poisson-scorpion, à la piqûre extrêmement douloureuse, aime se cacher dans le sable.

🕐 Décalage horaire

→ Décalage horaire : +1 heure
→ Durée moyenne d'un vol direct Paris-Amman : 5 heures

BIBLIOTHÈQUE DU PETIT VOYAGEUR
› *Les Croisades. La guerre en Terre Sainte*, collectif (Gallimard Jeunesse, coll. Les yeux de l'histoire, 2001). Dès 9 ans
› *Les Voyages d'Alix. Pétra*, Jacques Martin, Vincent Hénin (Casterman, 2003). Dès 9 ans

SOUVENIRS D'ENFANTS
› Un jeu de *tawlah* (backgammon)

CARNET DE SANTÉ

» Les vaccins contre les hépatites A et B sont recommandés, de même que celui contre la typhoïde pour un séjour de plus d'un mois.
» Attention aux coups de soleil et aux coups de chaleur, beaucoup plus graves. En cas de symptômes (fièvre supérieure à 40°C, troubles du comportement...), rendez-vous dans l'un des hôpitaux du pays (Amman, Aqaba, Irbid ou Kérak).
» Ayez sur vous de quoi soigner les petites coupures faites par les coraux.

SE DÉPLACER SANS GALÉRER

Avec une seule liaison aérienne intérieure (Amman-Aqaba) et aucune ligne ferroviaire, les déplacements se font par la route. Les minibus publics fonctionnent bien, mais les enfants trouveront l'attente un peu longue : le bus ne part qu'une fois plein, ce qui peut prendre du temps dans certaines régions. Ils sont en tous cas pratiques pour rejoindre Pétra et Jérash. En dehors de ces destinations très courues, l'idéal est de se déplacer avec une voiture de location (le 4x4 ne s'impose que pour circuler dans les endroits les plus reculés du désert), ce qui permet d'emprunter des routes spectaculaires et d'accéder à des sites isolés.

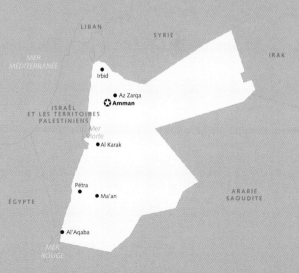

LIBAN
SYRIE
IRAK
MER MÉDITERRANÉE
Irbid
Az Zarqa
✪ Amman
ISRAËL ET LES TERRITOIRES PALESTINIENS
Mer Morte
Al Karak
Pétra
Ma'an
ARABIE SAOUDITE
ÉGYPTE
Al'Aqaba
MER ROUGE

SYRIE

Au pays de Sindbad, les plus jeunes retrouveront dans les souks syriens, uniques au monde, un parfum de contes des *Mille et Une Nuits*. Et l'ombre des chevaliers croisés plane encore au-dessus des châteaux forts. Ce voyage s'effectue aujourd'hui dans de très bonnes conditions de confort et de sécurité.

La Syrie compte des ruines fascinantes pour les yeux enfantins

2 000 ans d'histoire !

» Les ruines dorées de Palmyre, pour s'imaginer la vie au temps des Romains.
» Les colonnes romaines d'Apamée où défilèrent Cléopâtre et Marc Antoine, la cité romaine et l'amphithéâtre de Bosra.
» Les "villes mortes" byzantines dans le massif de Belus, comme Sergilla : des villages datant du IIe au VIe siècle, miraculeusement préservés.
» Les châteaux forts du Moyen Âge : le krak des Chevaliers qui pouvait abriter 4 000 hommes, l'imposant château de Saladin (XIIe siècle), le Qalaat Marqab (XIe siècle).

Les vagues de la Méditerranée et les vagues de sable

» Une halte sur les plages de la Méditerranée près de Tartous, Ras Al-Bassit ou Lattaquié.
» Une excursion sur l'île d'Arwad, où vit une communauté de pêcheurs.
» Une randonnée à dos de dromadaire dans la steppe du désert, dont l'herbe rase est foulée par les chacals et les gazelles.

LES ENFANTS ADORERONT...
L'Orient des livres d'enfant

» Damas : ses souks, le palais Azam et la mosquée des Ommeyyades.
» Alep : acheter du savon dans le fascinant labyrinthe des souks ; sa citadelle imposante (XIIe-XIVe siècle) et ses caravansérails.
» Assister à un spectacle de derviches tourneurs (Alep).
» Parcourir la belle ville de Hama, au bord de l'Oronte, à la recherche de ses surprenantes norias.

À table !

La cuisine syrienne mêle saveurs méditerranéennes et parfums d'Orient. Le *falafel* (boulette de pois chiche) est incontournable, de même que les *mezze* où se côtoient des plats chauds ou froids servis avec du pain arabe et des crudités. Brochettes et *chawarma*, côtelettes d'agneau et poulet grillé, parfois présentés sur un lit de boulgour ou de riz, satisferont sans peine les petits carnivores. Le poisson est délicieux sur la côte. Outre les pâtisseries orientales, les enfants devraient adorer la *mouhalabya*, une crème au lait avec amandes et pistaches, les sorbets de Damas et, bien sûr, les fruits de la région : dattes, figues, grenades ou raisins selon la saison.

QUAND EST-CE QU'ON PART ?

» Vacances : printemps, Toussaint.
» L'automne et le printemps représentent, en raison de la température agréable et de la lumière somptueuse, les deux meilleures saisons pour découvrir la Syrie. La chaleur peut être très incommodante en été, et il faut de toute façon prévoir une pause aux heures les plus chaudes. De décembre à février, il fait froid et il peut neiger.

COMBIEN ÇA CÔUTE ?

» Vol A/R Paris-Damas : à partir de 400 € (avec 1 escale) ou 550 € (vol direct)
» Prix moyen d'un séjour organisé "tout compris" avion + hôtel : à partir de 1 450 € pour 7 nuits
» Chambre double catégorie moyenne : 28 à 80 €
» Repas dans un établissement de catégorie moyenne : 6 à 10 €
» Location de voiture : 60 à 70 €/jour

BIBLIOTHÈQUE DU PETIT VOYAGEUR
› *Sindbad le marin*, Jacques Cassabois, Cristophe Rouil (Livre de poche Jeunesse, 2008). Dès 9 ans
› *Contes de Syrie. La fille du génie*, Soraya Khalidy (École des loisirs, 2005). Dès 9 ans
› *Le Fils du tigre*, tome 3 *L'Empire entre les fleuves*, Michel Laporte (Flammarion, Père Castor, 2006). Dès 11 ans

SOUVENIRS D'ENFANTS
› Un tric-trac, le jeu national, qui se joue sur un plateau proche de celui du backgammon
› Du savon d'Alep, pour un bain de princesse au retour

CARNET DE SANTÉ

Les vaccins contre la typhoïde et les hépatites A et B sont recommandés.

SE DÉPLACER SANS GALÉRER

Pour visiter le pays avec des enfants, préférez la voiture ou le bus (choisissez les compagnies dites "de luxe") à l'avion – peu intéressant compte tenu des heures passées pour l'enregistrement et la distance des aéroports par rapport aux centres-villes. Si vous louez une voiture, optez pour une location avec chauffeur.

ⓘ Précautions
→ Pour des raisons de sécurité, les déplacements dans les régions frontalières de l'Irak, y compris dans le nord-est du pays, sont déconseillés. La visite de la région du Golan, annexée par Israël, est soumise à autorisation.
→ Si vous voyagez en période de ramadan, vous aurez une chance de trouver de quoi déjeuner en journée dans les restaurants chrétiens ou druzes.

🕐 Décalage horaire
→ Décalage horaire : +1 heure
→ Durée moyenne d'un vol direct Paris-Damas : 4 heures

TURQUIE

Ain Dîouâr

El Hassekeh

Alep

Lac al-Assad

Idlib

Er Raqqah

Mer Méditerranée

Lattaquié

Deir ez-Zur

Hamâh

Tartoûs

Homs

Palmyre

LIBAN

Et-Tanf

IRAK

Damas

ISRAËL ET LES TERRITOIRES PALESTINIENS

Es Souweïdâ

JORDANIE

Bosra

TURQUIE

Avec ses mers d'azur et ses mystérieuses cheminées de fées, ses vestiges antiques et ses bazars exotiques, la Turquie comblera vos enfants, quel que soit leur profil. Destination facile pour les familles, elle peut s'aborder côté plages (pourquoi pas en voilier ?) ou côté montagnes, en Cappadoce notamment.

La Turquie, une destination réputée pour ses plages familiales

LES ENFANTS ADORERONT…

La féerique Istanbul

» Ses bazars, où la moindre babiole prend des airs de trésor.

» Une croisière sur le Bosphore ou la Corne d'Or.

» Ses mosquées (mosquée Bleue…) et ses palais des *Mille et Une Nuits* (Topkapı, Dolmabahçe…).

» Une balade à vélo ou en phaéton (voiture à cheval) sur les îles des Princes.

La mer pour s'amuser

» Méditerranée, Égée ou mer Noire : 7 000 km de côtes pour profiter des plaisirs de la plage.

» Les sorties en famille en kayak de mer ou canoë le long de la côte Turquoise, au départ de Kaş.

» Une croisière en bateau d'une journée au large de Bodrum, Marmaris, Fethiye ou Antalya, à bord d'un élégant *gület*, un voilier traditionnel en bois.

Les curiosités de la montagne

» Un survol en montgolfière des cheminées des fées (celles de Göreme notamment) en Cappadoce.

» Les spectaculaires cités souterraines (Derinkuyu, Kaymaklı) de Cappadoce.

Les vestiges antiques pour voyager dans le temps

» Le mont Nemrut, où surgissent des têtes géantes et des sculptures de divinités perses et grecques.

» Les ruines de la cité romaine d'Éphèse, depuis l'entrée sud pour une visite en descente…

» Les monastères à flanc de falaise, comme celui de Sumela, dans le nord-est du pays.

» Les tombes taillées dans la roche à Fethiye, version miniature de la jordanienne Pétra.

À table !

Les enfants trouveront leur bonheur en picorant dans un plat de *mezze* chauds ou froids, où se côtoient des portions de légumes en purée ou en salade, de fromages, de viandes et de poissons. Côté plats principaux, la viande est cuisinée sous de nombreuses formes, les plus célèbres étant les kebab et les *köfte* (boulettes). Le poisson est généralement grillé. Enfin, incontournable, la *pide*, ou pizza turque, est garnie de fromage, d'un œuf ou de viande hachée.

QUAND EST-CE QU'ON PART ?

» Vacances : printemps, été, Toussaint.

» De mai à octobre pour profiter des plaisirs de la plage. Attention, l'est du pays se transforme en fournaise l'été.

COMBIEN ÇA COÛTE ?

» Vol A/R depuis Paris : 200 à 400 € selon la ville de destination

» Prix moyen d'un séjour organisé "tout compris" avion + hôtel : 400 à 800 €. Les voyages organisés sont très avantageux si l'on souhaite passer au moins une semaine dans une destination balnéaire.

» Chambre double catégorie moyenne : 35 à 70 €

» Repas dans un établissement de catégorie moyenne : 4 à 8 €

» Location de voiture : 35 à 60 €/jour

BIBLIOTHÈQUE DU PETIT VOYAGEUR

› *Mehmet, Hatice et Hozan vivent en Turquie*, Alexandre Messager (La Martinière Jeunesse, coll. Enfants d'ailleurs, 2009). Dès 9 ans

› *La Turquie des enfants*, livre-jeu par Stéphanie et Hugues Bioret (Bonhomme de chemin, 2010). Dès 7 ans

À ÉCOUTER

› *Rondes, comptines et berceuses de Turquie* (ARB Music, coll. Terres d'enfance, 2007)

SOUVENIRS D'ENFANTS

› Pour les plus grands, un jeu de *okey* ou de *tavla*, les deux grands jeux de société traditionnels turcs

› Les marionnettes ou *kukla*, héroïnes du théâtre traditionnel turc

› Un porte-bonheur "troisième œil"

CARNET DE SANTÉ

» Aucun vaccin n'est obligatoire pour se rendre en Turquie, mais les vaccins classiques doivent être à jour. La vaccination contre les hépatites A et B est recommandée.

» La qualité du système médical turc est inégale. Les meilleurs soins, prodigués dans les hôpitaux privés d'Ankara et d'Istanbul, sont coûteux. En dehors des grandes agglomérations, contusions et autres petites blessures se soignent dans les *sağlik ocaği* (dispensaires).

SE DÉPLACER SANS GALÉRER

Pour circuler entre les villes et les villages, les *dolmus* (sortes de minibus) sont pratiques et conviviaux. Les bus interurbains sont une autre solution pratique et économique, mais évitez les longs trajets, toujours éprouvants pour les enfants. Pour de longues distances, préférez le train sur certaines liaisons – une manière de traverser des paysages splendides – ou les vols intérieurs proposés par plusieurs compagnies. La location de voiture est une bonne solution, car les routes sont de qualité, mais, attention, le respect du code de la route est fantaisiste.

❗ Précautions

→ Évitez les déplacements en Anatolie orientale (est du pays) à proximité des frontières irakienne et iranienne.

🕐 Décalage horaire

→ Décalage horaire : +1 heure

→ Durée moyenne d'un vol direct Paris-Istanbul : 3 heures 30 ; Paris-Izmir, Paris-Antalya : 4 heures 30

Asie

Pour faire comprendre à vos enfants qu'il existe bien des façons de vivre dans le monde, une seule destination : l'Asie ! Manger avec des baguettes, apprendre l'histoire du Bouddha sur les murs d'une pagode, monter sur un éléphant chamarré… des expériences insolites qui les épateront d'un bout à l'autre de votre séjour.

De tous les continents, l'Asie est sans doute le plus dépaysant pour les jeunes voyageurs. Leur face-à-face avec des ados de Tokyo ou des jeunes bonzes du Laos les surprendra bien plus que Tintin et son lotus bleu, vite relégué au rayon des livres un peu vieillots. Du Népal au Japon, en passant par la Chine ou l'Indonésie, le quotidien est un véritable spectacle auquel le voyage leur permet de participer.

Des univers différents qui excitent la curiosité, certes, mais qui font parfois peur aux parents. Les trajets interminables en Chine, la foule à Bangkok ou dans les gares indiennes, tout cela n'est guère de tout repos pour vos charmantes têtes blondes ! À l'exception du Japon, les prix pratiqués en Asie auront vite fait de vous rassurer. Une fois les billets d'avion payés, les options les plus confortables vous seront accessibles, levant bien des obstacles comme la durée des transports ou atténuant la fatigue liée au décalage horaire. Une voiture avec chauffeur devient à la portée de presque toutes les bourses au Sri Lanka, tout comme un hôtel de charme au bord d'une plage malaisienne ou un vol intérieur pour éviter des heures de train en Inde. Une aubaine pour découvrir les merveilles de civilisation que sont le Taj Mahal, Angkor ou la Grande Muraille de Chine. Des rêves d'enfant à réaliser en famille et autant de souvenirs indélébiles pour petits et grands.

CAMBODGE

Exploration des temples d'Angkor, balades à dos d'éléphant dans la jungle ou en bateau sur le Mékong, virées en *túk-túk*, plages pour se détendre après l'aventure : comme leurs parents baroudeurs, les explorateurs en herbe vont adorer !

À table !

Le riz, bien sûr, est incontournable. Les enfants l'aimeront tout simple à la vapeur, frit ou sous forme de porridge (*bobor*), accompagné de poulet ou de poisson grillé. Mais attention aux épices, qui les détourneront de certains plats. Quelques sucreries sont consommées hors repas, comme l'*akao*, boulettes à base de riz gluant et de sucre de palme. Les petits palais trouveront leur compte avec les fruits exotiques comme les mangues ou les ramboutans, parfois appelés "litchis chevelus".

LES ENFANTS ADORERONT...

Les temples et les sites extraordinaires

» Les centaines de temples : Angkor Vat, mais aussi, plus excentrés, Ta Prohm ou Beng Mealea, en partie envahis par la végétation.

» Le palais Royal à Phnom Penh, et surtout la pagode d'Argent, avec son impressionnant sol en dalles d'argent et ses bouddhas.

» La baie de Phang Nga, à visiter en bateau : ses pitons rocheux émergeant de l'eau ont servi de décor au James Bond *L'Homme au pistolet d'or*…

Les éléphants du *Livre de la jungle*

» Le face-à-face avec un éléphant, avant une balade inoubliable (et brinquebalante) juché sur le dos de la bête à Angkor Vat ou dans la région de Mondolkiri.

» L'observation (parfois difficile !) des dauphins de l'Irrawaddy, parmi les plus rares au monde, dans les eaux du Mékong, aux environs de Kratie.

» La réserve animalière de Phnom Tamao, au sud de la capitale : un aperçu global de la faune du pays (tigres, ours des cocotiers…).

» Une excursion organisée dans le corridor de Koh Kong, dans la chaîne des Cardamomes et sa forêt tropicale intacte peuplée d'animaux.

Les baignades en tout genre

» Baignade, plongée ou promenade en bateau-banane sur les plages de Sihanoukville, et surtout sur les réputées Occheutal Beach et Serendipity Beach.

» Jouer à Robinson Crusoé sur les magnifiques plages quasi désertes des îles situées au large de Kep.

» Le Phnom Penh Water Park, dans la capitale, pour se distraire dans les bassins pourvus de toboggans.

» Une baignade dans la fameuse chute de Bou Sraa (Mondolkiri), au milieu de la jungle.

» Des plongeons dans les eaux transparentes du lac de cratère de Yeak Lom, un des plus beaux sites du pays.

La découverte d'autres modes de vie

» Une croisière en bateau sur le lac Tonlé Sap pour découvrir le village flottant de Chong Kneas, et la spectaculaire forêt inondée de Kompong Phhluk avec ses maisons sur pilotis.

» Le Village culturel cambodgien à Siem Reap, ses villages reconstitués et ses reproductions miniatures des principaux monuments.

» Une nuit chez l'habitant dans un village de la province de Mondolkiri pour découvrir la culture du peuple Pnong.

Les enfants resteront sans voix devant la splendeur des temples

QUAND EST-CE QU'ON PART ?

» Vacances : hiver, Toussaint, Noël.
» Si l'on peut se rendre au Cambodge toute l'année, la période la plus propice est sans doute les mois de décembre et de janvier, durant lesquels l'humidité est moins grande, tout comme la chaleur qui peut dépasser les 40°C le reste de l'année. La saison des pluies (de juin à octobre) n'est pas désagréable, car les averses sont généralement brèves.

COMBIEN ÇA COÛTE ?

» Vol A/R Paris-Phnom Penh : à partir de 700 €
» Chambre double catégorie moyenne : 12 à 60 €
» Repas dans un établissement de catégorie moyenne : 2 à 8 €
» Location de voiture avec chauffeur : 20 à 30 €/ jour dans les villes et alentour, jusqu'au double en province

❗ Précautions

› De nombreuses mines restent disséminées dans les campagnes ; gardez vos enfants sous surveillance constante pour qu'ils ne s'éloignent pas des chemins.
› Dans la capitale, méfiez-vous de la circulation, anarchique et donc dangereuse pour les petits.
› Attention aux vols sur les plages de Sihanoukville.

🕐 Décalage horaire

› Décalage horaire : +5 heures en été, +6 heures en hiver
› Durée moyenne d'un vol Paris-Phnom Penh avec 1 escale : 15 heures

CARNET DE SANTÉ

» Aucun vaccin n'est exigé, mais celui contre l'hépatite A est conseillé ; ceux contre l'hépatite B et la typhoïde aussi pour un séjour prolongé.
» Les structures hospitalières de santé publique sont correctes en ville. En province, mieux vaut consulter un médecin que vous rendre à l'hôpital.
» Le paludisme est présent dans la majeure partie du pays, sauf Phnom Penh et Siem Reap. Un traitement préventif est conseillé, ainsi que les précautions d'usage (répulsifs, moustiquaires…). Elles vous protégeront aussi contre la dengue qui sévit pendant et juste après la saison des pluies.
» Ne laissez pas vos enfants jouer avec les animaux. La rage est très présente dans le pays.
» Attention aux parasites dans le Mékong (pas de baignade ni même de bain de pied).

SE DÉPLACER SANS GALÉRER

Le réseau de bus est plutôt dense et les déplacements sont réalisés dans des véhicules généralement confortables. Évitez les minibus sur les routes de province où les chauffeurs pratiquent une conduite périlleuse. Voyager sur les nombreuses voies navigables est agréable, à condition d'éviter les dangereux bateaux-fusées, surtout lorsqu'ils sont bondés. En ville, les enfants adoreront faire les trajets en cyclo-pousse, *túk-túk* ou remorque-kang, (remorque tirée par un vélo). Si vous louez une voiture, préférez la solution avec chauffeur ; l'état des routes est très mauvais et la conduite anarchique.

LAOS

THAÏLANDE

Poipet
● Sisophan
Siem Reap
(Angkor)
● Stung Treng
Battambang ●
Tonlé Sap
Kompong Thom
Pursat ●
Kratié ●
Senmonorom
Kompong Chhnang
Kompong Cham
Phnom Penh ✪
Prey Veng
Kompong Speu
Svay Rieng
VIETNAM
Takéo ●
Golfe du Siam
Sihanoukville ●
(Kompong Som)
● Kampot
MER DE CHINE MÉRIDIONALE

BIBLIOTHÈQUE DU PETIT VOYAGEUR

› *J'ai vécu la guerre du Cambodge. Les Khmers rouges*, Benoît Fidelin (Bayard, les dossiers Okapi, 2005). Dès 10 ans
› *Contes du Cambodge. Les deux frères et leur coq*, Solange Thierry (École des loisirs, 2005). Dès 9 ans
› *Chan au Cambodge*, Jeanne Dang (Calligram, 2004). Dès 7 ans

SOUVENIRS D'ENFANTS

› Une guimbarde en bambou ou un tambour en peau de buffle
› Une balle traditionnelle en rotin
› De jolies marionnettes en cuir de vache ou de buffle

CHINE

Un voyage dans le troisième plus grand pays du monde nécessite de bien cibler son itinéraire. Mais, quelle que soit la région choisie, vos "petits empereurs" iront de surprise en surprise. Les grandes balades à travers les sites célèbres et les rizières sauront les surprendre, tout comme les villes trépidantes.

LES ENFANTS ADORERONT...

La Chine millénaire
» L'armée de terre cuite de l'empereur Qin et ses 6 000 soldats grandeur nature à Xi'an.
» Le palais d'Été (Pékin), où les bâtiments de la famille royale sont répartis dans un parc rafraîchi par un vaste lac.
» Les randonnées sur la Grande Muraille, le seul monument que l'on voit de la Lune !

Les parcs de Pékin (Beijing)
» Faire voler des cerfs-volants dans le parc du Temple du Ciel.
» Assister à une séance de calligraphie éphémère à l'eau avant de grimper dans un pédalo en forme de canard dans le parc Beihai.
» Voir des Pékinois chanter, danser ou jouer au ma-jong sur les collines du parc Jingshan.

La Chine des superlatifs
» À Hong Kong, l'escalator des Mid-Levels qui s'étire sur 800 mètres et l'immense Ocean Park.
» Les terrasses panoramiques de Shanghai.

Quel enfant n'a pas rêvé de la Grande Muraille ?

» Le barrage des Trois-Gorges, à découvrir lors d'une croisière depuis Chongqing.
» Les bouddhas géants, à Leshan (Sichuan, 71 mètres) ou sur l'île de Lantau (Hong Kong, 30 mètres seulement (!), mais on y accède grâce à un téléphérique impressionnant).

La Chine à vélo ou en train
» À vélo pour découvrir la campagne autour des villes, par exemple à Yangshuo (Guangxi).
» En cyclo-pousse à travers la campagne ou à Pékin.
» En première classe, dans un train couchette pour de pittoresques voyages de nuit.

La Chine côté nature
» Passer une journée avec les pandas dans les réserves de Wolong ou de Bifengxia (Sichuan).
» Traverser la forêt de pierres de Shilin (Yunnan).

Les arts martiaux et le cirque
» Le cirque de Shanghai où défilent contorsionnistes, jongleurs, acrobates, numéros d'assiette tournante. Même les parents restent bouche bée.
» Un spectacle de "*bian lian*" (spectacles durant lequel un acteur change de masque très rapidement) à Pékin.

À table !

Que ce soit dans les petites échoppes de rue ou les restaurants bondés, manger est toujours en Chine un moment convivial. Mais pas facile de décrypter une carte en chinois ! Heureusement, il y a très souvent des images sur les menus. On peut aussi montrer du doigt dans l'assiette de son voisin ou parfois aller en cuisine et faire son choix. Les estomacs des enfants (et les vôtres aussi !) auront sans doute besoin d'un temps d'adaptation. Au début, privilégiez les aliments cuits aux aliments crus. Faites comme les Chinois : partagez les plats et picorez à l'aide de baguettes (les cuillères en bois ne sont proposées que là où l'on sert des soupes de nouilles). Dans les grandes villes, vous trouverez parfois des menus enfants, généralement composés de poulet ou de poisson frit.

PRATIQUE

QUAND EST-CE QU'ON PART ?

» Vacances : printemps.
» De mars à mai et de septembre à début novembre… pour éviter la canicule estivale et les rigueurs de l'hiver. Les grands sites sont pris d'assaut pendant les périodes de vacances chinoises, notamment pendant la fête du Travail (3 premiers jours de mai), la fête nationale (1ʳᵉ semaine d'octobre) et le Nouvel An chinois.

COMBIEN ÇA COÛTE ?

» Vol A/R : 500 à 1 000 € selon la ville de destination et la période
» Prix moyen d'un séjour organisé "tout compris" avion + circuit : à partir de 1 000 € pour 7 jours
» Chambre double catégorie moyenne : à partir de 25 €. En dehors des périodes de fêtes, une réduction de 30% en moyenne est facilement négociable.
» Repas dans un établissement de catégorie moyenne : à partir de 4 €

CARNET DE SANTÉ

» La vaccination contre les hépatites A et B est recommandée à partir de 1 an. Les vaccins contre la rage et la typhoïde sont conseillés seulement pour un séjour long en zone rurale.
» Le syndrome "pied-main-bouche", maladie virale qui touche surtout les enfants, est présent dans certaines provinces. Renseignez-vous sur les zones d'épidémie avant le départ, évitez les piscines et les rassemblements d'enfants, et lavez-leur les mains régulièrement.
» Prévoyez protection contre les moustiques et traitement antipaludéen dans le Yunnan et sur Haïnan.

BIBLIOTHÈQUE DU PETIT VOYAGEUR
» *À la poursuite des cinq empereurs*, Michel Laporte (Seuil, 2009). Dès 10 ans
» *La Chine*, collectif (Doc à Doc, 2009). Dès 7 ans
» *Mon imagier chinois*, Catherine Louis (Philippe Picquier, 2004). Dès 5 ans

SOUVENIRS D'ENFANTS
› Des toupies, des diabolos, des cerfs-volants
› Des marionnettes, des figurines traditionnelles pékinoises ou des tambourins
› Un kimono chinois ou un T-shirt avec un panda

SE DÉPLACER SANS GALÉRER

Le meilleur moyen de rejoindre les sites touristiques un peu éloignés des villes (Grande Muraille, armée de terre cuite) : la location de voiture avec chauffeur pour la demi-journée/journée. Efficace et confortable si l'on voyage en 1ʳᵉ classe, le train est parfait pour les moyennes distances (prévoyez de quoi manger). Pensez à réserver vos places dès l'arrivée dans la ville étape, via les agences ou votre hôtel. Surveillez vos enfants dans les gares, toujours populeuses. L'avion est préférable pour les longues distances (50% de réduction pour les 2-11 ans). En ville, on peut louer un vélo près des sites touristiques, mais partez avec vos casques. Simples d'utilisation, les métros de Pékin et de Hong Kong sont gratuits pour les petits.

ⓘ Précautions

› Les villes sont très populeuses et polluées. L'ambiance est plus calme dans les campagnes, mais là se pose le problème du transport et de l'hygiène.
› Pour la Grande Muraille, choisissez les tronçons proches de Pékin ou ceux accessibles en téléphérique. Évitez les plus sauvages, d'accès difficile. Prévoyez eau, en-cas, chapeau et lunettes de soleil.
› Traverser la rue sera périlleux : tenez toujours la main de vos enfants. Empruntez au maximum passerelles et passages souterrains.

🕐 Décalage horaire

› Décalage horaire : +6 heures en été, +7 heures en hiver
› Durée moyenne d'un vol direct : 10 heures (Pékin/ Beijing), 11 heures (Shanghai), 12 heures (Hong Kong)

INDE DU NORD

Le pays des saris scintillants et de Ganesh, le dieu éléphant, peut faire peur. Malgré la foule des grandes villes et la pauvreté, y voyager en famille s'avère bien plus simple qu'il n'y paraît. D'autant que les prix bas permettent d'y séjourner de manière confortable. Du Taj Mahal aux forts du Rajasthan, l'Inde du Nord laissera aux jeunes voyageurs le souvenir indélébile d'un pays digne des *Mille et Une Nuits*.

En Inde, il n'y aura pas que les palais pour émerveiller les enfants…

LES ENFANTS ADORERONT…

Les cités colorées et les palais merveilleux
» Le Taj Mahal, mausolée blanc tout droit sorti d'un livre de contes orientaux.
» Le spectacle son et lumière au Fort rouge de Delhi.
» Les cités du Rajasthan, relativement proches de Delhi, qui évitent des trajets interminables : Udaipur la blanche et son lac paisible ; Jodhpur, la ville toute bleue ; Jaipur la rose et la forteresse dorée d'Amber ; Pushkar et sa foire aux chameaux (octobre-novembre) – et, bien sûr, les indescriptibles palais des maharajas dominant chacune de ces villes.
» La citadelle de Jaisalmer, fièrement plantée au milieu du désert du Thar, avec ses 99 tours crénelées.

L'ambiance des villes et des villages
» Les marchés et les bazars : un festival de couleurs et de senteurs, et les vaches en plein milieu des rues !

Monter sur le toit du monde !
» Une visite de Darjeeling (à 2 000 mètres seulement), pour montrer même de loin l'Himalaya, la plus haute montagne du monde. Découvrez aussi ses plantations de thé, son zoo et son petit train.
» Les villages et les monastères du Ladakh pour jouer à *Little Bouddha*, mais uniquement pour les plus de 10 ans, en raison de l'altitude.

Les éléphants, les chameaux et les tigres
» Une "traque" au tigre à dos d'éléphant dans le Panna National Park (Madhya Pradesh) ou la Corbett Tiger Reserve (Uttarakhand).
» Pour observer le rare lion d'Asie, direction le Sasan Gir Wildlife Sanctuary (Gujarat).
» Un safari à dos de chameau dans les dunes du désert du Thar, près de Jaisalmer (Rajasthan).

Les dieux et les déesses
» Les temples hindous : du petit temple de village aux fresques colorées aux gigantesques ensembles sculptés de Khajuraho, les enfants ne resteront pas insensibles à ces constructions fourmillant de détails.
» Le Temple d'or d'Amritsar, lingot scintillant émergeant d'un bassin sacré et principal lieu de pèlerinage sikh.

À table !
Les plats sont épicés et, souvent, ça brûle ! Dans les restaurants proposant la cuisine locale, les enfants devront se satisfaire de riz, de galettes (*naan, paratha, chapatti*… parfois fourrés au fromage ou aux légumes) et de yaourt, accompagné d'un verre de *lassi*, qu'ils adorent en général. Dans les *guesthouses*, on trouve facilement des pancakes et des omelettes. Côté dessert, ils seront conquis par le *kheer* (sorte de riz au lait), le *firni* (crème très sucrée), le *kulfi* (sorte de crème glacée). Ne pas se laisser tenter par les jus de fruits, crèmes glacées et *lassi* vendus dans la rue.

QUAND EST-CE QU'ON PART ?

» Vacances : hiver, Toussaint, Noël.
» L'hiver (novembre à février) est globalement la meilleure saison pour partir, même s'il peut faire froid la nuit à Delhi et dans d'autres villes du Nord. Entre avril et juin, la chaleur devient insupportable dans les plaines du Nord, comme dans le centre du pays. Pendant cette saison, mieux vaut se rendre dans l'Himalaya, alors très fréquenté.

COMBIEN ÇA COÛTE ?

» Vol A/R Paris-New Delhi : à partir de 550 €
» Prix moyen d'un circuit organisé "tout compris" avion + hôtel : à partir de 1 200 € pour 10 nuits
» Chambre double catégorie moyenne : 18 à 60 € dans les villes touristiques, à partir de 5 € ailleurs
» Repas dans un établissement de catégorie moyenne : 1,50 à 4 €
» Location de voiture avec chauffeur : 15 à 30 €/jour

❶ Précautions

➤ Les grosses villes sont parfois très oppressantes, la circulation dense et la traversée des rues périlleuse.
➤ Les singes peuvent être agressifs, ne laissez pas les enfants s'en approcher.
➤ L'altitude des contreforts himalayens interdit d'y aller avec des enfants trop jeunes.
➤ Certaines sculptures de Khajuraho traitent du *Kamasutra* ; si vous souhaitez les éviter, c'est assez simple, car elles sont regroupées par temple ou façade.

❷ Décalage horaire

➤ Décalage horaire : +3 heures 30 en été, +4 heures 30 en hiver
➤ Durée moyenne d'un vol direct Paris-New Delhi : 8 heures 30 (entre 11 et 14 heures avec escale)

BIBLIOTHÈQUE DU PETIT VOYAGEUR

› *La Faim du lion*, Gita Wolf, Indrapramit Roy (Seuil Jeunesse, 2003). Dès 6 ans
› *Gandhi, l'œil et le mot*, Christine Lesueur (Mango Jeunesse, 2004). Dès 10 ans
› *Shanti et le berceau de lune*, Anne Montange (livre-CD, Actes Sud Junior). Dès 10 ans

SOUVENIRS D'ENFANTS

➤ Des marionnettes indiennes
➤ Une parure de princesse : saris, bracelets, bindis…
➤ Des petites divinités en bois peint

CARNET DE SANTÉ

» Les vaccins contre les hépatites A et B sont recommandés, ainsi que celui contre la fièvre typhoïde et la rage.
» Un traitement contre le paludisme est conseillé pour les voyageurs se rendant dans le Nord-Est.
» Les conditions d'hygiène sont globalement mauvaises, et les affections liées à l'eau et à la nourriture sont courantes : évitez les glaçons, même dans les bons hôtels, et les jus de fruits, sauf si vous êtes certains qu'ils ne sont pas coupés à l'eau.

SE DÉPLACER SANS GALÉRER

L'idéal : la voiture avec chauffeur, gage de liberté, de confort et de tranquillité. Évitez les voyages en bus, souvent bondés – et surtout les voyages de nuit pour des raisons de sécurité, car les accidents sont plus nombreux. L'avion, moins cher qu'en Europe, peut permettre de raccourcir la durée des trajets, parfois très longs en Inde. Le train de nuit peut aussi être une bonne option pour parcourir une longue distance, surtout avec des enfants. Vous gagnerez du temps en réservant vos billets par une agence de voyages locale. Et, bien sûr, point de voyage en Inde sans monter dans un rickshaw : une aventure en soi !

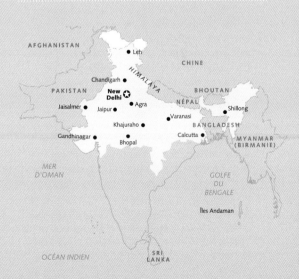

INDE DU SUD

Pour un premier voyage familial en Inde, rien de tel que le Sud. Sur la côte occidentale, les plages ourlées de cocotiers et bien équipées réunissent petits et grands pour des moments de détente. Avant la découverte des plantations de thé en petit train et des temples incroyables dignes du *Livre de la jungle*.

LES ENFANTS ADORERONT...

Les plages

» Goa, ses constructions bleues et blanches et ses plages sublimes bordées de *guesthouses* où l'on pourra jouer à Robinson Crusoé ou faire du vélo.

» Les splendides plages de Kovalam ou de Varkala (sud du Kerala).

Les expéditions surprenantes

» En *house-boat*, une croisière sur les *backwaters*, ces voies d'eau douce sillonnant la végétation luxuriante du Kerala. Une aventure inoubliable pour les enfants !

» En train à vapeur miniature à Ooty (Tamil Nadu), pour respirer l'air frais des montagnes, admirer le paysage verdoyant et découvrir les plantations de thé.

» En Jeep ou à dos d'éléphants à Wayanad et dans la réserve naturelle de Periyar (Kerala).

Bombay, Cochin, Pondichéry

» La plage de Chowpatty Beach (Bombay), pas pour se baigner mais pour son atmosphère de fête foraine en pleine ville.

» Les balades en calèche dorée près de la Porte de l'Inde (Bombay).

» Un voyage en bateau vers les grottes de l'île Elephanta située au milieu du port de Bombay, labyrinthe de sanctuaires taillés dans la roche unique au monde.

» Le station climatique de Matheran, non loin de la chaleur de Bombay. Prenez le petit train à Neral Junction pour une montée épique. Sur place, cheval, terre rouge et un climat idéal pour respirer.

» Cochin, l'une des seules villes indiennes calmes ; pour son architecture coloniale et ses spectacles de danses traditionnelles, le *kathakali*, où les danseurs interprètent des épisodes de la mythologie hindoue.

» Pondichéry et ses maisons blanches, si les petits ont envie de cuisine française !

Plages, palmiers et montagnes, un programme pour les enfants

Les temples colorés et les palais des maharajas

» Les temples et peintures rupestres d'Ajanta et d'Ellora (Maharashtra).

» Le gigantesque temple multicolore de Madurai (Tamil Nadu), digne d'un dessin animé, où la dévotion populaire est impressionnante.

» Les temples de Mamallapuram (Tamil Nadu), en bord de mer, dans une ambiance calme et familiale, au milieu de jardins agréables.

» Le palais de Mysore (Karnataka), kaléidoscope de verre coloré et de miroirs.

» Les ruines de la cité de Vijayanagar près de Hampi (Karnataka).

À table !

Attention, cuisine épicée ! Mais les enfants aiment en général le riz, les *pakora* (sortes d'émincés de légumes frits) et les *dosa* (crêpes savoureuses). Les fruits caleront les petits ventres, à condition de les rincer à l'eau purifiée. Dans les stations de bord de mer, les paillotes installées sur les plages proposent de fin octobre à fin mars des poissons, des crevettes et des crabes.

QUAND EST-CE QU'ON PART ?

» Vacances : hiver, Toussaint, Noël.
» Saison sèche et saison humide (mousson) rythment l'année, avec des températures toujours élevées. Le climat est frais et sec d'octobre à mars, et janvier et février sont les meilleurs mois. Avec la mousson, qui débute en juin et s'étire jusqu'à septembre, la pluie peut s'abattre des jours durant.

COMBIEN ÇA COÛTE ?

» Vol Paris-Bombay (Mumbai) A/R : à partir de 450 € avec 1 escale et 750 € pour un vol direct
» Prix moyen d'un séjour organisé "tout compris" avion + hôtel : à partir de 1 200 € pour 10 jours
» Chambre double catégorie moyenne : 15 à 45 €
» Repas dans un établissement de catégorie moyenne : 1,50 à 4 €
» Location de voiture avec chauffeur : 15 à 30 €/jour

❗ Précautions

→ Attention aux courants forts sur le littoral ; sur la côte orientale, la baignade est presque impossible.
→ Les grosses villes sont parfois très oppressantes.
→ Les singes peuvent être agressifs, ne laissez pas les enfants s'en approcher.

🕐 Décalage horaire

→ Décalage horaire : +3 heures 30 en été, +4 heures 30 en hiver
→ Durée moyenne d'un vol direct Paris-Bombay (Mumbai) : 9 heures, 12 à 13 heures avec 1 escale ; Paris-Madras 10 heures de vol sans escale

CARNET DE SANTÉ

» Les vaccins contre les hépatites A et B, la typhoïde et la rage sont recommandés.
» Prévoir un traitement antipaludéen et de bons répulsifs.
» Ne jamais consommer une eau non purifiée ou bouillie, même pour se laver les dents.

SE DÉPLACER SANS GALÉRER

Si les déplacements en avion entre les grandes villes permettent de gagner du temps, le train est une option parfois plus intéressante : les destinations desservies sont plus nombreuses et un trajet de nuit en couchette est souvent vécu par les enfants comme une aventure. À condition de réserver dans une classe supérieure et dans un wagon climatisé. Sauf obligation majeure, oubliez le bus, inconfortable et dangereux. Moins fatiguant : une location de voiture avec chauffeur, peu onéreuse et idéale pour circuler en toute liberté. Dans les villes et les villages, taxis et rickshaws vous emmèneront partout.

BIBLIOTHÈQUE DU PETIT VOYAGEUR

› *Kali et l'éléphant blanc*, Chloé Gabrielli (livre-CD, Nathan, coll. Contes des cinq continents, 2005). Dès 3 ans
› *Les Énigmes du vampire*, Anne Pouget-Tolu (Casterman, coll. Épopée, 2006). Dès 8 ans
› *Les Contes du Maharadjah* (CD, ARB Music, 2007). Dès 6 ans

SOUVENIRS D'ENFANTS

› Un sari et des bracelets pour jouer à la princesse
› Des figurines en bois colorées de Kochi

INDONÉSIE

De toutes les îles de l'archipel indonésien, Bali est la plus adaptée à un voyage avec des enfants, grâce à ses plages, à son confort et aux multiples activités qui leur sont proposées. Mais les traditions préservées de Sulawesi, les dragons de Komodo et l'animation de Java sauront aussi les captiver.

LES ENFANTS ADORERONT...
Les curiosités du monde vivant

» Parmi la faune abondante et les nombreux parcs à explorer, quelques animaux rares : le tigre de Sumatra, les orangs-outans et, bien sûr, les dragons de Komodo !

» La rafflesia, la plus grande fleur du monde (1 m de diamètre). Que les enfants n'y mettent pas le nez, c'est aussi la plus nauséabonde.

» L'abondante vie sous-marine, que l'on peut découvrir avec masque et tuba à Bunaken (Nord Sulawesi), autour des îles de la Sonde et dans les îles Gili.

Les visites et activités spécial "casse-cou"

» Borobudur (Java), temple bouddhique extraordinaire, avec ses frises sculptées incroyables, à lire comme une BD. Attention, l'escalade des marches, sportive, est difficile pour les plus jeunes !

» Taquiner les petites vagues de Kuta et de Legian Beach (Bali), où les fonds sablonneux permettent de s'initier au surf en toute tranquillité.

» L'archipel compte plus de 1 000 volcans, dont la moitié en activité. L'ascension des volcans

À Bali, les danses sublimes captiveront les petits

> ### À table !
> La nourriture très relevée peut constituer un problème pour les enfants. Mais ils pourront manger certaines préparations de riz, l'aliment de base. Il est frit dans le *nasi goreng*, le plat national que les enfants apprécieront sans doute. Ils aimeront aussi le *mie goreng* (nouilles sautées), le *perkedel* (beignet), les *satay* (brochette de viande avec sauce aux cacahuètes), le *pisang goreng* (beignet de bananes). Le poisson est incontournable, mais canard et porc sont aussi cuisinés à Bali. En zone touristique, des plats occidentaux soulageront les petits estomacs. Les fruits, délicieux mais aux formes parfois étranges, susciteront curiosité et appétit.

Mont Batur (Bali), Kawa Ijen et Mont Bromo (Java) est à la portée des enfants.

» Un parcours acrobatique dans les arbres dans le magnifique parc botanique de Bedugul (Bali).

» Une excursion à la cascade de Sedang Gile et une petite randonnée dans les rizières de Lombok.

» Le rafting sur les eaux des rivières les plus calmes, par exemple l'Ayung ou la Telaga Waja (Bali), ou sur l'Antokan (Sumatra), dès 7 ans.

Les couleurs des traditions balinaises

» Le *bedoyo*, le théâtre dansé : princesses, dieux, démons et guerriers surgissent par la grâce de la gestuelle fascinante et des riches costumes.

» Le musée du Wayang à Java, sur l'art des marionnettes balinaises. Prolongez la visite par un spectacle.

» Les cérémonies du quotidien, omniprésentes sur toutes les îles : mariages, offrandes aux divinités…

» Les déplacements en *becak*, cyclo-pousse à trois roues, en *bajaj* (triporteur indien) ou en *dokar*, charrette à cheval souvent peinte de couleurs vives et ornées de clochettes tintinnabulantes.

PRATIQUE

QUAND EST-CE QU'ON PART ?

» Vacances : printemps, été.

» Le climat est chaud (entre 22 et 32°C) et humide toute l'année, avec des variations selon les régions et l'altitude. Même si l'on peut envisager de partir n'importe quand, mieux vaut privilégier avec des enfants la saison sèche (mai-juin ou septembre-octobre).

COMBIEN ÇA COÛTE ?

» Vol A/R Paris-Djakarta : 700 à 1 000 €, Paris-Bali : 700 à 1 400 €

» Prix moyen d'un séjour organisé "tout compris" avion + hôtel à Bali : à partir de 1 200 € pour 7 nuits

» Chambre double catégorie moyenne : 18 à 65 € (les prix sont en moyenne plus élevés à Bali)

» Repas dans un établissement de catégorie moyenne : 2 à 4 €

» Location de voiture : 35 à 50 €/jour

❗ Précautions

↪ En raison des tensions politiques, évitez les îles d'Aceh, de Papouasie-Occidentale, les Moluques sud et le centre de l'île des Célèbes (Sulawesi).

↪ Renseignez-vous avant la baignade : sur toutes les îles, certaines zones peuvent être dangereuses en raison de la présence de lames de fond.

🕐 Décalage horaire

↪ Décalage horaire à Java : +5 heures en été, +6 heures en hiver

↪ Durée d'un vol Paris-Djakarta ou Paris-Denpasar (Bali), généralement avec 1 escale : 17 à 21 heures

CARNET DE SANTÉ

» Les vaccins contre la typhoïde, les hépatites A et B et la rage (présente à Bali) sont conseillés. Ceux contre la méningite et l'encéphalite japonaise (à partir de 18 ans) peuvent être recommandés par votre médecin selon le type de séjour.

» Le paludisme est présent à Lombok (mais le traitement antipaludéen est conseillé quelle que soit la destination), la dengue et le chikungunya à Java et à Djakarta.

SE DÉPLACER SANS GALÉRER

Pour sillonner les îles, la location d'une voiture (obligatoirement avec chauffeur à Java) vous assurera, en plus du confort, un gain de temps précieux. Bus, minibus (*bemo*) et bateaux sont lents et inconfortables (en raison de la chaleur ou d'une climatisation excessive). En cas de court séjour, l'avion est le meilleur moyen pour rallier les différentes îles, mais prenez soin de vérifier que la compagnie aérienne réponde aux normes de sécurité européennes avant d'acheter votre billet.

BIBLIOTHÈQUE DU PETIT VOYAGEUR

› *Clara au pays des hommes-fleurs*, Sophie Dressler (École des loisirs, 2006). Dès 9 ans

› *Ahmed, Dewi et Wayan vivent en Indonésie*, Alexandre Messager (La Martinière Jeunesse, coll. Enfants d'ailleurs, 2006). Dès 9 ans

› *Nakiwin le jardinier bienheureux. Un conte d'Indonésie pour découvrir le gamelan*, A. Montange, F. Mansot, W. Sastro Soekarno (livre + CD, Actes Sud Junior/Cité de la musique, 2001). Dès 7 ans

SOUVENIRS D'ENFANTS

› Un jeu de *surakarta*, jeu de plateau traditionnel très populaire à Java

› Une marionnette fabriquée dans la tradition balinaise

JAPON

Au pays des mangas et des consoles de jeux, les enfants trouveront vite leurs marques. La découverte d'un Japon plus traditionnel les séduira tout autant : temples, sites royaux et impériaux, paysages mêlant mer et montagne… Une destination d'Asie facile à explorer avec de jeunes voyageurs, et moins coûteuse qu'on l'imagine – en s'organisant bien.

LES ENFANTS ADORERONT…

Le Japon des robots et des mangas

» Au musée Ghibli (Tokyo), un lieu magique conçu par Hayao Miyazaki, le créateur de la *Princesse Mononoké* ou du *Voyage de Chihiro*.

» Au musée national des Nouvelles Sciences et de l'Innovation (Tokyo), avec ses robots humanoïdes et ses modules d'habitation pour station spatiale.

» Une balade à Jingubashi (Tokyo) le week-end, pour observer les *cosplay-zoku*, ces jeunes aux looks extravagants tout droit sortis d'un manga.

» Le Sony Building (Tokyo) pour découvrir les derniers gadgets de la marque.

» Le musée international du Manga à Kyoto, avec sa bibliothèque pour enfants et ses dessinateurs à l'œuvre.

Le Japon des temples et des samouraïs

» Immersion dans le Japon d'autrefois à Kyoto : outre ses innombrables temples, ses jolies maisons de bois et le château du shogun, ne manquez pas Uzumasa Eigamura : un studio de films de samouraïs. Pour se promener dans les décors, assister à des combats et se faire costumer !

Côté tradition ou modernité, la culture japonaise séduit les enfants

À table !

La cuisine japonaise est savoureuse et variée ; à l'exception des *shokudo* (restaurants familiaux) et des *izakaya* (sortes de bistrots), les établissements sont spécialisés dans un seul type de cuisine. Les enfants trouveront leur bonheur dans les *yakitori-ya* (restaurants de brochettes grillées), les *ramen-ya* (pour les soupes de nouilles chinoises), *soba-ya* (pour les nouilles japonaises), peut-être plus difficilement dans les *sushi-ya* (pour les sushis)… Ils pourront déguster crêpes-omelettes fourrées et barbecues coréens. Temples de la haute cuisine (souvent très chers), les *kaiseki ryotei* ne sont pas l'endroit idéal pour initier vos enfants aux baguettes. Partout ailleurs, les maladresses des étrangers sont accueillies avec indulgence.

» Le Grand Bouddha de Nara, l'une des plus grandes statues de bronze du monde, et le parc Nara-Kōen, où vivent en liberté 1 200 daims avides de friandises.

» Le musée de Sendai (île de Honshu) : parmi les objets, le casque qui a inspiré celui de Dark Vador.

Le Japon des volcans et des plages

» La côte pacifique de Shikoku, pour ses plages et les virées en mer pour observer les baleines.

» La sauvage Hokkaido, avec ses montagnes et ses paysages volcaniques.

» Les plages et la végétation semi-tropicale des îles Amami-Oshima, Yoron-to, Akajima ou Iriomote-jima.

Le Japon insolite en famille

» Les boutiques de Kyoto où des professionnels transforment les parents en geisha ou samouraï.

» Le karaoké dans un établissement dernier cri.

» Un spectacle de *bunya ningyo*, grandes marionnettes portées.

» Le face-à-face avec un requin-baleine de 5 mètres à l'aquarium d'Osaka, l'un des plus beaux du monde.

PRATIQUE

Activités et curiosités ••• Confort ••• Hygiène et santé •••

QUAND EST-CE QU'ON PART ?

» Vacances : printemps, Toussaint, Noël.
» Le printemps et l'automne sont les saisons les plus agréables. La chaleur humide de l'été peut être incommodante ; elle s'accompagne de typhons fin août. En hiver, la neige rend les déplacements difficiles à Hokkaido et sur les côtes. C'est toutefois la période des promotions sur les séjours, notamment à Kyoto : et s'il gèle à Honshu, l'automne et l'hiver sont propices à la bronzette sur l'île d'Okinawa.

COMBIEN ÇA COÛTE ?

» Vol A/R Paris-Tokyo : à partir de 600 €
» Prix moyen d'un séjour organisé "tout compris" avion + hôtel : 3 500 € pour 15 jours
» Chambre double catégorie moyenne : 60 à 130 €
» Repas dans un établissement de catégorie moyenne : 8 à 34 €
» Location de voiture : 42 à 60 €/jour pour une petite voiture hors assurance

🛈 Précautions

→ Lors des repas, rappelez à vos enfants que les baguettes doivent être déposées horizontalement et non à la verticale dans les aliments, car cette pratique est associée aux rites funéraires.
→ En ville, prévoyez un bon plan bilingue japonais/anglais et un plan des métros de Tokyo et de Kyoto.

BIBLIOTHÈQUE DU PETIT VOYAGEUR
› *Yumi*, Annelore Parot (Milan Jeunesse, coll. Kokeshi, 2009). Dès 4 ans
› *Fleurs de dragons*, Jérôme Noirez (Gulf Stream Éditeur, Courants noirs, 2008). Dès 9 ans
› *Aoki, Hayo et Kenji vivent au Japon*, collectif (La Martinière Jeunesse, coll. Enfants d'ailleurs, 2006). Dès 9 ans
› *Les Petites Histoires. Le Japon* (CD, Naïve, 2006). Dès 7 ans

SOUVENIRS D'ENFANTS
› Des multitudes de bricoles, petits jouets, objets décoratifs : même à bas prix, le souci du détail est tel qu'il est difficile de résister aux gadgets japonais
› Des poupées traditionnelles (*ningyo*), véritables petites œuvres d'art en porcelaine, bois, tissu qui raviront les petites filles ; un ninja ou un samouraï ne déplaira pas non plus à un petit garçon
› Des perruques et déguisements de geisha et de samouraï

CARNET DE SANTÉ

La vaccination contre l'hépatite B est recommandée, de même que celle contre l'encéphalite japonaise B en cas de longs séjours en zone rurale.

SE DÉPLACER SANS GALÉRER

En avion ou en train, plusieurs formules existent pour faire des économies substantielles (généralement à réserver bien à l'avance). L'avion est idéal pour se rendre dans les petites îles. En ferry, le trajet sera bien plus long, mais il peut être l'occasion d'une agréable minicroisière. Qu'il s'agisse du Shinkansen, le train à grande vitesse japonais, ou du train omnibus, le réseau ferroviaire japonais est très étendu (le "Japan Rail Pass", valable de 7 à 21 jours pour un trajet illimité, est très rentable). Plus lents et quasi aussi chers, les bus sont parfois le seul moyen d'accéder à une destination. En ville, il est difficile de s'y retrouver dans le réseau de bus ; le métro et le tramway sont plus pratiques. Enfin, en dehors des grandes villes, la voiture peut être le transport le plus simple, voire le plus économique.

🕐 Décalage horaire

→ Décalage horaire : +7 heures en été, +8 heures en hiver
→ Durée moyenne d'un vol direct Paris-Tokyo : 12 heures

LAOS

Moins équipé pour les touristes que ses voisins, sans plage, le Laos est sans doute le pays de la région le moins évident à sillonner en famille. Mais ce secret bien gardé fera le bonheur des jeunes aventuriers et de leurs parents, tous enchantés par la magie de ses temples et le souvenir impérissable d'une croisière sur le Mékong.

Le Laos avec des enfants, un voyage pas tout confort mais paisible

LES ENFANTS ADORERONT...
Les sites pour booster l'imagination

» L'ancienne cité royale de Luang Prabang et ses temples imposants. Vos enfants seront frappés par les couleurs (fleurs, temples, robes des moines) et évolueront en toute sécurité dans une ville où les voitures sont rares.
» La mystérieuse plaine des Jarres, près de Phonsavan, jonchée d'énormes jarres en pierre millénaires dont l'origine demeure inconnue.
» Les grottes de Vieng Xai (nord-est du pays), dans l'une des plus belles régions du Laos.
» Le Xieng Khuan (parc du Bouddha), dans la capitale, Vientiane. Des sculptures en béton d'influence hindouiste et bouddhique, notamment la citrouille géante dont on peut visiter les trois niveaux représentant la Terre, l'Enfer et le Paradis.

Jouer aux explorateurs

» Pour les jeunes marcheurs, l'exploration des collines calcaires de Vang Vieng. La populaire grotte Tham Sang (grotte de l'éléphant) est reliée à ses voisines par un chemin fléché.
» La baignade dans les bassins naturels au pied des cascades de Tat Sae ou de Tat Kuang Si (environs de Luang Prabang).
» Une promenade en bateau sur le Mékong, pour profiter de ses paysages enchanteurs et découvrir quelques-unes de ses 4 000 îles.
» Une rencontre avec les éléphants : une promenade avec guide dans la zone protégée Phu Khao Khuay (au nord de Vientiane), une balade sur leur dos dans les villages vers la zone protégée de Se Pian, à Ban na (près de Vientiane) ou aux chutes de Tat Lo (sur le plateau des Boloven).

Découvrir les traditions lao

» Les fêtes animées (le Makha Busa en février ; le Bun Bang Fai, fête des Fusées, en mai).
» Le Lao Bun Pi Mai, le Nouvel An lao (trois jours de fêtes mi-avril), avec ses processions d'éléphants et ses costumes traditionnels.
» Une partie de *petang*, la pétanque locale, ou pour les plus agiles de *sepak takraw*, du volley avec les pieds, en se joignant aux jeunes Laotiens qui jouent aux coins des rues.

À table !

Sans surprise, le riz est l'ingrédient de base de la cuisine lao. Le *Khào niaw*, riz gluant, est partout : il se mange avec les doigts, et les enfants adorent. La cuisine est toujours parfumée (coriandre, basilic, citronnelle...), rarement épicée. À éviter, les sauces d'accompagnement (*jaew*), très relevées. Au petit-déjeuner, les jeunes s'enthousiasmeront pour la baguette de pain (souvenir du protectorat français) tartinée de lait concentré sucré (*sai nâm nóm*). Ce lait est utilisé aussi dans certains desserts, comme le *roti*, crêpe indienne fourrée à la banane.

QUAND EST-CE QU'ON PART ?

» Vacances : hiver, Noël.
» La période la plus propice pour visiter le Laos s'étend de novembre à février, quand l'humidité est moins forte et les températures plus douces. C'est également pendant ces mois que se déroulent les principales *bun*, fêtes nationales ou régionales. Si vous vous rendez dans les régions montagneuses, préférez la saison chaude (de mars à mai) pour bénéficier de températures plus clémentes. Évitez-la au contraire si vous voulez résider dans le sud du pays où les températures atteignent alors les 40°C.

COMBIEN ÇA COÛTE ?

» Vol A/R Paris-Vientiane : 800 à 1 200 €
» Chambre double catégorie moyenne : 10 à 35 €
» Repas dans un établissement de catégorie moyenne : 5 à 8 €
» Location de voiture avec chauffeur : 30 à 75 €/jour

🛈 Précautions

↱ En zone rurale, ne vous aventurez pas hors des routes sans être accompagné d'un guide local : il reste encore de nombreux engins non explosés datant de la guerre du Vietnam. Surveillez bien vos enfants pour qu'ils ne partent pas se promener tout seuls, même non loin de vous.

🕑 Décalage horaire

↱ Décalage horaire : +6 heures en hiver, +5 heures en été
↱ Durée moyenne d'un vol (avec 1 escale minimum) Paris-Vientiane : entre 16 et 22 heures

CARNET DE SANTÉ

» Les vaccins contre les hépatites A et B sont recommandés. Contre la typhoïde également si vous sortez des sentiers battus.
» Les cliniques et hôpitaux laissent à désirer en termes d'hygiène, d'équipements ou de qualification. En cas d'affection sérieuse ou d'urgence grave, mieux vaut rejoindre Bangkok qui dispose de bons hôpitaux.
» Excepté Vientiane, le paludisme est présent dans tout le pays, principalement dans les régions basses (rizières), montagneuses entre 400 et 1 000 m et les régions forestières. Un traitement préventif et une moustiquaire sont indispensables.
» Quelques cas de grippe aviaire ont été recensés au Laos. Ne consommez pas de viande de volaille mal cuite ou d'œufs, et évitez tout contact avec les oiseaux.
» Attention aux parasites dans le Mékong (pas de baignade ni même de bain de pied).

SE DÉPLACER SANS GALÉRER

La location d'une voiture avec chauffeur est une bonne option, même si les routes sont dans un état déplorable. En ville, essayez les balades à vélo, ou en *túk-túk* et cyclo-pousse qui laisseront un souvenir mémorable aux enfants. Les bus sont souvent lents et inconfortables. Si vous doutez de la patience de vos enfants, préférez l'avion, plus rapide mais pas toujours plus fiable ; une annulation de vol est toujours possible. Ne quittez pas le Laos sans avoir fait une promenade sur le Mékong ou un de ses affluents, en "bateau lent" ou taxi fluvial ; évitez les *héua wái*, des vedettes inconfortables et, surtout, dangereuses.

BIBLIOTHÈQUE DU PETIT VOYAGEUR
Bouali, enfant du Laos, Hervé Giraud (PEMF, coll. Enfants du monde, 2002). Dès 6 ans
Quitter son pays, Marie-Christine Helgerson (Flammarion, coll. Castor Poche, 1998). Dès 10 ans

SOUVENIRS D'ENFANTS
» De jolies poupées en tissu
» Des balles de rotin tressé pour jouer au *sepak takraw*

MALAISIE

Relativement méconnue, la Malaisie possède un atout de taille pour les familles : une nature somptueuse, facile à explorer. La variété de sa culture – malaise, indienne et chinoise – permet aux enfants d'appréhender toute la richesse de l'Asie. Autre plus : des établissements hôteliers de bonne qualité et des prix peu élevés.

Cap sur la paradisiaque île de Bornéo (régions de Sarawak et Sabah)

LES ENFANTS ADORERONT…
Jouer à Tarzan dans la jungle
» Le Taman Negara (Pahang), "poumon vert" du pays, à découvrir en pirogue, ou du haut de la Canopy Walkway, une passerelle sécurisée se balançant entre les arbres à 40 mètres au-dessus du sol.
» Les immenses grottes de Niah (Sarawak), auxquelles on accède par une longue passerelle en bois à travers la jungle.
» Une balade en pleine jungle sur la passerelle du Forestry Research Institute of Malaysia, au parc du Selangor (banlieue de Kuala Lumpur).

Les animaux dans leur milieu naturel
» Observer le quotidien des orangs-outans dans la réserve de Kabili-Sepilok (Sabah).
» Se promener sur le dos des éléphants du refuge de Kuala Ganda (Pahang) et, encore mieux, se baigner en compagnie de ces gentils pachydermes.
» Partir à la recherche des discrets rhinocéros de Sumatra, dans le parc national d'Endau-Rompin (Johor).

» Découvrir les mignons langurs et leurs cousins macaques dans le parc national de Bako (Sarawak) ou le parc naturel de Kuala Selangor.
» Les grottes du parc national de Gunung Mulu (Sarawak), qui abritent stalagmites, stalactites et, surtout, d'importantes colonies de chauves-souris. Celles-ci sortent quotidiennement entre 17h et 19h, une scène stupéfiante (et bruyante !) à ne pas rater.

Les jeux dans l'eau
» La baignade sur les splendides plages de sable blanc des îles Perhentian, où l'on peut observer la ponte des tortues marines à certaines saisons.
» Les joies de la plongée ou du snorkeling dans le petit archipel de Pulau Redang, réputé pour ses récifs coralliens et ses fonds marins somptueux, et sur l'île de Pulau Tioman, l'une des plus belles du monde.

La très verte Kuala Lumpur
» Le parc aux oiseaux et celui aux papillons des Lake Gardens, des jardins qui couvrent quelque 92 hectares.
» La visite des Petronas Towers, édifiées au milieu d'un parc paysager, qui dominent la capitale de leurs 452 mètres. On peut aussi emprunter le Skybridge, passerelle qui relie les deux gigantesques tours au 41e étage.

À table !
Les enfants vont adorer dîner dans un *hawker* centre, sorte de marché couvert très animé regroupant des étals où se côtoient spécialités malaises, indiennes ou chinoises. Attention, la cuisine peut être pimentée, mais aucun danger avec les *satay* (brochettes) de bœuf ou de poulet marinés et grillés que les enfants apprécient particulièrement. Côté desserts, les petits gourmands pourront goûter les nombreux fruits tropicaux aux formes parfois inconnues.

QUAND EST-CE QU'ON PART ?

» Vacances : toutes.

» La différence étant peu marquée entre la saison humide et la saison sèche, la Malaisie est un pays que l'on peut visiter agréablement toute l'année, sauf la côte orientale de la péninsule où les précipitations sont très abondantes de novembre à mi-février. À éviter, d'autant qu'une grande partie des établissements hôteliers ferment. Réservez très à l'avance si vous allez dans les grandes villes au moment des fêtes nationales comme le Nouvel An chinois (fin janvier-début février), Noël ou Hari Raya (février ou mars).

COMBIEN ÇA COÛTE ?

» Vol A/R Paris-Kuala Lumpur : à partir de 600 € sans escale

» Circuit de 10 à 14 jours en Malaisie péninsulaire : de 1 800 à 2 200 €

» Chambre double catégorie moyenne : environ 25 €

» Repas dans un établissement de catégorie moyenne : environ 5 €

» Location de voiture : à partir de 35 €/jour, assurance comprise

CARNET DE SANTÉ

» Les vaccins contre les hépatites A et B, la typhoïde et la rage sont conseillés.

» Le paludisme est absent dans les zones urbaines et côtières, mais plusieurs foyers existent à Bornéo. Selon le séjour, un traitement préventif peut être recommandé. Répulsifs et moustiquaires vous aideront à vous protéger des piqûres de moustiques qui peuvent aussi transmettre la dengue (maladie présente dans tous les États).

SE DÉPLACER SANS GALÉRER

Pour vous rendre à Bornéo à partir de la péninsule, vous devrez prendre l'avion. Les ferries assurent seulement les liaisons avec les îles limitrophes, mais ils ne sont pas très sûrs ; ne vous embarquez pas si vous les trouvez surchargés ou trop vieux. Les bus sont économiques et confortables, mais les accidents ne sont pas rares. Vous pouvez opter pour les taxis longue distance, très pratiques, que l'on trouve dans presque toutes les villes. Ou pour une location : les routes sont en excellent état, et la conduite est agréable… Mais n'oubliez pas qu'ici, on roule à gauche !

❗ Précautions

↪ Pour des excursions dans la jungle, faites porter aux enfants des vêtements longs (en coton) et des chaussures montantes pour les protéger des piqûres d'insectes et des sangsues.

🕐 Décalage horaire

↪ Décalage horaire : +6 heures en été, +7 heures en hiver

↪ Durée moyenne d'un vol direct Paris-Kuala Lumpur : 12 heures 30

BIBLIOTHÈQUE DU PETIT VOYAGEUR

» *Pisam et Nisa. Enfants de Malaisie*, Olivier Melano (École des loisirs, 2003). Dès 4 ans

» *Siti, enfant de Malaisie*, Jean-Charles Rey (PEMF, coll. Enfants du monde, 2005). Dès 6 ans

SOUVENIRS D'ENFANTS

» Un cerf-volant (*wau bulan*), très prisé dans le pays où de nombreux festivals sont organisés

» Des marionnettes en peau de buffle séchée

» Une toupie (*gasing*) traditionnelle

MALDIVES

Dans un pays où le territoire est occupé à plus de 99% par l'océan Indien, les vacances se résument en deux mots : mer et plage. Difficile de mécontenter les enfants avec un tel programme, qui plus est dans un cadre paradisiaque et totalement sûr. Pour diversifier les activités, n'hésitez pas à opter pour un grand hôtel où les services sont plus adaptés aux séjours en famille.

Que d'eau ! Mais ce ne sont pas les enfants qui s'en plaindront

LES ENFANTS ADORERONT…
Les baignades et les sports nautiques
» La baignade dans les eaux turquoise, idéale pour les petits dans les lagons peu profonds où l'eau peut atteindre 32°C !
» Des cours de planche à voile, de ski nautique et des parties de pêche pour se faire plein d'amis de son âge.

Plonger sous la mer
» Une initiation à la plongée dans un centre agréé, généralement possible à partir de 8 ans.
» Les joies du snorkeling (masque, palmes et tuba), une activité praticable dès que l'on sait nager, pour découvrir les merveilleux fonds marins.
» Une plongée à bord du *Whale Submarine*, un sous-marin basé au large de la capitale que l'on rejoint en bateau.

Les animaux dans leur milieu naturel
» Les roussettes, chauves-souris géantes, qui se livrent à un véritable balai dans le ciel au crépuscule.
» Les geckos rigolos, des lézards qui courent sur les arbres et sur les murs des habitations.

» Les bernard-l'ermite qui se protègent dans toutes sortes de coquilles, même les plus improbables.
» Les splendides poissons coralliens (poissons-papillons, poissons-anges, poissons-perroquets, pastenagues…) à admirer pendant une plongée ou avec un masque et un tuba.
» Une sortie en bateau pour observer les dauphins et les baleines : plus d'une vingtaine d'espèces fréquentent ces mers chaudes. Dans les atolls du Sud, on peut croiser des bancs de baleines comptant jusqu'à 500 individus !

Des excursions à la Robinson
» Une promenade en catamaran pour explorer les atolls.
» Un barbecue nocturne sur une plage déserte.
» Une incursion sur une île habitée (avec autorisation préalable) pour un vrai contact avec la population.
» Une balade dans les marchés de Malé, la capitale, grande comme dix terrains de foot et toute entourée d'eau !

À table !
La cuisine des Maldives est essentiellement constituée de riz et de poisson (principalement la bonite, une espèce de thon rouge). Hélas pour les enfants, les plats sont souvent très relevés ! Ils trouveront cependant leur bonheur dans les buffets des hôtels sur les îles-hôtels, qui proposent généralement un menu adapté ou un buffet avec des plats passe-partout. Les desserts sont plus exotiques : *bondi bai* (gâteau de riz), fruits savoureux, mais aussi cheese-cakes ou tiramisus. Pensez à emporter des petits pots pour bébé, vous n'en trouverez pas sur place.

QUAND EST-CE QU'ON PART ?

» Vacances : hiver, printemps, Toussaint, Noël.
» La saison sèche, qui court de décembre à avril, est conseillée pour profiter pleinement de la beauté des Maldives. La destination étant déjà plutôt coûteuse, il est préférable de s'y rendre en famille en avril ou en novembre, quand les tarifs baissent et que le climat n'est pas encore trop humide.

COMBIEN ÇA COÛTE ?

» Vol A/R Paris-Malé : à partir de 800 €
» Séjour une semaine "tout compris" vol + hôtel + demi-pension : à partir de 1 100 €
» Chambre double catégorie moyenne : 200 à 440 € dans les îles-hôtels, 40 à 70 € à Malé
» Repas dans un établissement de catégorie moyenne : 30 à 50 €

❶ Précautions

⟶ Ne laissez pas vos enfants exposés au soleil sans crème solaire haute protection, lunettes et chapeau. Les UV sont particulièrement virulents !
⟶ Surveillez leur baignade, les courants peuvent être forts.
⟶ Si vous pensez les initier à la plongée, faites-vous faire un certificat médical avant le départ.

🕐 Décalage horaire

⟶ Décalage horaire : +3 heures en été, +4 heures en hiver à Malé et sur la plupart des atolls
⟶ Durée moyenne d'un vol Paris-Malé : 12 à 14 heures, avec 1 escale

BIBLIOTHÈQUE DU PETIT VOYAGEUR

› *William Kidd et les pirates de l'océan Indien*, John Malam (Éditions Babiroussa, 2009). Dès 7 ans

SOUVENIRS D'ENFANTS

› Un carrom, jeu de plateau traditionnel proche du billard
› Des poissons et animaux en bois sculpté

CARNET DE SANTÉ

» Aucun vaccin n'est exigé.
» Un problème de santé grave ne pourra être traité qu'à Malé, les infrastructures étant limitées en dehors de la capitale ; certaines opérations d'urgence nécessitent une évacuation vers Colombo ou Singapour, ou un rapatriement.
» Pour éviter les piqûres d'anémones de mer et les coupures de corail, faites porter aux enfants des sandales en plastique.

SE DÉPLACER SANS GALÉRER

Pour se déplacer d'une île à l'autre, le *speed boat* est le transport le plus répandu – de même que le *dhoni*, embarcation typique à voile ou à moteur, pour de courtes distances. L'archipel compte 4 aéroports (Gan sur Malé, Hanimaadhoo, Kaadedhdhoo, Kadhdhoo) desservis par des vols domestiques. Des hélicoptères et des hydravions peuvent parfois cheminer les visiteurs vers certaines îles-hôtels. Les taxis sont réservés aux déplacements à Malé. Les îles, petites, se découvrent à pied, et certaines à vélo.

NÉPAL

Le Népal est le pays des montagnes. S'il n'est pas question d'entraîner vos enfants jusqu'à 8 850 mètres, un trek, bien choisi, sera pour eux une aventure hors du commun. La plupart des randonnées se faisant depuis Katmandou et Pokhara, vous pourrez alterner avec la découverte de ces villes. Et le Népal, c'est aussi des forêts tropicales et des savanes propices à un safari riche en surprises.

LES ENFANTS ADORERONT...
Les randonnées à leur portée
» L'ascension jusqu'à Sarangkot (1 592 m) pour admirer le massif de l'Annapurna.
» Les randonnées faciles dans les montagnes des Annapurna depuis Pokhara.
» Les marches d'une journée depuis Bandipur (de 1 000 à 1 830 m au maximum) et Tansen (de 1 372 à 1 600 m au maximum).
» Les treks d'Helambu et de la vallée de Langtang, faciles à organiser depuis Katmandou, courts et d'altitude modérée (selon le parcours choisi vous évoluerez entre 2 000 et 3 500 m), offrent un avant-goût de la grande aventure.

La plaine népalaise, pour reposer les petites jambes après un trek

La nature en dehors des montagnes
» À dos d'éléphant dans le Chitwan National Park ou le Bardia National Park (moins fréquenté) pour observer rhinocéros et tigres.
» Une descente facile en kayak entre mars et juin ; on trouve des expéditions avec pagayeurs.

Les rencontres et les fêtes joyeuses
» Les nuits dans les lodges lors d'un petit trek, pour rencontrer d'autres voyageurs et vivre au rythme de la nature.
» Le Nouvel An tibétain, 15 jours de festivités à partir de la nouvelle lune de février, et le Nouvel An népalais (Bisket Jatra, en avril-mai).

Les temples et les sites mythiques
» L'animation de Katmandou : ses bazars, les charmeurs de cobras aux coins des rues et Durbar Square, le quartier des palais et des temples.
» Les sanctuaires bouddhiques de Swayambhunath et de Bodhnath, près de Katmandou, fascineront les enfants (lampes à huile, fanions multicolores, dorures…).
» Le Gorkha Durbar, l'ancien palais des shahs : à la fois un fort, un palais et un temple.
» Le temple hindou de Manakamana, accessible par un impressionnant téléphérique (évitez le samedi, jour des sacrifices d'animaux).
» Lumbini, lieu de naissance du Bouddha, à sillonner à vélo pour aller de temples en pagodes tous plus impressionnants les uns que les autres.

À table !
Si les zones touristiques déclinent toutes les saveurs du monde, il faudra se contenter de riz, de lentilles et de soupes instantanées dans les zones plus reculées. Prévoyez des en-cas pour les petits si vous partez marcher avec eux. La viande (*masu*) est assez rare, d'autant plus que nombre de Népalais sont végétariens. Elle est plus présente dans la vallée de Katmandou, où les épices et le piment peuvent toutefois rebuter les petits palais. Ils apprécieront davantage les *momos*, raviolis tibétains cuits à la vapeur, et les *chow mein*, fines nouilles sautées avec des légumes et un peu de viande, que l'on trouve assez souvent. Côté dessert, les douceurs à base de lait, de sucre de palme, et le fameux *juju dhau* (roi des yaourts) de Bhaktapur auront sans doute un franc succès.

QUAND EST-CE QU'ON PART ?

» Vacances : printemps, Toussaint.
» Octobre et novembre (juste après la mousson) et le printemps (de mars à mai), sont les périodes les plus agréables, notamment pour se balader dans les montagnes. La période de la mousson (mi-juin à septembre) est à éviter, de même que l'hiver (décembre à février), rigoureux un peu partout. Des vêtements chauds peuvent être nécessaires en toute saison dès que l'on se trouve en altitude.

COMBIEN ÇA COÛTE ?

» Vol Paris-Katmandou A/R : 770 à 1 300 €
» Prix moyen d'un séjour organisé "tout compris" avion + hôtel : à partir de 1 600 € pour 10 nuits
» Chambre double catégorie moyenne : 12 à 42 €
» Repas dans un établissement de catégorie moyenne : 2 à 5 €
» Location de voiture : 50 à 85 €/jour

ⓘ Précautions

→ L'altitude (au-delà de 1 200 m) est déconseillée aux enfants de moins de 1 an, et mieux vaut ne pas dépasser les 3 000 m jusqu'à 10 ans (voir p. 11). En moyenne, un enfant, à partir de 7-8 ans, peut randonner jusqu'à 3 heures par jour en alternant les temps de marche et de portage (dans des paniers en osier !).

→ Il est déconseillé de partir en randonnée en compagnie de pseudo-guides qui abordent leurs clients dans les quartiers touristiques et ont une connaissance limitée de la montagne et de ses dangers. Adressez-vous à une agence qui a pignon sur rue.

CARNET DE SANTÉ

» Les vaccins contre les hépatites A et B, les méningites A et C, la typhoïde et la rage sont conseillés.
» Les moustiques sévissent pendant la période de mousson à moins de 1 800 m d'altitude. Le paludisme est présent toute l'année dans les zones rurales du Teraï.
» Gare aux sangsues pendant la mousson dans les zones boisées : partez avec un sachet de gros sel, elles se détacheront toutes seules.

SE DÉPLACER SANS GALÉRER

Circuler au Népal n'est pas toujours chose aisé. Dans les villes, les taxis sont pratiques et très bon marché. Ailleurs, louer un véhicule (si possible un 4x4) avec chauffeur (obligatoire pour les touristes) par le biais d'une agence de voyages est la solution idéale. Tenez compte des éventuelles pénuries de carburant dans votre planning. Lents et inconfortables, les bus sont à déconseiller aux enfants. L'avion est recommandé pour les longs parcours ; privilégiez les compagnies aériennes privées, plus sûres.

🕐 Décalage horaire

→ Décalage horaire : +3 heures 45 en hiver, +4 heures 45 en été
→ Durée moyenne d'un vol avec escale Paris-Katmandou : 14 heures

BIBLIOTHÈQUE DU PETIT VOYAGEUR

› *Himalaya. L'enfance d'un chef*, J. de Lagausie, E. Valli, O. Dazat et Tenzing Norbu Lama (Milan Jeunesse, 2000). Dès 4 ans
› *Chepté, un village du Népal*, Patrice Olivier (Terra Incognita, 2009). Dès 8 ans
› *Le Sourire d'Ouni*, Florence Reynaud (Hachette Jeunesse, 2004). Dès 10 ans

SOUVENIRS D'ENFANTS

› Des masques en papier mâché et des marionnettes colorées
› Un *bagh chal*, le jeu national : un jeu de stratégie composé d'un plateau, de vingt chèvres et de quatre tigres. Cérébral, et très beau !

PHILIPPINES

Moins équipé que d'autres pays d'Asie du Sud-Est, les 7 000 îles paradisiaques des Philippines sont parfaites pour vivre une "robinsonnade" familiale. Avec un peu d'organisation et, surtout, le goût pour l'aventure, les enfants pourront s'initier aux sports nautiques et découvrir de fabuleux paysages.

Apprentis nageurs ou surfeurs s'épanouiront sur l'île de Boracay

LES ENFANTS ADORERONT...
Les activités en bord de mer

» Boracay, île star du très couru archipel des Visayas, avec ses kilomètres de plages de sable d'une blancheur incomparable. On peut s'y adonner à de nombreux sports nautiques (plongée, planche à voile, ski nautique…) ou tout simplement ramasser les *puka*, coquilles d'escargots de mer, pour s'en faire des bracelets et colliers.

» Puerto Galera, la "perle de Mindoro", est un ensemble de baies et de plages splendides, et aussi l'un des plus beaux sites de plongée du pays (à partir de 8 ans).

» Le Manila Ocean Park : on peut y observer les espèces marines peuplant les eaux des Philippines, se promener dans une forêt tropicale reconstituée ou barboter dans la grande piscine.

Les expériences inédites

» Une remontée de rivière à contre-courant à Pagsanjan (Luzon) jusqu'aux chutes de Magdapio, suivie d'une descente des rapides en radeau. Souvenirs inoubliables garantis !

» Nager avec les requins-baleines à Donsol dans le Bicol – une excursion encadrée, ouverte à tous à condition de savoir bien nager.

» La baignade dans les sources chaudes de Caminguin (Mindanao) ou, non loin de là, dans les eaux plus fraîches des cascades de Katibawasan.

Les excursions au parfum d'aventure

» L'ascension du volcan Pinatubo (1 450 m) près de Manille ; la randonnée durant deux jours, il est préférable de faire la plus longue partie du trajet en 4x4, puis de se rendre à pied jusqu'au cratère.

» Une promenade en bateau sur la rivière souterraine de Sabang (Palawan) ; si vous levez la tête, vous apercevrez des chauves-souris.

» Une excursion dans les grottes de Timbac (près de Kabayan, île de Luzon), qui abritent des momies centenaires. Uniquement à la saison sèche pour rejoindre le site en 4x4 et éviter une marche longue et difficile pour les petites jambes.

» Une course en tricycle pour découvrir les rizières en terrasses de Banaue.

À table !

L'ingrédient de base de la cuisine philippine est bien sûr le riz : on en mange même au petit-déjeuner et on en fait des gâteaux (le roboratif *bibinka*). Évitez les viandes ou les poissons marinés au vinaigre, comme dans l'*adobo*, le plat national ; les enfants se rattraperont sur les brochettes ou les ragoûts à base de lait de coco. Au dessert, ils frôleront avec bonheur l'overdose de sucre avec le fameux *halo-halo*, un mélange de glace pilée, de crème glacée, de fruits, de céréale et de caramel… entre autres ! Ne les privez pas non plus des délicieux fruits exotiques introuvables chez nous (durian, *santol*, ramboutan…), ou plus connus comme les mangues, que l'on dit les meilleures du monde. Veillez à ce qu'ils soient pelés devant vous.

QUAND EST-CE QU'ON PART ?

» Vacances : hiver, printemps, Noël.
» Pour se rendre dans l'archipel, mieux vaut éviter la saison des typhons (juin à décembre). À moins de s'y prendre très en avance, il est difficile de trouver un hébergement pendant la Semaine sainte (Pâques), et les prix explosent. De janvier à mai, le temps est quasi toujours au beau fixe, et l'on peut profiter de la merveilleuse nature.

COMBIEN ÇA COÛTE ?

» Vol A/R Paris-Manille : à partir de 750 €
» Chambre double catégorie moyenne : 20 à 45 € à Manille
» Repas dans un établissement de catégorie moyenne : 5 à 8 €
» Location de voiture : 25 à 45 €/jour. En ville, il est souvent plus avantageux et pratique de louer les services d'un taxi à la journée.

CARNET DE SANTÉ

» Les vaccinations contre les hépatites A et B, la diphtérie, la méningite et la fièvre typhoïde peuvent être envisagées selon le type de séjour.
» Il est difficile d'obtenir des soins de qualité hors des grandes villes. Contactez votre ambassade ou votre compagnie d'assurance en cas de besoin.
» La dengue est très présente aux Philippines, notamment dans les villes. Le nombre de cas augmente durant la saison des pluies (de juillet à octobre). Prenez les précautions d'usage contre les moustiques. Elles sont aussi efficaces contre le paludisme, présent dans les régions isolées au-dessous de 600 m. Si vous voyagez dans des zones à risque, un traitement préventif est conseillé.
» La rage étant présente dans le pays, ne laissez pas vos enfants jouer avec les animaux.

BIBLIOTHÈQUE DU PETIT VOYAGEUR
› *Isla aux Philippines*, Pascale de Bourgoing (Calligram, 1998). Dès 7 ans
› *Contes et légendes des Philippines*, M. Coyaud (Flies, 2007). Dès 10 ans

SOUVENIRS D'ENFANTS
› Des reproductions en bois de maisons sur pilotis ou de *bangka*, les embarcations typiques à balanciers
› Des instruments de musique traditionnels comme des flûtes de bambou ou des gongs

SE DÉPLACER SANS GALÉRER

Il n'y a plus de train dans le pays, mais vous pouvez voyager par avion. Plusieurs compagnies proposent des vols intérieurs, mais il faut généralement repasser par Manille. On peut se rendre d'une île à l'autre en ferry ou avec d'autres types d'embarcations comme les *bangka* ou les *fastcrafts*, mais il faut savoir que les risques d'accidents sont réels. Évitez les bateaux bondés et ne prenez pas la mer par mauvais temps. Sur les îles, les bus sont fréquents et peu chers (pour le confort des enfants, choisissez les plus récents). La conduite est dangereuse à Manille et, hors des villes, l'état des routes est parfois déplorable.

🛈 Précautions
→ Certaines régions localisées connaissent des troubles. Il est déconseillé de se rendre dans la moitié occidentale de l'île de Mindanao, dans l'île de Basilan, ainsi que dans les archipels de Sulu et de Tawi Tawi.
→ Il est conseillé de ne pas afficher de signes ostentatoires de richesse (bijoux, appareils photo…), en particulier dans les quartiers populaires, et de ne pas accepter les services proposés, dans la rue ou dans les halls d'hôtels, par des individus non identifiés.

🕐 Décalage horaire
→ Décalage horaire : +6 heures en été, +7 heures en hiver
→ Durée moyenne d'un vol Paris-Manille (avec escale) : 16 heures

SRI LANKA

Moins étendue et plus facile avec des enfants que l'Inde voisine, cette île légendaire réserve à ses visiteurs un accueil chaleureux. Plages, réserves animalières, temples colorés et bouddhas géants sauront capter l'attention de votre tribu.

La douceur des Sri Lankais s'exprime pleinement avec les enfants

LES ENFANTS ADORERONT…
Les plages bordées de cocotiers
» Les plages de l'île propices à la baignade sur les côtes sud (Bentota, Mirissa) et est (Passekudah et Kalkudah Bay, près de Batticaloa).
» Arugam Bay, considéré comme le meilleur spot de surf du pays. Pour admirer les prouesses des surfeurs et s'initier dans les zones calmes, idéales pour les débutants.

Les animaux du *Livre de la jungle*
» Les troupeaux d'éléphants à l'orphelinat des éléphants de Pinnewala.
» Les safaris dans les parcs nationaux de Minneriya, Uda Walawe, Yala ou Kaudulla, pour observer, de très près, les éléphants, les léopards, les singes et les paons.
» Les baleines bleues et les dauphins observables en bateau le long de la côte sud ou, à l'est, au départ de Nilaveli.
» Les élevages de tortues à Kosgoda, sur la côte ouest.

Les balades insolites
» En *túk-túk*, le rickshaw sri lankais.
» À dos d'éléphant, pour dominer la jungle à Habarana.

» En bateau à fond transparent pour observer poissons, raies et tortues.
» À vélo pour découvrir les cités anciennes de Polonnaruwa ou d'Anuradhapura.
» Sur un escalier suspendu à flanc de roche pour accéder à Sigiriya, forteresse perchée à 370 mètres au sommet d'un rocher rouge.

Les temples multicolores
» Les bouddhas en pierre perdus dans la jungle, campés sur la plage ou blottis dans leur temple.
» Les centaines de bouddhas dorés ou multicolores, assis ou couchés, dans les grottes de Dambulla.
» Les divinités indiennes qui animent les fresques colorées du moindre petit temple de village.

Les fêtes féeriques
» Les *perahera*, grandes parades d'éléphants avec danseurs et tambours. L'Esela Perahera de Kandy, qui dure une dizaine de jours entre juillet et août, est la plus spectaculaire.
» La fête bouddhiste Poson Poya, au mois de mai. Les maisons et les rues sont illuminées grâce à de superbes lanternes de papier, des spectacles de marionnettes et des pièces de théâtre ont lieu en plein air.

À table !
Certes, les épices sont au cœur de la cuisine sri lankaise, mais les poissons grillés et les plats de riz ménageront les papilles des enfants. Les *hopper* (crêpes frites), les *string hopper* (nouilles cuites à la vapeur) et le *roti* aux légumes (sorte de pancake) sont également peu épicés. Côté dessert, les Sri Lankais raffolent des sucreries, toujours présentes sur les cartes. L'île est aussi un immense verger où les fruits abondent : de quoi faire un festin d'avocats, mangues, ananas, melons et papayes.

QUAND EST-CE QU'ON PART ?

» Vacances : toutes.
» Grâce au climat varié dans les différentes parties de l'île, il existe à tout moment de l'année un coin de côte permettant de profiter des plaisirs de la plage. La saison la plus sèche, qui s'étend de décembre à mars sur les côtes ouest et sud et dans le centre montagneux, et d'avril à septembre sur la côte est, est la plus favorable pour visiter le Sri Lanka en famille.

COMBIEN ÇA COÛTE ?

» Vol A/R Paris-Colombo : 700 à 900 €
» Prix moyen d'un séjour organisé "tout compris" avion + hôtel : 900 à 1 200 €/semaine
» Chambre double catégorie moyenne : 10 à 50 €
» Repas dans un établissement de catégorie moyenne : 2 à 4 €
» Entrée des parcs nationaux avec location d'un 4x4 (souvent obligatoire) : 25 à 45 €. Les enfants de moins de 12 ans bénéficient de demi-tarifs.
» Location de voiture : 35 à 45 €/jour

❶ **Précautions**

➥ Éviter le nord et le nord-est de l'île où la situation politique demeure instable.
➥ Méfiez-vous des plages peu fréquentées, où les courants peuvent être puissants.
➥ Les sites archéologiques de Sigiriya ou de Dambulla sont splendides, mais il faut gravir quelques centaines de marches pour y accéder.

🕐 **Décalage horaire**

➥ Décalage horaire : +3 heures 30 en été, +4 heures 30 en hiver
➥ Durée moyenne d'un vol direct Paris-Colombo : 12 heures 45

BIBLIOTHÈQUE DU PETIT VOYAGEUR
› *Les Aventures de Philibert au Sri Lanka*, Fanely (Jeunesse L'Harmattan, 2005). Dès 7 ans
› *Surya part à Kandy*, Marie-Pierre Robineau (Jeunesse L'Harmattan, 2007). Dès 7 ans

SOUVENIRS D'ENFANTS
› Le Peralikatuma, un jeu de stratégie rappelant le jeu de dames
› Des jouets en bois tels que des quilles ou des toupies

CARNET DE SANTÉ

» La vaccination contre l'hépatite A est recommandée.
» Un traitement préventif contre le paludisme est recommandé si le séjour excède une semaine. De toute manière, protégez-vous des piqûres de moustiques qui peuvent aussi transmettre la dengue.

SE DÉPLACER SANS GALÉRER

Même si les routes de campagne sont souvent étroites et creusées de nids-de-poule, la circulation en voiture au Sri Lanka est facile. Il est courant de louer un véhicule avec chauffeur pour une journée ou plus. À condition d'éviter les routes de montagne, les randonnées à vélo peuvent se révéler très agréables dès que l'on sort des villes. Et, enfin, pratique, passe-partout, et toujours riche en surprise, le fameux *túk-túk* !

THAÏLANDE

La Thaïlande est un royaume magique pour les familles. À partir de la trépidante Bangkok – dont la foule peut effrayer les plus jeunes –, les enfants expérimenteront dans le Nord la jungle mystérieuse, tandis que la péninsule malaise leur réserve ses îles et ses plages paradisiaques, dotées d'infrastructures adaptées et peu coûteuses pour les parents.

LES ENFANTS ADORERONT...

Le paradis des îles

» Les îles de Ko Samui, Ko Samet, Ko Pha-Ngan ou Ko Phi-Phi, moins fréquentées que Phuket.

» Les petits îlots du parc national marin d'Ang Thong, idéals pour jouer aux naufragés, ou ceux du parc national maritime des îles Similan, au large desquelles évoluent des requins-baleines.

La jungle, en vrai

» La province de Kanchanaburi, pour explorer la jungle à dos d'éléphant, dans les parcs nationaux peuplés de tigres et de gibbons.

» Le parc national de Khao Yai (proche de Bangkok), qui héberge éléphants, singes, léopards, oiseaux... pour voir aussi de superbes cascades.

» Les cascades d'Erawan, les grottes et galeries souterraines de Khao Sok, l'une des plus anciennes forêts du monde qui évoque Jurassik Park !

» La visite des camps d'éléphants de Ban Kwan, à Ko Chang (Trat), ou le Patara Elephant Farm, à Chiang Mai, pour un programme éducatif incluant le bain et le repas des animaux, et une randonnée à dos d'éléphant dans leur environnement naturel.

Les enfants sauront enfin localiser le paradis sur une carte !

À table !

La cuisine thaïlandaise est délicieuse mais souvent épicée. Heureusement, les cuisiniers modèrent leurs assaisonnements à la demande. Les enfants devraient apprécier les plats peu ou pas relevés à base de poulet, qu'il soit grillé (*gài yâhng*), frit (*gài tôrt*) ou sauté aux noix de cajou (*gài pàt mét má-môo-ang*), accompagné de riz sauté (*kôw pàt*). Ils se gaveront de fruits tropicaux et notamment de mangues. On retrouve ce fruit accommodé avec du riz gluant dans un dessert fort apprécié des petits et des grands, le *kôw nĕe-o má-môo-ang*.

Le folklore et les traditions

» Les spectacles de *hùn luang*, impressionnantes marionnettes de 1 mètre de hauteur, qui retracent les légendes populaires en musique ; le théâtre d'ombres (*nang*) avec ses marionnettes plates. Même sans comprendre la langue, les enfants apprécieront cet étonnant spectacle.

» À Surin, en novembre, durant 10 jours, les dresseurs et leurs éléphants se retrouvent pour des spectacles (acrobaties, parades, simulations de batailles...) dans une ambiance très festive.

Les plus beaux temples bouddhiques

» Admirer le fameux Bouddha d'Émeraude abrité par le Wat Phra Kaew (à Bangkok) ou l'impressionnant bouddha couché de 46 mètres de long qui se trouve non loin, dans l'enceinte du Wat Pho.

» Déambuler en pleine jungle au milieu des vestiges de l'ancienne cité de Sukhothai, avec ses bouddhas sereins.

QUAND EST-CE QU'ON PART ?

» Vacances : hiver, printemps, Noël.
» La saison idéale pour se rendre dans la plupart des régions se situe entre novembre et février : la chaleur n'est pas accablante, les pluies sont plus rares, et c'est la période des principales fêtes. Pour les régions montagneuses du Nord, préférez les mois de mars et mai, ou de juillet et août ; les températures sont moins rigoureuses en altitude.

COMBIEN ÇA COÛTE ?

» Vol A/R Paris-Bangkok : à partir de 550 € avec escale, 800 € pour un vol direct
» Prix moyen d'un séjour d'une semaine "tout compris" avion + hôtel : 950 €
» Chambre double catégorie moyenne : 25 à 75 €. Les prix grimpent pendant les fêtes de fin d'année. Pour un hébergement dans une station balnéaire, réservez longtemps en avance.
» Repas dans un établissement de catégorie moyenne : 5 à 10 €
» Location de voiture : à partir de 25 €/jour

❗ Précautions

↳ Le code de la route est peu respecté par les automobilistes. En province, il n'est pas rare de trouver sur sa route des charrettes à bœufs ou un buffle. Quant à Bangkok, la circulation y est particulièrement dangereuse.

↳ Gare à la climatisation ! Dans les hôtels, couvrez vos enfants pour éviter le rhume.

↳ Les provinces de l'extrême sud du pays (Narthiwat, Pattani, Yala, Songkhla) connaissent des troubles et leur visite est fortement déconseillée. La prudence est recommandée dans les zones frontalières avec la Birmanie.

BIBLIOTHÈQUE DU PETIT VOYAGEUR
› *Histoires des Jawi, un peuple de Thaïlande*, Claire Merleau-Ponty (Actes Sud Junior, 2005). Dès 8 ans
› *Contes et légendes de Thaïlande*, Maurice Coyaud (Flies, 2009) . Dès 10 ans

SOUVENIRS D'ENFANTS
› Des poupées habillées de somptueux batiks et rappelant la diversité culturelle du royaume
› Des "marionnettes royales", les fameuses *hùn luang* mais en modèle réduit

CARNET DE SANTÉ

» Aucun vaccin n'est exigé, mais la vaccination contre l'hépatite A est recommandée, ainsi que celle contre l'hépatite B et la typhoïde pour les voyages hors des sentiers battus.
» La dengue est en progression ; il faut donc bien protéger les petits contre les moustiques.
» Des cas de grippe aviaire ont été déclarés en Thaïlande. Ne fréquentez pas les marchés de volailles, mangez de la viande bien cuite, évitez le contact avec les oiseaux.
» Ne laissez pas vos enfants jouer avec les animaux : la rage est assez répandue dans le pays.

SE DÉPLACER SANS GALÉRER

Pour aller dans le Sud, préférez l'avion, simple et rapide pour les enfants. Le train est une alternative possible, à condition de ne pas être pressé. La Thaïlande dispose d'un réseau de bus dense qui vous permettra de sillonner facilement le pays. Préférez les gares BKS, plus fiables que les autres compagnies. On peut louer une voiture et la conduire soi-même (bonnes routes, conduite à gauche). En ville, rien de plus rigolo qu'un *túk-túk*, ou un cyclo-pousse. Et à Bangkok, vous pourrez parcourir les canaux (*klong*) en famille à bord de gracieux *long-tail boats*.

🕐 Décalage horaire

↳ Décalage horaire : +5 heures en été, +6 heures en hiver
↳ Durée moyenne d'un vol direct Paris-Bangkok : 11 heures 30

VIETNAM

Dragons rouges, rizières vertes, chapeaux coniques, jonques flottant sur une mer d'azur, fruits colorés… Le Vietnam, c'est un peu l'Asie telle qu'on la rêve enfant. Pour les parents, c'est une destination facile et accueillante, idéale pour un premier voyage familial en Asie.

LES ENFANTS ADORERONT…
Des paysages de livres d'images
» Les rizières en terrasses du Nord, que l'on parcourt à pied ou à vélo, d'où émergent les chapeaux pointus en paille.
» La baie d'Along, paysage presque imaginaire, à découvrir au cours d'une minicroisière en jonque.
» Le delta du Mékong, véritable jungle sur l'eau, pour voir la vie traditionnelle se dérouler sous vos yeux, lors d'une promenade en bateau.

Des expériences drôles et insolites
» Un spectacle de marionnettes sur l'eau, notamment au théâtre de Hanoi dédié à cet art.
» Le cyclo-pousse pour parcourir les villes.
» Les étranges maisons d'hôtes thaïes sur pilotis au cœur des vallées du Nord et du Centre.
» Une nuit dans un bungalow en bois sur la plage sur l'île de Cat Ba.

Les joies de la baignade
» L'île tropicale de Phu Quoc et ses plages paradisiaques.
» Les jeux et la baignade sur les plages de Nha Trang.
» Le parc d'attractions de Suoi Tien, à 15 kilomètres de Ho Chi Minh-Ville : un parc aquatique consacré au bouddhisme. Kitsch et spectaculaire !
» Le complexe insulaire de Vinpearl Land à Nha Trang avec son téléphérique au-dessus de la mer et son immense piscine à vagues.

Couleurs et personnages merveilleux éblouiront les enfants

À table !
À base de riz et de nouilles, les spécialités vietnamiennes sont peu épicées et les palais des enfants s'en accommodent sans mal. Les papilles en mal du pays trouveront des plats occidentaux dans la plupart des destinations les plus courues. Côté saveurs sucrées, les jeunes voyageurs feront le plein de vitamines en savourant des fruits délicieux, notamment l'étrange fruit du dragon (ou *pitaya*).

Temples, dragons et pagodes
» La pagode au pilier unique et le temple de la Littérature de Hanoi.
» La cité impériale, les tombeaux et pagodes de Hué, à découvrir en bateau sur la rivière des Parfums.
» La charmante cité de Hoi An avec ses demeures en bois et ses lanternes illuminées le soir, telles des maisons de poupées.
» Les temples cham de My Son, sur les traces d'une civilisation disparue, comme un aventurier.

Les marchés colorés riches en découvertes
» Grenouilles, salamandres, et autres curiosités à découvrir sur les marchés de Hanoi.
» Les marchés flottants dans le delta du Mékong.
» Le marché de Sapa, pour rencontrer les ethnies montagnardes du Nord dans leurs habits traditionnels.

QUAND EST-CE QU'ON PART ?

» Vacances : printemps, Noël.

» Le climat est très variable selon les régions. L'hiver (janvier à mars) n'existe qu'au nord de Danang, avec des températures plus fraîches (qui peuvent descendre tout de même jusqu'à 3°C à Hanoi) et un crachin parfois désagréable, tandis qu'il fait quasi toujours chaud au Sud. De juillet à novembre, des typhons violents et imprévisibles s'abattent sur le centre et le nord du pays. Les meilleures périodes pour visiter le pays sont, selon les régions : décembre à février pour le Sud, février à mai pour le Centre, et novembre à début mai dans le Nord.

COMBIEN ÇA CÔUTE ?

» Vol A/R Paris-Hanoi ou Paris-Ho Chi Minh-Ville : entre 730 et 1 000 €

» Prix moyen d'un circuit organisé "tout compris" : environ 1 500 €

» Chambre double catégorie moyenne : 15 à 55 €

» Repas dans un établissement de catégorie moyenne : 2 à 4 €

» Location de voiture (avec chauffeur) : 22 à 45 €/jour ; 60 à 75 €/jour pour un 4x4 dans le Nord

❶ Précautions

→ Tenez-vous éloignés des singes, plutôt agressifs.

→ Évitez de manger les plats préparés dans la rue, à même le trottoir ; préférez les cantines en dur.

⏱ Décalage horaire

→ Décalage horaire : +5 heures en été, +6 heures en hiver

→ Durée moyenne d'un vol direct Paris-Hanoi ou Paris-Ho Chi Minh-Ville : 15-16 heures

BIBLIOTHÈQUE DU PETIT VOYAGEUR

Khanh, Dung et Nghiep vivent au Vietnam, Alexandre Messager, Sophie Duffet (La Martinière Jeunesse, coll. Enfants d'ailleurs, 2009). Dès 9 ans

Le Journal de Victor Dubray au Viet-Nam, D. Dufresne (Mango, 2006). Dès 8 ans

Nam de la guerre, Nicole Vidal (Actes Sud Junior, 2000). Dès 12 ans

SOUVENIRS D'ENFANTS

Un cerf-volant (*tha dieu*)

Des *to he*, figurines colorées modelées dans la pâte de riz

CARNET DE SANTÉ

» Les vaccinations contre les hépatites A et B. En cas de séjour en milieu rural, prévoir une vaccination contre la rage, l'encéphalite japonaise et la fièvre typhoïde.

» Le paludisme n'est présent que dans des zones restreintes ; il est absent des grandes villes, de la bande côtière, des plaines de rizières et de la région des Hauts Plateaux de Dalat. Quelques cas de grippe aviaire ont été recensés. Ne consommez pas de viande de volailles mal cuites ou d'œufs, et évitez le contact avec les volatiles.

» En dehors des grandes villes (Hanoi et Ho Chi Minh-Ville), le système de santé reste déficient. Les très grands hôtels proposent souvent une liste de médecins polyglottes.

SE DÉPLACER SANS GALÉRER

La location d'une voiture avec chauffeur est a priori idéale pour parcourir le pays en famille. Convenez toujours de votre itinéraire et des détours prévus en chemin, même de quelques kilomètres. Pour parcourir de longues distances, les déplacements en bus risquent de sembler longs aux enfants, car les étapes durent souvent 6 ou 7 heures au minimum. Préférez l'avion ou le train (réservez au moins la veille, voire plusieurs jours avant pour des couchettes).

Amériques et Caraïbes

Cow-boy ou Indien ? Parents et enfants devront choisir leur camp, selon leur préférence, Nord ou Sud. Quelle que soit l'option retenue, les grands espaces et les routes mythiques garantissent des souvenirs inoubliables.

Aux États-Unis et au Canada, ranchs et grandes plaines offrent un cadre rassurant. Les westerns, les stars du basket, Davy Crockett et Tom Sawyer ont forcément fait rêver vos petits coyotes. Et l'hygiène, le confort et la sécurité facilitent le voyage de la tribu. À la clé, la découverte en toute quiétude d'un nouveau monde fait de villes vertigineuses, de chapeaux texans et de parcs d'attractions.

Pour une version plus tropicale du rêve outre-Atlantique, cap sur les Antilles. À ce titre, la Guadeloupe et la Martinique sont l'assurance d'un voyage sans embrouilles. Avec des trajets limités, les joies de la plage et de la montagne combinées, vous emporterez l'adhésion de vos gentils pirates.

L'Amérique latine et sa porte d'entrée, le Mexique, annoncent la couleur d'un voyage plus baroudeur. Jouer au gaucho au cœur d'une estancia, toucher du doigt le mythe inca ou converser avec la faune inépuisable du Costa Rica, autant de merveilles accessibles à toutes les bourses. Mais déambuler dans ses cités coloniales, côtoyer ses champs de glace et sa culture indienne, descendre en rafting ses forêts tropicales et arpenter ses déserts de sable ou de sel a un autre prix : un confort aléatoire, une altitude déconseillée aux plus petits, des distances souvent longues et épuisantes, sans compter les moustiques qui lorgnent vos gambettes. Au bout de l'aventure, une expérience hors du commun et dépaysante, facilitée par des vols intérieurs et un minimum de préparation. Alors, plutôt Nord ou plutôt Sud ?

ARGENTINE

Des villes colorées, des paysages à couper le souffle, une cuisine qui plaira aux juniors…
La sublime Argentine possède un autre avantage : elle se parcourt facilement en famille.
Alors, Pampa, Terre de Feu, ou les deux ?

En route pour l'aventure grand format, pour tous les âges

LES ENFANTS ADORERONT…

Buenos Aires, familière et dépaysante

» Une balade à vélo ou en canot au parc 3 de Febrero, où les enfants se divertiront également au planétarium et au zoo.
» Les spectacles de marionnettes au Museo Argentino del Titere.
» Les oiseaux multicolores de la Reserva Ecológica Costanera.
» Les hippopotames nains, pumas et tigres blancs évoluant dans les beaux enclos naturels du Parque Temaikén.
» Une excursion jusqu'à la petite ville de Tigre, pour parcourir le delta avec les navettes ou en canoë.

Les expériences pour frissonner

» Jouer au gaucho lors d'un séjour dans une *estancia*, le ranch traditionnel des plaines de la Pampa.
» Pour les ados, un vol en parapente en tandem à La Cumbre, à Córdoba ou à Bariloche.
» Une randonnée en chien de traîneau en Terre de Feu durant les mois d'hiver.
» Le ski à Las Leñas sur la poudreuse des Andes.

Les paysages façonnés par des géants

» Les glaciers et les icebergs du Parque Nacional Los Glaciares.
» Les plaines sans fin de la Pampa.
» Les chutes de l'Iguazú au cœur de la forêt subtropicale du Nord : 80 mètres de hauteur et 2 kilomètres de largeur !

Les animaux sauvages

» Les manchots espiègles de la côte de Patagonie.
» Les familles de capybaras dans les marécages du Nord-Est. Le plus gros rongeur du monde semble tout droit sorti d'un dessin animé.
» Les lions de mer dans la superbe réserve de la Península Valdés. Et, de juin à décembre, les baleines franches australes au large.
» Les lamas domestiques ou sauvages postés sur les bords des chemins andins.

Suivre les traces des dinosaures

» Les immenses squelettes et empreintes de dinosaures à Neuquén.
» Participer au chantier de fouille du Centro Paleontológico Lago Barreales sous l'œil averti d'un paléontologue.
» Rejoindre l'équipe des "Explorateurs en pyjama" au Geoparque Paleontológico Bryn Gwyn, à Trelew : une visite nocturne du musée, à la lueur d'une lampe torche.

> ### À table !
> Le fameux bœuf argentin sera sans aucun doute une révélation pour les petits carnivores. Mais les pâtes fraîches de toutes sortes et les pizzas sont aussi partout proposées, de même que les paellas et les *empanadas* (petits chaussons fourrés à la viande, au fromage…), car la cuisine argentine est influencée par les cuisines italienne et espagnole. Autre bonne nouvelle pour les petits palais : des tonnes de bonbons vendus dans les kiosques au *dulce de leche* (sorte de confiture de lait), en passant par les glaces de très bonne qualité, le sucre est le péché mignon des Argentins !

QUAND EST-CE QU'ON PART ?

» Vacances : hiver, Toussaint, Noël.
» La période de septembre à novembre (le printemps en Argentine) est la meilleure saison pour parcourir le nord du pays. Pour visiter la Patagonie, mieux vaut partir en hiver (l'été là-bas). À l'inverse, si vous comptez skier, préférez la période s'étendant de mi-juin à mi-octobre.

COMBIEN ÇA COÛTE ?

» Vol A/R Paris-Buenos Aires : 800 à 1 200 €
» Prix d'un séjour organisé "tout compris" avion + circuit : 1 200 à 3 000 €
» Chambre double catégorie moyenne : 34 € à Buenos Aires, 17 € ailleurs
» Repas dans un établissement de catégorie moyenne : 2 à 4 €. Les portions servies pour un adulte suffisent largement à nourrir un jeune enfant, d'autant que les serveurs ne rechignent généralement pas à apporter assiettes et couverts en plus (parfois avec un petit supplément).
» Location de voiture : 30 €/jour pour un petit véhicule et un kilométrage limité
» Trajet en couchette dans un bus de nuit haut de gamme (*cama*) : comptez 2 € l'heure de trajet

CARNET DE SANTÉ

Même si aucune vaccination n'est obligatoire, il est fortement conseillé de se faire vacciner contre la fièvre jaune depuis qu'une épidémie a touché en 2008 le nord du pays. Les vaccinations contre l'hépatite A et la fièvre typhoïde sont conseillées, de même que celle contre la rage en cas de séjours ruraux prolongés. Le grand Buenos Aires, comme toutes les provinces entre la capitale et les frontières du Nord, est désormais une zone à risque pour la transmission de la dengue : prévoir une bonne protection contre les moustiques.

SE DÉPLACER SANS GALÉRER

Rapides et confortables – parfois même luxueux –, les bus argentins disposent d'un réseau couvrant le pays dans ses moindres recoins et sont pratiques pour voyager en famille. Lors des voyages en car, il est possible de faire des économies en prenant sur ses genoux les plus jeunes (une option en revanche déconseillée pour les longs trajets). Louer une voiture est un vrai gage de liberté, mais sur certains trajets, les stations-service peuvent être rares. Enfin, opter pour un vol intérieur permet d'économiser pas mal de temps, car le pays est grand.

! **Précautions**

Les distances d'un point à l'autre sont souvent longues et les trajets pourront sembler interminables aux plus petits. Mieux vaut voyager de nuit, en formule *cama*, et prévoir de quoi les occuper en faisant le stock de CD, jeux, livres, coloriages…

◐ **Décalage horaire**

Décalage horaire : -5 heures en été, -4 heures en hiver
Durée moyenne d'un vol direct Paris-Buenos Aires : 13 heures

BIBLIOTHÈQUE DU PETIT VOYAGEUR
» *Le Cheval d'Ernesto*, Caroline Laffon (Actes Sud Junior, 2008). Dès 7 ans

À ÉCOUTER
» *Rondes, comptines et berceuses d'Argentine* (ARB Music, coll. Terres d'enfance, 2002)
» *Le Chant des enfants du monde*, vol. 6 *Argentine, Bolivie, Brésil, Chili, Équateur, Pérou* (Arion, 1998)

SOUVENIRS D'ENFANTS
» Un poncho ou un pantalon de gaucho
» Un *pinquillo*, sorte de flûte à bec des Andes

BOLIVIE

Vous voilà au pays des Indiens ! État d'Amérique latine où les traditions indiennes sont les mieux préservées, la Bolivie éblouira les enfants grâce aux costumes de ses habitants, mais aussi par ses paysages lunaires et sa forêt amazonienne. Une destination pour familles de baroudeurs et apprentis explorateurs, à déconseiller pour les plus petits en raison de l'altitude très élevée.

Les lamas enthousiasment immanquablement les enfants

LES ENFANTS ADORERONT...
Les villes posées sur les montagnes
» Potosí, perchée à plus de 4 000 m d'altitude, avec ses 33 églises et couvents, et ses maisons coloniales.
» La Paz, capitale la plus haute du monde, étagée à flanc de montagne. Ses marchés colorés émerveilleront les enfants, notamment le Mercado de Hechiceria (marché des Sorcières).
» Sucre, superbe ville, avec ses bâtiments blanchis à la chaux et ses marchés colorés.

La découverte de civilisations disparues
» La forteresse préinca (El Fuerte) de Samaipata.
» Le site archéologique de Tiahuanaco, occupé par la civilisation de Tiahuanaco disparue au XIIe siècle.

Les couleurs des traditions indiennes
» Avec leur costume traditionnel – chapeau melon, châle et jupe bouffante colorée –, les *cholitas* sont un peu l'emblème du pays.
» Les villages du Valle Alto, pour leurs marchés colorés, les plus beaux du pays.

Les paysages lunaires et la jungle
» Le Salar de Uyuni, désert de sel totalement féérique parfois survolé de flamants roses.
» Une excursion sur un bateau en roseau sur le lac Titicaca, le joyau du pays aux multiples légendes.
» Le parc national de Torotoro, pour découvrir les empreintes laissées par les dinosaures, se baigner dans les cascades et pratiquer la spéléologie.
» Une randonnée facile dans la Cordillera de los Frailes pour les peintures rupestres et les villages nichés sur les flancs du cratère de Maragua.
» Le cañon de Palca, avec ses formations rocheuses étonnantes.
» Depuis Trinidad, une expédition en bateau en Amazonie bolivienne (la mieux préservée), un spectacle inoubliable pour petits et grands.
» Pour les téméraires, une excursion organisée depuis Santa Cruz dans le parc de l'Amboró, peuplé d'une faune sauvage extraordinaire.

À table !
Familiers aux enfants, les pommes de terre, souvent frites, le riz, le maïs et le poulet (grillé, rôti ou frit) sont fréquemment au menu. La *sopa* (soupe), l'entrée de tout repas, les convaincra moins, mais elle est souvent délicieuse. Les plats sont presque toujours relevés avec une sauce tomate pimentée appelée *llajua* qu'ils apprendront à éviter. Succès garanti pour les chaussons farcis de viande (*salteñas, empanadas* et *tucumanas*), les *tamales* (à base de farine de maïs) : évitez ceux qui sont vendus dans la rue et achetez-les plutôt dans les *confiterías* et *pastelerías*.

PRATIQUE

QUAND EST-CE QU'ON PART ?

» Vacances : printemps, été, Toussaint.
» La saison idéale pour le voyageur correspond à la saison sèche (mi-mars à mi-novembre). En altitude (à peu près partout !), les nuits sont froides, même lorsque les journées sont chaudes et ensoleillées.

COMBIEN ÇA COÛTE ?

» Vol A/R Paris-La Paz ou Paris-Santa Cruz : 950 à 1 300 €
» Chambre double catégorie moyenne : 8 à 33 €. La plupart des hôtels disposent de chambres à 3 ou 4 lits.
» Repas dans un établissement de catégorie moyenne : 4 à 8 €
» Location de voiture : 35 à 50 €/jour

CARNET DE SANTÉ

» La vaccination contre la fièvre jaune (à partir de 9 mois) est recommandée pour se rendre dans la province de Beni, les départements de Cochabamba et de Santa Cruz, et la partie subtropicale de la province de La Paz.
» Les vaccins contre l'hépatite B et la rage sont conseillés, ainsi que celui contre la typhoïde en cas de séjour prolongé en zone rurale.
» Dans les provinces amazoniennes, le paludisme et la dengue sont présents.
» Le *soroche*, le mal des montagnes, se manifeste par des nausées, des maux de tête et une sensation de fatigue. Dormez toujours à une altitude inférieure à celle atteinte dans la journée. Si le malaise est intenable, redescendez de 500 mètres.

❶ Précautions

⤷ Enfants et adultes devront s'habituer progressivement à l'altitude (voir p. 11 pour les conseils spécifiques sur ce sujet) : privilégiez une arrivée en avion à Santa Cruz pour visiter d'abord les plaines. Puis allez par exemple à Samaipata (1 650 m) pour découvrir la forteresse El Fuerte avant de grimper vers les cordillères ou l'Altiplano.

🕐 Décalage horaire

⤷ Décalage horaire : -6 heures mai-octobre, -5 heures le reste de l'année
⤷ Durée moyenne d'un vol Paris-La Paz : 21 heures avec 1 ou 2 escales

SE DÉPLACER SANS GALÉRER

En dépit d'un réseau routier peu développé et des routes asphaltées rares, voitures (4x4 de préférence) et bus sont les meilleurs moyens pour se déplacer Sur les routes réputées dangereuses, préférez les minibus aux bus et les trajets de jour. Le train permet de voir du pays, mais son souvent en retard ; les Expreso et les trains Bracha sont plus confortables et parfois climatisés. Les vols intérieurs constituent une solution pratique pour gagner du temps et accéder aux destinations excentrées (les enfants de moins de 12 ans bénéficient généralement d'une réduction de 67%). Pour les trajets en ville, les *micros* (petit bus) et les *trufis* (voiture ou minibus) suivent des lignes fixes, mais prennent et déposent des passagers tout le long du trajet.

BIBLIOTHÈQUE DU PETIT VOYAGEUR

» *Luzmila, enfant de Bolivie*, Jean-Charlkes Rey, Hervé Giraud (PEMF, coll. Enfants du monde, 2004). Dès 6 ans
» *Amauta. Contes de Bolivie*, Jose Mendoza, Cécile Boisel (L'Harmattan, 2002). Dès 10 ans

SOUVENIRS D'ENFANTS

» De jolies petites poupées en laine ou en coton vêtues de costumes traditionnels
» Des instruments de musique : *sicus* (flûte de Pan), *quena* (flûte) ou *charango* (petite guitare à dix cordes)

BRÉSIL

Au Brésil, la bonne humeur est contagieuse. La nature flamboyante échauffe l'imagination et donne le goût de l'aventure : petits et ados apprécieront les plages immenses où chacun pratique le sport national, le football, entre deux plongeons, mais aussi la jungle amazonienne, où la faune et la flore fascineront toute la famille.

LES ENFANTS ADORERONT...
Rio, la ville du carnaval
» Le voyage en téléphérique jusqu'au Pain de Sucre et celui en train à crémaillère jusqu'au Christ Rédempteur du Corcovado, d'où les vues sont inoubliables.
» Une baignade surveillée à Ipanema et à Leblon, plage plus familiale (entre les postes 11 et 12, espace dédié aux enfants), avant une partie de foot.
» Le jardin zoologique, pour un premier contact avec la faune brésilienne. Au Pavillon de la Nuit, on peut observer paresseux et chauves-souris.
» Les automates du musée Edson Carneiro, consacré aux arts populaires brésiliens ; scènes de rodéo ou spectacle de samba sont au programme !

Salvador la festive
» Les nombreux concerts en plein air qui donnent envie de danser, les démonstrations et les cours de capoeira, les spectacles de l'école Olodum, notamment de son impressionnante batucada.

Jouer aux explorateurs
» Un voyage à bord du fameux train à vapeur Maria-Fumaça entre les cités coloniales de São João et de Tiradentes (Minas Gerais).
» Une expédition dans la jungle amazonienne au départ de Manaus. Des lodges confortables permettent d'y passer des nuits étonnantes...

À table !
La viande est à l'honneur dans la cuisine brésilienne. Les enfants adorent les *churrascarias*, non seulement parce qu'on y mange de la viande (grillée et à volonté), mais aussi pour le rituel : chaque client dispose d'un disque bicolore avec une face verte pour dire qu'il en redemande, et une rouge pour dire qu'il a terminé. *Arroz e féijão* (riz et haricots noirs) sont souvent servis en accompagnement, mais on peut commander des frites, toujours servies en généreuse quantité, comme tous les plats. Au rayon des desserts, les fruits frais raviront les petits palais, tout comme le *cuscus de tapioca*, sorte de flan à la noix de coco.

» Une virée en luge des sables sur les dunes de Jericoacoara, dans le Nordeste.
» Les chutes d'Iguaçu (Parana), à la frontière avec l'Argentine.
» La réserve de Mamirauá (Amazonie) ; en juin et juillet, on peut se promener en canoë dans cette incroyable forêt inondée. Paresseux, caïmans, aras, toucans et singes sont au rendez-vous.

Les rencontres avec les animaux rares
» Les tortues de mer viennent sur la plage du parc Estadual de Itaunas entre septembre et mars.
» Les loups à crinière du Parque Natural do Caraça (Minas Gerais), notamment près du monastère de Caraça qui leur donne à manger chaque soir.
» Un safari à Alta Floresta (Mato Grosso) pour observer les oiseaux et les mammifères rares tels le saki à nez blanc, la loutre géante ou le singe titi...
» Une virée sur la Transpantaneira, route surélevée qui part de Cuiabá et traverse le Pantanal, pour admirer la faune.
» Une sortie d'observation des baleines franches australes près des côtes de l'État de Santa Catarina, au départ d'Imbituba ou Itapirubá (juin à octobre).

Au Brésil, la fête est un art auquel les enfants participent largement

QUAND EST-CE QU'ON PART ?

» Vacances : hiver, printemps, Toussaint, Noël.

» Dans ce pays immense, le climat varie d'une région à l'autre. Le Brésil se trouvant dans l'hémisphère Sud, l'été court de décembre à mars. La fréquentation augmente alors et les prix grimpent. De mai à septembre (sauf en juillet, période de vacances scolaires), la fréquentation est plus basse. À Rio l'humidité est moindre et la température moins accablante (23°C), voire basse tout au sud. Elle est plus élevées toute l'année sur la côte nord-est (de Bahia au Maranhão), mais le climat reste agréable grâce à la brise tropicale. En Amazonie, de décembre à mai, les fortes précipitations peuvent gêner les déplacements.

COMBIEN ÇA COÛTE ?

» Vol A/R Paris-Rio : 650 à 1 000 €

» Prix moyen d'un circuit "découverte" d'une douzaine de jours avion + hôtel : 1 400 à 3 000 €

» Chambre double catégorie moyenne : 35 à 70 €

» Repas dans un établissement de catégorie moyenne : 5 à 10 €

» Location de voiture : 35 à 50 €/jour

CARNET DE SANTÉ

» Les vaccins contre les hépatites A et B sont conseillés, de même que ceux contre la rage et la typhoïde en cas de séjour dans une région isolée.

» La vaccination contre la fièvre jaune est fortement recommandée si l'on se rend dans l'un de ces États : Acre, Amazonas, Amapá, Distrito Federal, Goiás, Maranhão, Minas Gerais, Mato Grosso, Mato Grosso do Sul, Pará, Rio de Janeiro, Rondônia, Roraima et Tocantins.

» Le paludisme est présent dans 9 États correspondant aux régions amazoniennes. Un traitement préventif est recommandé.

BIBLIOTHÈQUE DU PETIT VOYAGEUR

› *Histoires merveilleuses du Brésil*, Philippe et Ré Soupault (Seghers, 2005). Dès 9 ans

› *Aujourd'hui au Brésil*, Pauline Alphen (Gallimard Jeunesse, 2006). Dès 9 ans

SOUVENIRS D'ENFANTS

› Des maillots de football de l'équipe du Brésil

› Des tongs Havaïanas customisées

» Des cas de dengue ont été signalés, notamment dans la province de Misiones (où se trouvent les chutes d'Iguaçu), ainsi que dans les États du Mato Grosso do Sul, de Rio de Janeiro et de São Paulo. Il faut se prémunir contre les piqûres de moustiques.

SE DÉPLACER SANS GALÉRER

Un réseau de bus confortables couvre tout le pays. Mais les trajets semblent parfois interminables, surtout pour les enfants. Mieux vaut donc des fois prendre l'avion, pas forcément plus cher. Le service ferroviaire est assez réduit, mais l'on peut emprunter des trains à vapeur sur certains courts trajets, cela amuse les enfants. En voiture, en ville, il est recommandé de circuler vitres fermées et portières bloquées. Évitez de circuler la nuit. Ne vous promenez pas à pied de nuit.

🛈 Précautions

→ La plus grande prudence est recommandée, spécialement dans les grandes villes, les cas de vols à la tire ou d'agressions à main armée étant fréquents. Ne laissez pas votre enfant s'éloigner seul, et n'exhibez aucun signe extérieur de richesse.

→ Une recrudescence d'attaques de requins a été constatée sur les plages urbaines de Recife (Pina, Boa Viagem, Piedade, Candeias).

🕐 Décalage horaire

→ Décalage horaire : -3 heures en hiver, -5 heures en été à Brasília (le pays est découpé en 4 fuseaux horaires)

→ Durée moyenne d'un vol direct Paris-Rio de Janeiro ou Paris-São Paulo : 11 heures 30

CANADA

Le Canada stupéfiera toute la famille par ses interminables espaces sauvages. Leur découverte est facilitée par d'excellentes infrastructures adaptées aux enfants, dans les nombreux parcs notamment. Randonnées et écomusées leur feront saisir la diversité des richesses naturelles mais aussi de faire connaissance avec les cultures amérindiennes. Quant aux villes, elles les séduiront par la multiplicité des activités qui leur sont destinées.

La nature sauvage ou aménagée attend les jeunes aventuriers

LES ENFANTS ADORERONT…
Le face-à-face avec la nature

» Au Wood Buffalo National Park pour observer les bisons.

» Lors d'excursion en bateau (notamment dans l'estuaire du Saint-Laurent ou sur la côte ouest de l'île de Vancouver) pour voir les baleines, rorquals, dauphins et phoques.

» Les chutes du Niagara, depuis une nacelle, un bateau ou les galeries creusées dans la roche derrière le rideau des chutes.

» Dans la région de Churchill pour les aurores boréales et les ours polaires.

» En chien de traîneau ou à motoneige (à partir de 8 ans) dans l'un des parcs autour de Temagami.

» Dans un tipi, comme un Indien ! ou plus simplement sous une toile de tente comme la plupart des familles canadiennes.

Les activités typiques des petits Canadiens

» Assister à un match de hockey dans le centre Bell à Montréal, le sport national, ou à un rodéo à Calgary lors du Stampede.

» Faire du patin à glace sur le canal Rideau à Ottawa, à l'Atrium de Montréal et sur de nombreux lacs gelés en hiver.

» Observer la relève de la garde à Ottawa, profiter des nombreuses fêtes de la capitale et de ses musées dédiés aux enfants.

Les voyages dans le temps

» À l'époque des dinosaures à Drumheller (Alberta) : les bestioles sont présentes partout dans la ville. Ne pas manquer le remarquable musée de Paléontologie.

» Chez les Amérindiens : en découvrant des villages indiens reconstitués au musée canadien des Civilisations (Hull-Gatineau), en visitant les réserves pour découvrir le mode de vie des Indiens d'aujourd'hui, ou en assistant à un pow wow en été.

» Chez les Acadiens du XVIIIᵉ au XXᵉ siècle, dans le village historique de Caraquet (Nouveau-Brunswick) où l'environnement de ces époques est recréé.

À table !

La plupart des restaurants canadiens, souvent ouverts toute la journée, sont experts dans l'art d'accueillir les enfants (rehausseurs, serveurs à leur écoute). Des menus leur sont souvent dédiés, souvent composés de blancs de poulets ou de minipizzas. Mais vous pouvez généralement demander une demi-portion d'un plat plus savoureux. Côté dessert, le sirop d'érable est à l'honneur sur les pancakes de la taille d'un freesbee ou les *beavertails* (queues de castor), de gros beignets chauds que l'on trouve aussi nappés de chocolat.

QUAND EST-CE QU'ON PART ?

» Vacances : hiver, printemps, été.
» En été, les températures sont agréables et favorisent les activités de plein air. Mais le temps est souvent clément en septembre-octobre (l'été indien) et en avril-mai, et les touristes sont moins nombreux. Entre novembre et avril, il tombe en moyenne 2,5 m de neige dans les grandes villes du sud du pays et les températures chutent facilement à -25°C. Mais l'hiver est propice à de nombreuses activités…

COMBIEN ÇA COÛTE ?

» Vol A/R Paris-Montréal : 450 à 600 €, Paris-Toronto : 500 à 700 €
» Prix moyen d'un circuit organisé "tout compris" : à partir de 1 500 €
» Chambre double catégorie moyenne : 60 à 120 €. Les hôtels disposent souvent de chambres "familiales" dont les tarifs sont intéressants.
» Repas dans un établissement de catégorie moyenne : 8 à 15 €
» Location de voiture : 30 à 50 €/jour

CARNET DE SANTÉ

» Le vaccin contre la grippe est recommandé pour les enfants en cas de voyage durant la saison hivernale.
» Les insectes sont nombreux en juin et juillet. Optez pour un bon produit répulsif.
» Les soins médicaux sont excellents mais leurs coûts parfois élevés, notamment en cas d'hospitalisation. Pensez à contracter une assurance médicale spécifique.

SE DÉPLACER SANS GALÉRER

Se déplacer en voiture est la solution idéale en été, mais moins évidente en hiver quand la neige et le gel rendent la circulation difficile dans de nombreuses régions. Le service de bus est excellent et économique (avec des demi-tarifs pour les enfants de moins de 12 ans) et permet d'aller partout dans le pays. Le train est un peu plus confortable mais aussi plus cher et le réseau est limité. Pour une longue distance, l'avion s'impose : de nombreuses compagnies aériennes desservent quelque 150 destinations dans le pays. Le camping-car est plébiscité dans l'Ouest, où de nombreuses agences en proposent la location (à partir de 1 000 € la semaine).

❗ Précautions

→ Les ours noirs et les grizzlis sont nombreux au Canada, surtout dans les Rocheuses. Le risque d'être attaqué est extrêmement faible mais pour ne pas attirer ces grands gourmands et ne pas les déranger, respectez les conseils fournis par l'office des parcs nationaux.

🕐 Décalage horaire

→ Décalage horaire : -6 heures à Québec, -9 heures à Vancouver
→ Durée moyenne d'un vol direct Paris-Montréal : 7 heures 30 ; Paris-Ottawa : 11 à 14 heures

BIBLIOTHÈQUE DU PETIT VOYAGEUR

› *Le Grizzli*, James Oliver Curwood (Gallimard, coll. Folio Junior, 2000). Dès 10 ans
› *Kathryn, Sébastien et Virginie vivent au Canada*, collectif (La Martinière Jeunesse, coll. Enfants d'ailleurs, 2007). Dès 8 ans

SOUVENIRS D'ENFANTS

› Des petites sculptures amérindiennes d'animaux ou un élan en peluche
› Un jeu de pichenottes (sorte de carrom indien) ou un jeu de poches (jeu d'adresse avec des petits sacs de sable)

193

CHILI

Les jeunes voyageurs apprécieront avant tout la beauté et le caractère sauvage des grands espaces. Ce territoire tout en longueur permet l'exploration d'ambiances et de climats très différents : plages du littoral, activités de plein air dans la région des lacs… à moins que la famille ne se dirige vers des destinations plus aventureuses, Patagonie ou désert d'Atacama.

LES ENFANTS ADORERONT…
Une nature époustouflante
» Les parcs nationaux, aussi nombreux que variés. Au choix des paysages lunaires (régions volcaniques), verdoyants (notamment dans la région des lacs) ou glacés (plus près de l'Antarctique).
» La faune andine est dominée par les camélidés (guanacos, vigognes, lamas, alpagas), mais on peut apercevoir aussi des viscaches (cousin du lapin), des pumas (rares), des flamants, des condors des Andes et, si l'on est très chanceux, un huemul.

Le Chili des villes
» Santiago, la capitale, que l'on admire le mieux depuis le Cerro San Cristóbal, le plus grand parc de la ville, équipé de téléphériques et d'un funiculaire. Il y a même une piscine en plein air.
» Valparaiso, port mythique, dont on explore les collines grâce à de drôles de funiculaires.

L'eau, la glace et le feu
» Les plages du littoral chilien sont peu propices à la baignade. Les moins frileux peuvent se jeter à l'eau sur les plages du Nord, par exemple à Viña del Mar, une station balnéaire très courue près de Valparaiso.
» La cordillère des Andes abrite quelques stations de ski familiales aux pistes adaptées pour enfants

Les villes chiliennes, des haltes bienvenues entre deux escapades

et débutants. On peut en trouver à seulement 1 heure de route de Santiago, comme La Parva.
» Le désert d'Atacama, dans le nord du pays, est considéré comme le plus aride au monde. Ses paysages de salars, dunes et geysers sont magiques.
» Au milieu du Pacifique (à 3 700 km des côtes), l'île de Pâques fascine avec ses mystérieux *moai*.

La sauvage Patagonie
» Le parc national Torres del Paine permet de découvrir tous les visages de la Patagonie et sa faune (condors des Andes, flamants, guanacos…). Si les splendides randonnées vous semblent peu adaptées aux enfants, profitez des circuits en minibus.
» Le singulier village de Caleta Tortel, où des passerelles en bois font office de rues. C'est le point de départ de nombreuses excursions à pied, en bateau ou à cheval vers les champs de glace.
» Une excursion jusqu'à la Isla Magdalena ou le fjord d'Otway, depuis Punta Arenas, pour observer les colonies de manchots.

À table !
La cuisine chilienne est très peu relevée (hormis certaines sauces d'accompagnement). Les poissons et fruits de mer sont à l'honneur. Les enfants qui n'en sont pas friands peuvent se rabattre sur un *lomo* (ou *bife*) *a lo pobre*, un steak-frites avec des œufs à cheval ou, pour les plus audacieux, le *pastel de choclo*, plat de viande hachée cuite avec des raisins et oignons et recouverte d'une purée de maïs gratinée. Le choix des desserts est plutôt maigre : on trouve surtout du *manjar*, une confiture de lait aussi utilisée dans des pâtisseries. Au restaurant, les portions sont copieuses et vous pourrez partager la vôtre avec votre enfant.

QUAND EST-CE QU'ON PART ?

» Vacances : hiver, printemps, Toussaint, Noël.
» Le Chili étant un pays très en longueur
(4 300 km du nord au sud), il connaît différents
climats. Il vaut mieux profiter des beaux jours
de l'été chilien (notre hiver) pour découvrir les
beautés des sites naturels tels que le parc Torres
del Paine ; en hiver, ces sites peuvent devenir
inaccessibles. Au printemps et à l'automne, on
explore le centre du pays, dont la région des lacs.
Si vous avez des envies de fraîcheur pendant l'été
européen, vous pouvez toujours vous rendre
dans les stations de ski chiliennes.

COMBIEN ÇA COÛTE ?

» Vol A/R Paris-Santiago : 800 à 1 200 €
» Chambre double catégorie moyenne : 25 à 60 €
» Repas dans un établissement de catégorie
moyenne : 5 à 12 €
» Location de voiture : 30 à 75 €/jour

CARNET DE SANTÉ

» Aucun vaccin n'est exigé, mais les vaccins
contre les hépatites A et B et contre la rage sont
recommandés si vous prévoyez de séjourner en
milieu rural.
» Santiago peut connaître un fort taux de pollution
en hiver. La municipalité déclare alors un état
de pré-urgence ou d'urgence et les personnes
fragiles, dont les enfants, sont invitées à éviter
le centre de la ville.
» La qualité des soins est bonne dans les centres
hospitaliers de Santiago, mais des garanties
de paiement sont exigées à l'entrée ; il est
recommandé d'être muni d'une carte de crédit
et d'une assurance médicale spécifique.

BIBLIOTHÈQUE DU PETIT VOYAGEUR
> *Contes des Indiens Mapuches du Chili*, Monique
Sterin (École des loisirs, 2010). Dès 9 ans
> *Là-où-finit-la-terre. Contes du Chili*, Claude
Bourguignon (L'Harmattan, 2008). Dès 6 ans
> *Les Enfants de la croix du sud*, Manuel Peña Muñoz
(L'Harmattan, 2009). Dès 9 ans

SOUVENIRS D'ENFANTS
> Des peluches et figurines de lamas
> Des poupées et animaux colorés en laine tricotée

SE DÉPLACER SANS GALÉRER

L'avion est idéal pour les longues distances, moins
fatigant pour les enfants et parfois moins cher que
le bus. Ceux-ci sont cependant plus rapides que
le train, et leur réseau beaucoup plus étendu que
le réseau ferroviaire. Dans le sud du pays, on peut
se déplacer facilement d'îles en fjords en bateau.
Toutefois, à la fin de la haute saison, la fréquence des
ferries ralentit. En ville, vous pouvez emprunter les
taxis collectifs : ils ont comme les bus des itinéraires
fixes, et sont plus rapides et plus confortables.
Se déplacer en voiture permet d'accéder facilement
aux régions reculées, mais la location est plutôt
chère, et il peut s'avérer très onéreux, voire
impossible, de rendre sa voiture dans une autre
agence que celle de départ.

⚠ Précautions
→ Sur certaines plages, les eaux sont agitées par de
forts courants. Consultez les pancartes qui indiquent
la dangerosité du site avant de laisser les enfants
se baigner.
→ Les chiens errants sont très nombreux dans le pays.
Ne laissez pas les enfants jouer avec eux.

🕐 Décalage horaire
→ Décalage horaire : -6 heures en été, -4 heures
en hiver
→ Durée moyenne d'un vol direct Paris-Santiago :
14 heures

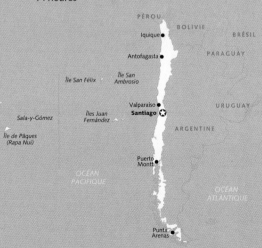

COSTA RICA

Jouer à Tarzan en pleine jungle ou voir un volcan de près, nager parmi les poissons ou observer des fleurs incroyables : tous ces rêves d'enfants sont possibles au Costa Rica. Ce pays grand comme un mouchoir possède tous les équipements pour profiter de son incroyable biodiversité. La destination familiale par excellence en Amérique latine !

À la découverte de la forêt vierge !

LES ENFANTS ADORERONT…
Les aventures dignes d'Indiana Jones

» Un voyage au-dessus de la canopée : depuis la nacelle d'un téléphérique dans une réserve jouxtant le parc national Braulio Carillo ; dans la réserve de Monteverde, grâce à une série de ponts suspendus, de plates-formes et de tyroliennes.
» Une descente (facile) en rafting à travers la forêt tropicale sur le Río Reventazón ou le Río Pejibaye.
» Une vision nocturne des coulées de lave du volcan Arenal depuis El Castillo ou La Fortuna.

Le quetzal et autres animaux rares

» Dans les réserves de Monteverde, de Santa Elena ou le parc national Los Quetzales, vous verrez peut-être le quetzal, oiseau au plumage resplendissant.
» Les tortues de mer à rencontrer sous l'eau avec un masque et un tuba, ou sur le sable lors de leurs sorties nocturnes, notamment dans le parc national Tortuguero et ses environs.
» Les cétacés : baleines à bosse au parc national marin Ballena, 25 espèces de baleine et de dauphins dans les eaux de la Bahía Drake !
» La Finca de Mariposas, la "ferme aux papillons", à Alajuela.

Les cabrioles sur la plage

» À Manzanillo, sur le plus beau sable blanc de la côte caraïbe.
» À Playa Conchal, considérée comme la plus belle plage du Costa Rica.
» À l'Isla Chora pour une excursion en kayak et une plongée avec masque et tuba à Playa Sámara.

Rencontrer les Ticos et les Ticas

» À San José, suivre le spectacle des vendeurs ambulants et parcourir les *mercados* (marchés) aux étals colorés.
» Dans le Guanacaste, patrie des gauchos, assister à un *tope* – mi-rodéo, mi-foire de village.
» Partager le quotidien d'une famille guaymi, les premiers habitants du pays, à la réserve forestière Golfo Dulce.
» Déambuler dans le village de montagne de Sarchi, le plus célèbre centre d'artisanat du pays, pour faire le plein de souvenirs colorés.

À table !

La cuisine du Costa Rica est simple, peu épicée, et donc appréciée par les enfants. Du poulet, du poisson (frit ou grillé), du riz, des haricots noirs, voici en gros les ingrédients qui se retrouvent dans l'assiette. Au petit-déjeuner, les enfants auront peut-être du mal avec le traditionnel *gallo-pinto*, sauté de haricot et de riz servi avec des œufs, du fromage et de la crème. Essayez plutôt de leur commander un "petit-déjeuner tropical" (pain et fruits frais). Dans les *sodas*, sortes de petits restaurants routiers, il y aura toujours un hamburger proposé à côté des plats typiques. Les *bastidos* – fruits frais mixés avec de l'eau ou du lait – rafraîchiront les enfants (demandez qu'ils soient préparés avec de l'eau embouteillée). Mais la star des boissons sera la *pipa*, noix de coco verte dans laquelle on glisse une paille pour en boire le "lait".

QUAND EST-CE QU'ON PART ?

» Vacances : hiver, printemps, Noël.
» L'été (*verano*) costaricain (décembre-avril) est le meilleur moment pour se rendre dans le pays. L'hiver (*invieno*) correspond à la saison des pluies : les touristes sont moins nombreux et les tarifs plus attrayants, mais les déplacements peuvent être compliqués par les crues. Il est plus difficile de se loger en ville entre Noël et le Jour de l'An, ainsi que pendant la Semana Santa.

COMBIEN ÇA COÛTE ?

» Vol A/R Paris-San José : 800 à 1 200 €
» Prix moyen d'un séjour organisé "tout compris" avion + hôtel : à partir de 1 300 € pour 7 nuits
» Chambre double catégorie moyenne : 15 à 60 €
» Repas dans un établissement de catégorie moyenne : 4 à 8 €
» Location d'un 4x4 : 200 à 320 €/semaine hors assurance

CARNET DE SANTÉ

» La vaccination contre l'hépatite A est recommandée. Les vaccins contre l'hépatite B, la rage et la typhoïde doivent être envisagés si vous sortez des sentiers battus plusieurs jours d'affilée.
» Le paludisme est présent dans l'est du pays (province de Limon). Les moustiques véhiculent également la dengue, très répandue dans le pays.
» Les soins médicaux sont de qualité à San José et dans les grandes villes, mais ils sont limités dans les zones rurales. Ayez toujours sur vous une trousse de premiers secours pour soigner les petits bobos.
» L'eau du robinet est censée être potable. Cependant, dans la capitale et ses banlieues, buvez de l'eau embouteillée, car la vétusté des canalisations ne garantit pas toujours la qualité de l'eau.

BIBLIOTHÈQUE DU PETIT VOYAGEUR
> *Izabal, l'enfant-oiseau*, Gérard Moncombre (Milan, coll. Terre de couleurs, 2005). Dès 8 ans
> *Nancy Drew détective, tome 7 : Mission au Costa Rica*, Carolyne Keene (Bayard Poche, 2007). Dès 9 ans

SOUVENIRS D'ENFANTS
» Des animaux en bois brut ou peints de couleurs vives représentent les animaux de la jungle
» Une peluche pour les plus petits

SE DÉPLACER SANS GALÉRER

Les bus, bien que lents, sont fréquents et bon marché. Plus coûteuses, les navettes touristiques desservent la plupart des destinations incontournables : elles viennent vous chercher à l'hôtel (ce qui peut éviter aux enfants une attente parfois longue) et se réservent par Internet, par le biais de l'hôtel ou des agences de voyages. La location d'une voiture est possible à San José et dans les villes de la côte pacifique. Préférez un 4x4, car l'état des routes est globalement médiocre, surtout pendant la saison des pluies. Attention : les voleurs repèrent rapidement les voitures des touristes et les effractions sont fréquentes. Le plus judicieux est donc de limiter la location à une excursion d'un ou deux jours. Dans les zones les plus reculées, on peut louer un taxi pour quelques heures ou pour la journée. Quant aux vols intérieurs, ils ne sont pas suffisamment fiables pour être recommandés.

ⓘ Précautions
→ Lors des voyages en bus, gardez avec vous les objets et papiers importants dans un sac en cabine : il n'est pas rare que les sacs entreposés en soute "disparaissent" lors d'une escale.

🕐 Décalage horaire
→ Décalage horaire : -7 heures en hiver, -8 heures en été
→ Durée moyenne d'un vol Paris-San José : entre 14 heures 30 et 18 heures avec 1 escale

CUBA

La petite adore danser, le benjamin collectionne les voitures et l'aîné casse-cou passe sa vie dans l'eau ? Cap sur Cuba, l'île des musiciens et des vieilles décapotables américaines. Malgré les difficultés économiques, l'ambiance est toujours joyeuse dans les ruelles ou sur les plages. Les visiteurs y sont accueillis avec chaleur, et les plus jeunes, partout bienvenus.

LES ENFANTS ADORERONT...

Les villes coloniales, pour une leçon d'histoire

» La Habana Vieja, centre historique de la capitale ; se promener dans ses ruelles, traîner sur la Plaza de Armas et la Plaza de la Catedral, explorer la forteresse pour remonter dans le temps, jusqu'à la période coloniale espagnole.

» Les fastueux palais de Trinidad et ses maisons aux douces couleurs pastel.

» Les voitures américaines des années 1940 et 1950 que l'on croise dans toutes les rues. Certaines font office de taxis pour les touristes et les enfants vont adorer faire une balade dans ces vestiges clinquants de la période prérévolutionnaire.

Comptez sur vos enfants pour glisser entre les paradoxes de Cuba

Le littoral paradisiaque

» Les plus belles plages se trouvent sur la côte au nord ou sur les *cayos*, les petits îlots enchanteurs situés au large de la grande île. Un masque et un tuba suffisent pour admirer les espèces aquatiques qui peuplent les eaux turquoise et chaudes.

» À parcourir en kayaks de mer, souvent proposés à la location sur les plages touristiques.

Les splendeurs de la vie sauvage

» La colonie de 30 000 flamants roses sur l'île préservée de Cayo Ramano.

» Les requins-bouledogues nourris à la main par des plongeurs à Playa Santa Lucia, le long d'une des plus grandes barrières de corail du monde.

» Le *zunzuncito* (colibri) de Cuba, l'oiseau le plus petit du monde, et d'autres espèces que les ornithologues en herbe pourront observer, notamment, au Parque Nacional Alejandro de Humboldt.

» Les zèbres, antilopes et autres animaux exotiques en liberté sur l'île de Cayo Saetia, transformée en réserve africaine.

Les parcs d'attraction

» Les tours de grande roue et les batailles d'auto-tamponneuses à La Isla del Coco, dans la capitale.

» Les spectacles de dauphins et d'otaries à l'Acuario Nacional de La Havane. Les dauphins font aussi leur show au Delphinarium de Varadero.

» La Valle de la Prehistoria, dans le Parque Baconao où l'on peut voir 240 sculptures de dinosaures.

La musique et la danse omniprésentes

» Les carnavals : celui de Trinidad, en juin, célèbre pour ses courses de chevaux, et celui de Santiago, fin juillet, le plus haut en couleur des Caraïbes.

» Les concerts de musique cubaine ; il y en a presque partout, tout le temps. Les Cubains s'y rendent en famille, pourquoi pas vous ?

À table !

Pas de longues discussions pour convaincre vos enfants de manger des légumes verts : à Cuba, on n'en mange quasi pas. Les viandes (du porc et du poulet, souvent frit ou grillé) sont accompagnées de tranches de bananes plantains frites, de tomates, d'oignons, de concombre, de chou blanc émincé et d'un mélange de riz et de haricots noirs baptisé *congrí* ou "*moros y cristianos*" (maures et chrétiens). Les glaces sont populaires sur l'île – privilégiez celles des grands hôtels ou celles de Coppelia à La Havane, une institution !

QUAND EST-CE QU'ON PART ?

» Vacances : hiver, printemps, Toussaint.
» Évitez si possible la période juin-août : les températures comme les prix des chambres grimpent désagréablement. Préférez la période février-mars, ainsi que celle comprise après la saison des ouragans (de juin à novembre) et les vacances de Noël : la chaleur est moins accablante, et les enfants profiteront mieux d'un soleil généreux mais toujours agressif pour leurs peaux délicates.

COMBIEN ÇA COÛTE ?

» Vol A/R Paris-La Havane : 700 à 1 000 €
» Prix moyen d'un séjour balnéaire formule "avion + hôtel" : 850 à 1 100 € pour 7 jours
» Chambre double catégorie moyenne : 35 à 70 €
» Repas dans un établissement de catégorie moyenne : 5 à 8 €
» Location de voiture : 50 €/jour minimum + assurance (entre 10 et 15 €/jour) et dépôt de garantie 180 €

CARNET DE SANTÉ

» Il est recommandé de faire vacciner les enfants contre l'hépatite A.
» Le pays dispose d'un réseau de centres de soins performant et très étendu. Il est conseillé toutefois d'emporter une trousse médicale complète et fournie, sans oublier les produits pour l'hygiène quotidienne, les supermarchés et pharmacies connaissant de graves problèmes d'approvisionnement.
» Prévoyez un répulsif efficace contre les moustiques, omniprésents sur l'île.

» Vous trouverez du lait pasteurisé dans les supermarchés où l'on paye en CUC.

SE DÉPLACER SANS GALÉRER

En voiture, le manque de signalisation et d'éclairage et l'état des routes peuvent poser problème. Les régions touristiques sont bien desservies par les bus de la compagnie Viazul (la seule compagnie longue distance accessible aux étrangers). Elle propose des tarifs réduits pour les enfants de moins de 12 ans. Les véhicules sont ponctuels, confortables et sûrs, contrairement aux trains. En ville, les enfants adoreront faire une balade dans un coco-taxi (jaune et en forme d'œuf) ou en calèche.

ⓘ Précautions

↪ La loi anti-tabac, qui interdit de fumer dans les lieux publics fermés, est peu respectée. Au pays du cigare, vous rencontrerez quelques difficultés pour préserver les poumons de vos enfants de la fumée.
↪ Veillez à ne pas laisser vos enfants approcher les nombreux chiens ou chats errants. D'autant que la rage est présente sur l'île.
↪ Faites attention aux trous (parfois énormes) dans les rues et sur les trottoirs.
↪ Vérifiez bien l'état du véhicule avant de signer un contrat de location.

🕐 Décalage horaire

↪ Décalage horaire : -6 heures (attention, le changements heure d'été/heure d'hiver ne se fait pas aux mêmes dates qu'en Europe)
↪ Durée moyenne d'un vol direct Paris-La Havane : 9 heures 45

BIBLIOTHÈQUE DU PETIT VOYAGEUR

» *Le Journal de Zoe Pilou à Cuba*, Christelle Guénot (Mango, 2007). Dès 9 ans
» *Anton et la musique cubaine*, Emmanuel de Viau (livre CD, Gallimard Jeunesse, 1998). Dès 9 ans

SOUVENIRS D'ENFANTS

» Des instruments de musique, comme les claves ou des maracas peintes de couleurs vives
» Un éventail en dentelle pour les princesses en herbe
» Un jeu de dominos fait main

ÉQUATEUR

Des plages du Pacifique aux volcans andins coiffés de neige, de la forêt équatoriale à la faune stupéfiante des Galápagos, l'Équateur regorge de curiosités de toute sorte pour les enfants. Sans compter la richesse des rencontres avec les communautés quechuas et amazoniennes.

LES ENFANTS ADORERONT...

Les animaux dans leur milieu naturel
» Les condors au Parque Cóndor.
» Les tortues géantes, les bébés otaries les manchots et les lions de mer des Galápagos, véritable paradis pour observer une faune hors normes. Et, sous l'eau, avec masque et tuba, des raies, des poissons multicolores.
» Les singes (atèle, singe-araignée, singe-titi, capucin, ouistiti…) et les oiseaux de la jungle, notamment dans le Parque Nacional Yasuni ou la Reserva Producción Faunística Cuyabeno.
» Les baleines au large de Puerto López.

Le frisson de l'aventure
» Une randonnée équestre au départ d'une hacienda coloniale dans la Sierra du Nord.
» Une croisière sur le cours inférieur du Río Napo entrecoupée de promenades en canoë et d'ascensions au sommet de la canopée.
» Un parcours en train perché sur le toit d'un wagon (il n'y a que deux lignes à vocation touristique, et les toits sont aménagés à cet effet).
» La baignade, la plongée avec masque et tuba aux Galápagos et à Isla de la Plata.
» Pour les plus grands, des cours de surf à Canoa, où les vagues sont adaptées aux débutants.

Les villes fascinantes
» Quito, capitale perchée à 2 830 mètres d'altitude : ses beaux monuments, l'ambiance de ses marchés et la vue offerte depuis le téléphérique.
» Cuenca, avec ses rues pavées ponctuées d'étals colorés.
» La petite ville thermale de Baños, adossée aux pentes d'un volcan et proche de splendides cascades propices à la baignade.

Vivre parmi les Indiens
» Dormir en pleine jungle dans un lodge géré par une communauté amazonienne à Kapawi ou dans la Reserva Cuyabeno.

» Les marchés indiens riches en couleur le long de la boucle de Quilotoa pour faire le plein de petits souvenirs.
» Les villages des communautés dans les plaines septentrionales, comme à Playa de Oro, superbe réserve en pleine jungle.

À table !
La cuisine équatorienne est plus variée sur la côte, où les produits de la mer constituent la base des menus. Le poisson est préparé de plusieurs façons, mais c'est sans doute pané que les enfants le préféreront. Dans les Andes, pommes de terre et céréales (riz, maïs, quinoa) sont omniprésentes. Dans tout le pays, les petits restaurants servent des *almuerzos* (déjeuner) : pour un peu plus d'un euro, vous aurez droit à une soupe délicieuse (garnie de pommes de terre, de morceaux de viande et de légumes), à une assiette de riz blanc accompagnée de viande en sauce et de petits légumes et un à *jugo* (jus de fruit ; délicieux mais prudence tout de même) : nourrissant et bien adapté aux petites papilles.

Les Galápagos, un trésor naturel à portée des enfants

PRATIQUE

QUAND EST-CE QU'ON PART ?

» Vacances : printemps, été.
» Le climat est printanier dans la Sierra toute l'année, avec des variations selon l'altitude. Sur la côte, la saison des pluies s'étend d'octobre à mai, et de janvier à mai dans la jungle. Aux Galápagos, mieux vaut éviter la période de juillet à octobre, lorsque la mer est agitée ; pour y nager, l'eau est à environ 22°C entre janvier et avril. Durant la Semaine sainte, toutes les destinations touristiques sont prises d'assaut.

COMBIEN ÇA COÛTE ?

» Vol A/R Paris-Quito : à partir de 900/1 300 € selon la période
» Prix moyen d'un circuit "tout compris" : environ 2 500 € pour 10 nuits. De nombreuses agences proposent des circuits avec possibilité d'extension aux Galápagos.
» Chambre double catégorie moyenne : 16 à 60 €
» Repas dans un établissement de catégorie moyenne : 5 à 10 €
» Location de voiture : 35 à 80 €/jour
» Excursion aux Galápagos : à partir de 300 €/ personne pour 4/5 jours

❶ Précautions

↳ Avec des enfants, mieux vaut éviter les excursions en altitude qui nécessitent une acclimatation parfois difficile (voir p. 11).
↳ Prévoir une garde-robe variée, car les climats changent beaucoup selon les régions et l'altitude.
↳ La sécurité n'est pas garantie dans tout le pays : évitez les bus de nuit sur la "route du soleil" (Ruta del Sol) à partir de Guayaquil. Les voyages sont déconseillés dans la région frontalière avec la Colombie.

🕐 Décalage horaire

↳ Décalage horaire : -7 heures en été, -6 heures en hiver
↳ Durée moyenne d'un vol Paris-Quito : 13 à 17 heures selon le nombre d'escales

CARNET DE SANTÉ

Les vaccins contre la typhoïde, la poliomyélite, les hépatites A et B sont vivement recommandés, de même que celui contre la fièvre jaune pour les voyageurs se rendant en Amazonie. Le paludisme est présent partout au-dessous de 1 500 mètres : un traitement préventif est donc conseillé. La qualité des soins est très variable selon les régions.

SE DÉPLACER SANS GALÉRER

Les déplacements en bus fonctionnent bien à travers tout le pays, mais les trajets peuvent être longs pour les enfants. La location d'une voiture s'avère pratique : optez si possible pour un 4x4, car l'état des routes est très variable selon les régions et la circulation difficile pendant la saison des pluies. Pour accéder à la jungle amazonienne et aux Galápagos, privilégiez l'avion. Quant au train, il se réduit essentiellement à deux lignes touristiques très populaires qui valent surtout pour la richesse des rencontres et des paysages traversés.

BIBLIOTHÈQUE DU PETIT VOYAGEUR

› *15 contes d'Amérique latine*, Osvaldo Torres et Anna Buresi (Flammarion, 1998). Dès 9 ans

SOUVENIRS D'ENFANTS

› Un petit panama pour avoir du style (malgré son nom, ce chapeau vient de l'Équateur)
› Une minisarbacane, une petite lance ou un hamac en fibre végétale fabriqués par les communautés amazoniennes

EST DES ÉTATS-UNIS

Spiderman s'accroche aux gratte-ciel de New York, flipper le dauphin surgit d'une piscine de Floride, Lucky Luke virevolte en plein rodéo texan… on visite l'Est des États-Unis comme on feuillette une BD : en s'amusant ! Et chaque ville, chaque musée, chaque parc naturel regorge d'activités dédiées aux enfants de tout âge.

La magie de New York, un avant-goût des États-Unis

LES ENFANTS ADORERONT…

L'Amérique XXL

» Les gratte-ciel de Chicago, à découvrir lors d'une minicroisière en bateau.

» À New York, contempler Manhattan du haut d'un gratte-ciel ; Times Square, pour ses écrans géants, son animation, ses magasins délirants – et notamment l'immense Toys'r'Us.

» Les visages des présidents américains immortalisés dans la pierre du mont Rushmore (Dakota du Sud).

Le top du top des attractions

» Orlando, la ville des parcs à thème et la destination phare d'un voyage en famille sur la côte Est. Incontournables, Disneyworld, mais aussi Universal Studios Florida ou Universal's Islands of Aventure.

» Le Noah's Ark Waterpark, le plus grand parc aquatique des USA à Wisconsin Dells, et l'aquarium de Chicago, le plus grand du monde.

» Une comédie musicale à Broadway – *Shrek, Le Roi Lion, La Petite Sirène*…

» Le Kennedy Space Center où sont exposés tous les types de fusées employées par la NASA, des reconstitutions des capsules spatiales…

L'aventure en pleine nature

» Se baigner au pied des cascades du Shenandoah National Park (Virginie), pédaler au milieu de la végétation, pêcher et… croiser un lynx.

» Sillonner les étendues marécageuses du parc national des Everglades (Floride) en hydroglisseur.

» Jouer au cow-boy dans le parc national Big Bend (Texas), un stetson vissé sur la tête. Des paysages tout droit sortis d'un western, ponctués par les cascades et les canyons formés par le Rio Grande.

Les expériences drôles et insolites

» Nourrir les alligators dans les bayous de Louisiane – sous contrôle, comme au Bayou Pierre Alligator Farm.

» Une visite de Miami en bus amphibie pour visiter la ville et les îles.

» Rejoindre les îles de l'archipel des Keys reliées entre elles par d'incroyables ponts au ras de l'eau.

» Un rodéo et quelques pas de danse country au Billy Bob's Texas à Fort Worth (Texas).

» Rendre hommage à Elvis Presley dans sa demeure de Graceland à la décoration tapageuse.

À table !

Au-delà des clichés, il existe des quantités de lieux où l'on mange bien aux États-Unis. À New York, parts de pizzas croustillantes, hot dogs, super sandwichs et bretzels à emporter sont à chaque coin de rue. Idéal pour un pique-nique improvisé dans un parc. Incontournables, les *diners*, ces restaurants traditionnels de style années 1950, sont une bonne alternative pour régaler les enfants de hamburgers sans passer par le fast-food, et les petits-déjeuners y sont copieux et souvent délicieux. Les influences étrangères sont telles que les enfants voyageront dans le monde entier à travers leur assiette : cuisine italienne, asiatique, mexicaine, cubaine et caraïbe en Floride. Sans compter les fameux BBQ (barbecue) du Texas et les saveurs uniques de la Louisiane.

QUAND EST-CE QU'ON PART ?

» Vacances : toutes.

» Si l'été est la période idéale pour parcourir le pays, c'est aussi la saison où les Américains partent en vacances. Il peut alors y avoir foule, notamment dans les parcs nationaux – et cela se ressent sur les tarifs. Le printemps et l'automne sont tout aussi agréables, que ce soit vers les Grands Lacs ou en Louisiane. En Floride, il fait beau toute l'année. À New York et dans tous les États du Nord, les hivers peuvent être très rigoureux.

COMBIEN ÇA COÛTE ?

» Vol A/R Paris-New York : 400 à 700 €, Paris-Miami : 580 à 980 €

» Prix moyen d'un séjour organisé "tout compris" avion + hôtel : à partir de 1 000 € pour 7 nuits

» Chambre double catégorie moyenne : 65 à 160 € en haute saison. Il est possible d'être à quatre dans une chambre (avec 2 *queen beds*).

» Repas dans un établissement de catégorie moyenne : 10 à 18 €

» Location de voiture : 28 à 40 €/jour pour une petite voiture

⚠ Précautions

↪ Si vous louez une voiture, n'oubliez pas que les stations-service sont parfois très éloignées les unes des autres. Veillez à avoir des réserves d'eau dans le coffre pour éviter la déshydratation des enfants.

↪ Dans toutes les grandes villes des États-Unis, ne laissez pas d'effets personnels dans votre véhicule en journée et soyez vigilant lors de vos déplacements dans certains quartiers la nuit.

BIBLIOTHÈQUE DU PETIT VOYAGEUR
› *Babar à New York*, Laurent de Brunhoff (Hachette Jeunesse, 1975). Dès 3 ans
› *Les Tuniques Bleues*, Raoul Cauvin, Willy Lambil (BD, Dupuis). Dès 9 ans
› *Tea Stilton*. T6 *New York, New York !* (Albin Michel Jeunesse, 2009). Dès 9 ans
› *Les États-Unis. Des premières colonies à nos jours*, Romain Huret (Autrement, 2009). Dès 9 ans

SOUVENIRS D'ENFANTS
› Des vêtements et accessoires de sports américains
› Un chapeau de cow-boy

CARNET DE SANTÉ

» Un peu partout, les moustiques peuvent compliquer la vie. Prenez les précautions d'usage, d'autant que l'insecte est susceptible de transmettre le virus West Nile, et sa complication, l'encéphalite.

» La climatisation est utilisée de façon redoutable. Ayez toujours une petite laine à portée de main, même sous une chaleur étouffante.

SE DÉPLACER SANS GALÉRER

En dehors des grandes villes, où les transports publics sont pratiques et efficaces, louer une voiture est sans conteste un bon moyen de voir du pays. Cela dit, les distances sont énormes et opter pour un vol intérieur permet d'économiser beaucoup de temps entre deux étapes. Les forfaits (*pass*), dont le tarif est calculé selon le nombre de miles parcourus, sont une option intéressante. Le camping-car est une expérience unique pour les enfants, mais attention : cela revient plus cher que l'option voiture + hôtel, d'autant qu'il faut payer le camping pour passer la nuit.

🕐 Décalage horaire

↪ Décalage horaire : Atlanta, Miami, New York, Washington : -6 heures ; Chicago, Houston et La Nouvelle-Orléans : -7 heures

↪ Durée moyenne d'un vol direct Paris-New York : 6 à 7 heures ; Paris-Miami : 8 heures

OUEST DES ÉTATS-UNIS

Le pays des cow-boys, des hamburgers et des grands espaces sauvages est une destination de rêve et un immense terrain de découverte pour les petits voyageurs. Si les villes comme Las Vegas, Los Angeles et San Francisco sont emblématiques et riches en surprises, c'est dans ses parcs naturels que se révèle l'âme de l'Ouest américain.

Les grands espaces de l'Ouest américain, un immense terrain de jeux

LES ENFANTS ADORERONT...

Les grands espaces sauvages

» Le désert de Santa Fe (Nouveau-Mexique), à découvrir à bord d'anciens wagons de marchandises.
» Le Yellowstone National Park (Wyoming) pour le spectacle incroyable des geysers.
» Les Rocheuses, pour débusquer les Big Five américains (ours noir, grizzli, orignal, puma et lynx) lors d'un safari-photo.
» Les séquoias géants de Sequoia et Kings Canyon National Parks (Californie).
» Les habitations troglodytiques de Mesa Verde (Colorado) où vivaient des tribus indiennes.
» Le Grand Canyon (Arizona) et Bryce Canyon (Utah) pour une balade vertigineuse.
» La descente en rafting du Colorado en été, quand le courant n'est pas très fort.
» Une sortie en mer pour voir les baleines de l'Oregon.

L'univers des cow-boys et des Indiens

» Voir un rodéo à Jackson et visiter les passionnants musées de Cody, la ville de Buffalo Bill. Pour une immersion dans le Far West d'autrefois, une nuit dans le village reconstitué de Rawhide (Arizona).
» Rencontrer les Indiens hopis et navajos dans Monument Valley et passer une nuit dans un *hogan* (habitation traditionnelle indienne).

» Assister à un *pow wow* avec danses et chants traditionnels à Window Rock (Arizona) ou à Shiprock (Nouveau-Mexique) en septembre.

Les paillettes et les stars

» Une virée dans le quartier de Hollywood (Los Angeles) pour marcher sur les pas des stars et visiter les studios Universal.
» Las Vegas (Nevada) pour ses constructions délirantes, les répliques des monuments de Paris et de New York, et pour ses shows exceptionnels (Cirque du Soleil, jets d'eau du Bellagio ou tours de magie au Puppet Magic Center).
» San Francisco avec son tramway légendaire, son pont, que l'on peut admirer d'un ferry, et ses environs d'où l'on peut observer les baleines.

Les attractions 100% enfants

» Disneyland (Californie), le premier du genre et, moins frénétique, le Knott's Berry Farm, vaste parc d'attractions sur le thème du Far West.
» Le zoo de San Diego (Californie), 3 200 animaux dans un environnement exceptionnel, et le Seaworld California, le plus grand parc de la vie marine du monde avec 5 500 espèces !
» Le Boardwalk de Santa Cruz (Californie), immense parc d'attractions installé sur la plage.

À table !

Au pays des hamburgers, des pizzas, de la frite et du Coca, les enfants seront ravis... du moins les premiers temps ! Si l'envie de varier se fait sentir, il ne sera pas toujours évident de l'exaucer, surtout dans les terres. La cuisine de la côte est plus variée, notamment en raison du brassage culturel (les tex-mex et restaurants asiatiques sont légion), les poissons et fruits de mer présents sur de nombreuses cartes, de même que les légumes et les fruits. Les portions servies sont toujours géantes et il est généralement possible de partager son plat avec un enfant.

QUAND EST-CE QU'ON PART ?

» Vacances : printemps, été, Toussaint.
» Les différences climatiques sont importantes entre le Sud désertique (sec toute l'année, mais froid l'hiver et torride l'été) et les régions au nord de San Francisco, où les précipitations sont abondantes toute l'année. En été, si le soleil réchauffe les plages du Nord-Ouest et les montagnes, il fait aussi s'envoler les prix. Si vous souhaitez voyager l'hiver, il fera chaud dans le Sud et vous pourrez skier dans les Rocheuses.

COMBIEN ÇA COÛTE ?

» Vol A/R Paris-Los Angeles ou Paris-San Francisco : à partir de 400/600 € en basse/haute saison
» Prix moyen d'un séjour organisé "tout compris" avion + hôtel : à partir de 1 300 € les 10 jours
» Chambre double catégorie moyenne : 65 à 160 € en haute saison. Il est possible d'être à quatre dans une chambre (avec 2 *queen beds*).
» Repas dans un établissement de catégorie moyenne : 10 à 18 €
» Location de voiture : 28 à 40 €/jour pour une petite voiture

❶ Précautions

↝ Si vous louez une voiture, n'oubliez pas que les stations-service sont parfois très éloignées les unes des autres. Veillez à avoir des réserves d'eau dans le coffre pour éviter la déshydratation des enfants.
↝ Dans toutes les grandes villes des États-Unis, ne laissez pas d'effets personnels dans votre véhicule en journée et soyez vigilant lors de vos déplacements dans certains quartiers la nuit.

BIBLIOTHÈQUE DU PETIT VOYAGEUR

› *Sultana, Leila et Everett vivent aux États-Unis*, collectif (La Martinière Jeunesse, 2000). Dès 9 ans
› *Il était une fois dans l'Oklahoma*, Geraldine McCaughrean (Gallimard, 2004). Dès 9 ans
› *Cap sur San Francisco au temps des chercheurs d'or*, Thibaud Guyon, Irène Schwartz (École des loisirs, coll. Archimède, 2000). Dès 6 ans

SOUVENIRS D'ENFANTS

› Des poupées *kachina* fabriquées par les Indiens Hopis
› De belles voitures américaines miniatures
› Une tenue de cow-boy ou d'Indien

CARNET DE SANTÉ

» Il y a une recrudescence de tiques et de la maladie de Lyme. Soyez attentifs si vous vous promenez dans des sous-bois.
» Le service de soins est excellent, mais coûteux (notamment les services d'urgences des hôpitaux). Il est recommandé de souscrire à une police d'assurance qui règlera directement les hôpitaux et les médecins le cas échéant.

SE DÉPLACER SANS GALÉRER

Si la location de voiture est idéale pour parcourir les grands espaces de l'Amérique rurale, il est en revanche intéressant de prévoir des vols intérieurs pour franchir les étapes – même si le voyage revient plus cher qu'en bus (dans lesquels les enfants de 2 à 11 ans bénéficient de 40% de réduction) ou en train (surtout appréciable pour la beauté des paysages traversés sur certaines lignes). Il est possible d'acheter un forfait aérien (air pass, uniquement en combinaison avec un vol international). Excepté San Francisco, qui possède un métro et un réseau de train aérien, la circulation dans les villes se fait en bus ou en taxi.

🕐 Décalage horaire

↝ Décalage horaire : Las Vegas, Los Angeles, Seattle : -9 heures ; Denver, Santa Fe : -8 heures
↝ Durée moyenne d'un vol direct Paris-Los Angeles ou Paris-San Francisco : 11 heures

GUADELOUPE ET MARTINIQUE

Soleil, plages et exotisme, le tout dans des îles francophones où les conditions de voyage sont très sûres. Bref, le paradis pour les petits voyageurs, d'autant que la Guadeloupe comme la Martinique fourmillent d'hébergements et d'activités adaptés.

LES ENFANTS ADORERONT...

Des expériences sur et sous l'eau

» Jouer à cache-cache avec les poissons avec un masque et un tuba.

» Partir en kayak de mer ou en yole (petit bateau de pêche) pour admirer la côte, découvrir la mangrove et accéder aux petites criques.

» Monter sur une planche à voile avec un matériel spécifique ou sur un surf (à partir de 6 ans).

» Découvrir la vie sous-marine en bateau à fond de verre.

» Faire un baptême de plongée avec bouteille (à partir de 8 ans) ou une formation pour débutant (3 à 5 jours).

» Barboter dans les fonds blancs, ces étendues sablonneuses au large de la Martinique où l'eau n'atteint pas un mètre.

Les expéditions en pleine nature

» À cheval ou à dos d'âne sur les plages, les chemins de forêt ou à travers les champs de canne à sucre.

» Les randonnées qui se terminent par un bain sous une cascade ou dans une rivière. Ne pas manquer les chutes du Carbet (Guadeloupe) et les chutes de la Baleine à Saint-Vincent (Martinique).

Soleil, plages et mer, les enfants auront du mal à repartir...

À table !

De nombreux restaurants s'adressent à la population insulaire et proposent donc ce qui ne se mange pas à la maison – pizzas, crêpes, cuisine asiatique –, ce qui ne bousculera sans doute pas trop les habitudes alimentaires des petits voyageurs. Dans les restaurants de "cuisine antillaise", le menu comporte souvent : accras, féroce d'avocat (à base de morue séchée, d'avocat et de manioc), crabe farci, poissons, colombo et poulet boucané (fumé), accompagné de riz, de lentilles, de bananes plantains ou de patates douces ; côté dessert, succès garanti pour les flans et blancs-mangers coco et les sorbets. Pour l'ambiance plus que pour les saveurs, faites de temps à autre halte dans les "lolos", ces petites baraques en bois où l'on peut grignoter dans la bonne humeur.

» Jouer à Tarzan sur un parcours en haut des arbres et découvrir les mystères de la canopée.

» Explorer des îlots paradisiaques comme les îlets du François et du Robert (Martinique) ou l'île de Petite-Terre (Guadeloupe), abandonnée à quelque 10 000 iguanes, aux tortues et aux oiseaux.

» S'initier aux secrets des volcans à la Soufrière (Guadeloupe) ou en visitant Saint-Pierre (Martinique) et les ruines laissées par l'éruption de la montagne Pelée en 1902.

Les couleurs et les saveurs antillaises

» Découvrir la faune et la flore multicolores dans les parcs et réserves : jardin des Papillons, jardins de Balata en Martinique, parc des Mamelles à la Guadeloupe...

» Visiter les bananeraies et les champs de canne à sucre en petit train (Sainte-Marie, Trois-Îlets).

» Parcourir les marchés pour goûter à des tas de fruits et de légumes inconnus (Guadeloupe).

» Dormir dans un gîte en pleine nature, être réveillé par les oiseaux et petit-déjeuner de fruits frais.

QUAND EST-CE QU'ON PART ?

» Vacances : toutes.
» Avec un ensoleillement permanent et une température annuelle moyenne de 25,5°C, on part toute l'année ! Toutefois, tempêtes tropicales et cyclones peuvent balayer les îles de juillet à fin octobre. De mi-décembre à mi-juin, le temps est plus sec et moins humide, mais les prix sont bien moins élevés de fin avril à mi-décembre.

COMBIEN ÇA COÛTE ?

» Vol A/R Paris-Pointe-à-Pitre : 450 à 1 000 €, Paris-Fort-de-France : 600 à 1 000 €
» Prix moyen d'un séjour organisé "tout compris" avion + hôtel : 700 à 1 200 € pour 7 nuits. Cette formule est souvent très avantageuse.
» Chambre double catégorie moyenne : 45 à 70 €. En basse saison (avril à décembre), les tarifs peuvent être jusqu'à 30 % moins élevés.
» Repas dans un établissement de catégorie moyenne : 10 à 20 €
» Location de voiture : environ 40 €/jour. Tarifs dégressifs à partir d'une semaine de location
» Location de bateau (avec ou sans skipper) : 1 500 à 4 500 €/semaine

CARNET DE SANTÉ

» Aucun vaccin n'est exigé.
» La Martinique et la Guadeloupe étant des départements français, le coût et le remboursement des soins sont les mêmes qu'en métropole.
» Piqûres de moustiques et coupures de corail sont les principaux bobos courants.
» L'eau n'est pas potable la plupart du temps. Buvez de l'eau minérale.

SE DÉPLACER SANS GALÉRER

Les transports publics étant largement insuffisants, disposer d'une voiture est un plus. Les routes principales sont excellentes ; les routes de montagnes ou secondaires, beaucoup moins. En haute saison, mieux vaut réserver un véhicule avant le départ pour bénéficier de tarifs abordables. Attention, siège bébé, climatisation : tout se paie. De nombreux ferries permettent de rallier les différentes îles à des tarifs nettement plus avantageux que par avion.

❗ Précautions

↝ Il existe de nombreuses formules "tout compris" pour des séjours d'une semaine : entre la durée du vol, l'acclimatation au décalage horaire et les préparatifs de retour, cela fait très court.
↝ Attention au soleil, plus fort sous les tropiques.

🕐 Décalage horaire

↝ Décalage horaire : -5 heures en hiver, -6 heures en été
↝ Durée moyenne d'un vol direct Paris-Pointe-à-Pitre ou Fort-de-France : 8 heures

BIBLIOTHÈQUE DU PETIT VOYAGEUR

› *Les Colères du volcan*, Gisèle Pineau (Dapper, coll. Au bout du monde, 2004). Dès 11 ans
› *Vingt-Quatre Contes des Antilles*, Olivier Larizza (Flammarion, Castor Poche, 2004). Dès 10 ans

À ÉCOUTER

› *À l'ombre du flamboyant. 30 comptines créoles : Haïti, Guadeloupe, Martinique et la Réunion* (Album-CD, Didier Jeunesse, 2004)

SOUVENIRS D'ENFANTS

› De jolies poupées créoles au costume chatoyant
› Des maracas et autres instruments de musique

MEXIQUE

Des pyramides préhispaniques perdues dans la jungle aux forêts de cactus, des marchés multicolores aux fiestas endiablées, le Mexique est une mosaïque de paysages, de couleurs et de sons qui a tout pour séduire les jeunes voyageurs.

LES ENFANTS ADORERONT...

L'esprit d'aventure

» Les sites olmèques, toltèques, aztèques ou mayas. On peut sillonner pendant une journée entière les plus vastes – Chichén Itzá, Palenque à demi enfouis dans la jungle, Teotihuacán aux pyramides grandioses – ou passer une heures ou deux dans les plus petits, tout aussi passionnants.

» Les baignades dans les eaux turquoise des *cenotes* (puits naturels) et l'exploration de grottes mystérieuses dans le Quintana Roo et le Yucatán.

La vie sur la plage

» Une nuit dans un bungalow confortable à Tulum (Yucatán), à Zihuatenejo (Guerrero) ou dans les villages côtiers des environs de Veracruz (Tabasco) : pour sauter dans l'eau dès le réveil et admirer le vol matinal des pélicans.

» Les baignades avec masque et tuba au milieu des poissons et des tortues dans le Yucatán – et, pour les plus âgés, au milieu des requins-baleines au large de l'île d'Holbox.

Les animaux dans leur milieu naturel

» Les baleines que l'on peut observer, entre décembre et mars, dans les eaux de Basse-Californie.

» Les mammifères et oiseaux de la jungle du Chiapas ou de Campeche ou des lagunes du Yucatán, observables dans leur milieu naturels mais aussi dans de nombreux zoos.

Les enfants devraient facilement se faire une place dans la ronde

Les attractions en famille

» Les piscines et toboggans géants, les aquariums et les spectacles de dauphins à Mazatlán, Puerto Vallarta ou Acapulco, sur la côte pacifique centrale.

» Les manèges et montagnes russes vertigineuses du parc La Feria, à Mexico.

» Le parc d'Uruapán (Michoacán) : aux portes de la ville, des cascades en pleine jungle et des animaux en liberté qui partagent votre promenade.

L'ambiance festive

» Les jardins flottants de Xochimilco à bord d'une *trajinera*, sorte de gondole bariolée, au son des *mariachis*.

» Les animations des *zócalos*, les places principales des villes : marchands de souvenirs, cireurs de chaussures, mariachis... C'est la promenade incontournable du soir.

» Les marchés multicolores et les Indiens en costumes traditionnels, notamment dans le Chiapas.

À table !

Poulet cuisiné sous toutes les formes, viandes et poissons grillés, *burritos*, *fajitas* ou *nachos* nappés de fromage... la cuisine mexicaine comblera les enfants. Qu'ils évitent simplement de tremper les doigts dans les sauces servies à part : c'est généralement là que se cache le piment ! Les grandes tablées familiales sont fréquentes le week-end dans les restaurants mexicains et vous trouverez fréquemment des chaises hautes à disposition pour les plus petits.

QUAND EST-CE QU'ON PART ?

» Vacances : toutes.

» Le Mexique se visite agréablement toute l'année. Les régions côtières et de faible altitude, en particulier dans la moitié sud, sont chaudes et humides de mai à septembre. L'intérieur des terres jouit d'un climat plus tempéré, parfois frais le soir en altitude. Pendant la saison des pluies (mi-avril à fin octobre), les côtes du Mexique peuvent être battues par des cyclones.

COMBIEN ÇA COÛTE ?

» Vol A/R de Paris à Mexico, Cancun ou Acapulco : 500 à 900 €

» Prix moyen d'un séjour organisé "tout compris" avion + hôtel : 800 à 1 200 €

» Chambre double catégorie moyenne : 20 à 60 €. Pour quelques euros de plus, vous obtiendrez dans de nombreux hôtels une chambre triple ou un *cuarto doble* (chambre à deux lits doubles). En juillet-août et durant les vacances de Pâques, les stations balnéaires sont combles et les prix des chambres s'envolent.

» Repas dans un établissement de catégorie moyenne : 4 à 8 €

» Location de voiture : 35 à 50 €/jour

BIBLIOTHÈQUE DU PETIT VOYAGEUR

› *Contes des Indiens du Chiapas. Un peuple du Mexique*, Baptiste Condominas, Irène Schoch (Actes Sud Junior, 2009). Dès 6 ans

› *Contes du Mexique*, collectif (Milan, 2009). Dès 6 ans

› *L'Ami iguane*, Alex Cousseau (Rouergue, 2008). Dès 9 ans

› *Les Roses du Mexique*, Pam Munõz Ryan (Actes Sud Junior, 2003). Dès 13 ans

SOUVENIRS D'ENFANTS

› Les *piñatas*, figures de papier mâché pleines de bonbons, que les enfants brisent à coups de bâton en chantant : aussi populaires que le gâteau d'anniversaire chez nous !

› Les sucettes au piment ou celles contenant un *gusano* (le fameux ver que l'on retrouve au fond des bouteille de tequila) : idéales pour impressionner les copains au retour

› Des masques colorés de *luchadores*, les catcheurs mexicains vénérés comme des dieux

› Les curieuses têtes de mort en sucre omniprésentes lors du *Día de Muertos* (la fête des morts) : un jour particulièrement gai et festif

CARNET DE SANTÉ

» Le paludisme peut être contracté dans certaines zones rurales des États de Campeche, du Chiapas, de Guerrero, Michoacán, Nayarit, Quintana Roo, Sinaloa et Tabasco. Un traitement antipaludéen peut être envisagé.

» Les hôpitaux et les cliniques privées offrent des soins de qualité dans la plupart des régions du Mexique.

SE DÉPLACER SANS GALÉRER

Les routes, asphaltées et bien entretenues, desservent la majeure partie du pays. Les routes ou autoroutes à péage présentent les meilleures garanties de sécurité. Le pays compte plus de 50 aéroports : les vols intérieurs sont une solution idéale pour parcourir de longues distances avec des enfants. Des services de bus interurbains très confortables desservent tout le pays, mais les trajets peuvent être interminables. Avec ses horaires aléatoires et son confort spartiate, le réseau ferroviaire n'est pas adapté aux voyages en famille.

⚠ Précautions

→ Évitez les baignades sur les plages désertes ou non surveillées de la côte pacifique en raison de la présence possible de courants et de lames de fond.

→ Évitez les voyages de nuit en bus pour des raisons de sécurité.

🕐 Décalage horaire

→ Décalage horaire : -7 heures

→ Durée moyenne d'un vol direct Paris-Mexico : 12 heures

PÉROU

Au pays des cités d'or, la découverte de Machu Picchu et d'autres sites incas débridera l'imagination des petits rêveurs. Les nombreuses possibilités d'activités de plein air et la richesse de la faune sauvage combleront les jeunes aventuriers. Les plus contemplatifs adoreront les splendides villes à l'architecture coloniale et les bourgades andines.

LES ENFANTS ADORERONT...

Les mystères et trésors incas
» Machu Picchu, la plus célèbre des citadelles incas, toujours splendide et mystérieuse.
» Le survol des géoglyphes de Nazca dans un petit avion, pour tenter de percer l'une des plus importantes énigmes archéologiques du monde.
» Les ruines de Chan Chan, la plus vaste cité précolombienne du continent, et les impressionnants temples du Soleil et de la Lune.
» Les vestiges de Kuelap, vaste cité fortifiée perdue dans les montagnes couvertes de jungle.
» Le Museo de la Nación et le Museo de Oro del Peru (Lima) : pour comprendre la vie quotidienne inca à travers les objets et trésors retrouvés sur ces sites.

Les expéditions pleines d'aventures
» La traversée de l'époustouflant Cañón del Pato, entre des parois rocheuses hautes de 1 000 m.
» Une croisière sur l'Amazone depuis Iquitos en se balançant sur un hamac.
» Surfer sur le sable des dunes géantes de Huacachina, une oasis bordée de palmiers.

Le menu du Pérou : couleurs, sourires, plages et montagnes

Les curiosités des villes et des villages
» Les maisons colorées et les églises baroques de Trujillo, ville blottie dans un coin de désert.
» Le stupéfiant Monasterio Santa Catalina à Arequipa : un dédale de ruelles, de cours et de cellules monacales.
» L'église et le couvent San Francisco, avec ses catacombes abritant quelque 70 000 sépultures. Pour les amateurs de frissons...
» Le lac Titicaca et les Islas Flotantes du peuple Uros : ces "îles flottantes" faites de roseau tressé supportent des habitations également en roseau.
» Les fêtes bigarrées autour du lac Titicaca, notamment à Puno, et celles de Cuzco, la plus ancienne ville habitée du continent bordée de remparts incas.

Les animaux sur terre et dans l'eau
» Les manchots de Humboldt, les flamants du Chili et les lions de mer lors d'une excursion en bateau vers les Islas Ballestas.
» Le vol des condors au-dessus du Cañón del Colca au départ de Cabanaconde.
» La faune et la flore de la jungle amazonienne à Tarapato, sans quitter le confort d'une route goudronnée.
» Le zoo de Lima et ses 210 spécimens de la faune péruvienne : pour voir les animaux entendus dans la jungle.

> ### À table !
> Pas de surprise puisqu'elle est originaire du Pérou : la pomme de terre est partout. Mais pas de frites au menu : c'est dans les soupes, les salades froides ou sous forme de beignets qu'elle s'invite le plus souvent. Pour combler une petite faim ou un repas rapide, évitez les plats de rue et dirigez-vous vers les *pollerías* (restaurant de poulet rôti) ou dans une boulangerie, où les enfants se régaleront d'*empanadas* (chaussons à la viande ou au fromage) et de sandwichs variés. Mieux vaut éviter le *ceviche* (le plat national à base de poissons et fruits de mer marinés), à moins d'être sûr du sérieux du restaurant. Dans tous les cas, les estomacs seront calés par les desserts très sucrés, comme le *suspiro limeñō*, sorte de pudding au caramel surmonté de meringue.

QUAND EST-CE QU'ON PART ?

» Vacances : toutes.
» Le pays se visite toute l'année, l'été et l'hiver couvrant des périodes différentes selon les régions. Dans la cordillère, les pluies sont fréquentes entre décembre et mars, quand les températures sont les plus chaudes sur la côte. Excepté au nord, la côte disparaît de mai à mi-septembre sous une brume côtière, la *garúa*. Dans la forêt amazonienne, les températures montent jusqu'à 35°C durant la saison humide (entre décembre et avril).

COMBIEN ÇA COÛTE ?

» Vol A/R Paris-Lima : entre 750 et 1 100 €
» Prix moyen d'un circuit organisé "tout compris" avion + hôtel : à partir de 2 000 € pour 10 jours
» Chambre double catégorie moyenne : 25 à 75 €
» Repas dans un établissement de catégorie moyenne : 5 à 10 €. Les plats peuvent souvent être partagés entre un adulte et un enfant.
» Location de voiture : 35 à 50 €/jour

🄵 Précautions

↝ N'emmenez pas les enfants de moins de trois ans au-dessus de 1 900 mètres d'altitude (voir p. 11).

🄵 Décalage horaire

↝ Décalage horaire : -6 heures en hiver, -7 heures en été
↝ Durée moyenne d'un vol direct Paris-Lima : 14 heures

CARNET DE SANTÉ

» Une grande partie du territoire péruvien se trouve en haute altitude (Machu Picchu est situé à environ 2 500 mètres, le lac Titicaca à 3 820 mètres et Cuzco à 3 326 mètres). Le mal des montagnes, ou *soroche*, peut apparaître dès 2 500 mètres. Il faut être vigilant, surtout avec des enfants. Grimpez par palier et dormez toujours à une altitude inférieure à celle atteinte dans la journée.
» La prise d'un traitement antipaludéen est recommandée lors d'un séjour dans la jungle.
» Les vaccins contre l'hépatite A, la typhoïde (à partir de 2 ans) et la rage sont conseillés ; en cas de long séjour, celui contre l'hépatite B aussi.
» Pour l'Amazonie, le vaccin contre la fièvre jaune est vivement recommandé (vaccin déconseillé aux bébés de moins de 9 mois).

SE DÉPLACER SANS GALÉRER

Les bus constituent le mode de transport le plus usité et le plus pratique du pays. Toutefois, évitez les trajets de nuit, davantage sujets aux attaques. Les vols intérieurs peuvent être une bonne alternative (mais recherchez sur Internet la liste des compagnies peu sûres avant le départ !). En ville, les déplacements en taxi (préférez toujours les taxis officiels) vous sembleront bien plus simples qu'en bus. Enfin, si vous souhaitez louer une voiture, réservez plutôt cette option pour effectuer des déplacements depuis une ville étape. Réserver le train pour Machu Picchu.

BIBLIOTHÈQUE DU PETIT VOYAGEUR

› *Tomazino, enfant du Pérou*, Hervé Giraud (PEMF, coll. Enfants du monde, 2007). Dès 6 ans
› *Au sommet des Andes. Un voyage au Pérou*, Françoise de Guibert, Aurélia Fronty (Hatier, coll. Albums du monde, 2008). Dès 6 ans
› *L'Amérique précolombienne. Au temps des Mayas, des Aztèques et des Incas*, Louis-René Nougier (Hachette Jeunesse, coll. La Vie privée des hommes, 2004). Dès 8 ans
› *Les Voyages d'Alix. Les Incas*, Jacques Martin, Torton (Casterman, 2006). Dès 10 ans

À ÉCOUTER

› *Les Contes du condor* (Arb Music, 2010)

SOUVENIRS D'ENFANTS

› Des flûtes de Pan et des ocarinas aux formes variées

Pacifique

La magie des antipodes vous gagne-t-elle ? Tant mieux, car ce rêve est aujourd'hui accessible aux familles. Malgré la distance et la durée des vols (au minimum 20 heures), l'Océanie et les îles du Pacifique sont devenues plus abordables.

Sous l'effet de la concurrence, les vols à destination de l'Australie et de la Nouvelle-Zélande sont à peine plus chers que ceux pour l'océan Indien, et les compagnies desservant cette région, réputées parmi les meilleures du monde, proposent d'excellents services à bord (écran vidéo, films et jeux pour enfants) qui rendent le trajet moins pénible. Une astuce pour casser la longueur du voyage : faites un "stop over" à l'escale (Singapour, Bangkok, Dubaï…).

Sur place, le dépaysement fait tout oublier. Avec ses animaux bizarres, l'Australie a des airs de gigantesque parc d'attractions. Se retrouver nez à nez avec un kangourou, un opossum, un wombat, un koala ou un wallaby… c'est une expérience inoubliable pour un enfant. En Nouvelle-Zélande, toute la famille passe en mode "actif" et se retrouve autour des activités de pleine nature, dans le cadre grandiose des fjords, des montagnes et paysages volcaniques. Au programme : canyoning, randonnée pédestre, rafting et "zorbing", dans d'excellentes conditions de sécurité et d'encadrement. Et n'oubliez pas d'assister à un match de rugby, à l'ambiance surchauffée !

En Nouvelle-Calédonie et en Polynésie, les joies de l'eau sont au rendez-vous : s'initier à la plongée dans un lagon cristallin, observer des raies mantas, des petits requins (inoffensifs), nager avec des dauphins et des baleines et pique-niquer sur un îlot désert. L'absence de barrière linguistique constitue un réel avantage. Côté hébergement, soyez sans crainte : on trouve à se loger chez l'habitant à des tarifs comparables à ceux de la France. En Nouvelle-Calédonie, toute la famille peut dormir dans une case mélanésienne !

AUSTRALIE

L'Australie ressemble à un eldorado pour les familles qui veulent jouer aux aventuriers en toute sécurité. Les kangourous, koalas et autres animaux bizarres épateront les plus jeunes. Les préados préféreront l'attrait du surf, de la plongée ou l'*outback*, aux faux airs de Far West.

LES ENFANTS ADORERONT…

La nature en très grand

» Kings Canyon (Watarrka National Park) : une faille impressionnante au cœur du désert rouge.

» La Gold Coast (Brisbane), le "paradis des surfers" : pour s'initier au surf et admirer les prouesses des plus grands.

» L'Outback, le bush australien, ses paysages arides et ses villes fantomatiques dignes des westerns.

» Les plages : elles sont 7 000 au total, surveillées par 112 600 sauveteurs !

» Les îles : la Tasmanie, à découvrir dans le train à crémaillère Wilderness Railway, les paysages sauvages des Whitsunday Islands (Queensland) et des Tiwi Islands (Territoire du Nord).

» La Grande Barrière de corail dont on peut admirer les splendeurs avec masque et tuba ou lors d'un périple en bateau à fond de verre – ou encore en visitant l'aquarium de Sydney.

» Les *tingle*, eucalyptus hauts comme des cathédrales de la Vallée des Géants.

Le pays des kangourous

» Les animaux typiquement australiens aux noms étranges – wombat, quokka, casoar, émeu… et bien sûr les kangourous – que l'on peut observer dans les nombreux zoos, notamment le Taronga Zoo de Sydney, l'un des plus beaux du monde.

Pour les plages, destination la côte est, de Sydney à Cairns

À table !

Poissons et crustacés délicieux côté mer, viandes savoureuses (parfois d'autruche et de kangourou !), fruits et légumes en abondance dans les terres : la cuisine australienne est variée. Les influences étrangères sont nombreuses dans les villes, où l'on trouve de quoi manger sur le pouce un peu partout. Les enfants se satisferont sans doute de la cuisine des pubs, qui propose des classiques : saucisse-purée, pizzas, pâtes et salades composées. Sur les plages, vous trouverez souvent des baraques à *fish and chips*, généralement très bons (et souvent préparés avec de la chair de requin).

» Les koalas à l'air doux, que l'on caressera au Lone Pine Koala Sanctuary, près de Brisbane.

» Observer les requins, les baleines et… les requins-baleines sur la côte sud.

» Les crocodiles sauteurs lors d'une sortie organisée sur l'Adelaide River et ceux, plus calmes, du Crocodylus Park & Zoo de Darwin.

La magie de la culture aborigène

» Les couleurs d'Uluru (Ayers Rock), monolithe énigmatique et le plus grand site sacré des Aborigènes.

» Le Kakadu National Park, au nord, ou la péninsule du Cap York, à l'extrême sud, pour découvrir cette culture ancienne et complexe.

» S'initier à la merveilleuse peinture du Temps des Rêves, au centre culturel d'Uluru-Kata Tjuta.

Des attractions parfaites pour les petits

» Les parcs de loisirs de la Gold Coast : le Spacewalker, le parc aquatique Sea World, ou le Warner Bros Movie World pour rencontrer Shrek et Scoubidou.

» Les parcs à thème pour voyager dans le passé : le Pioneer Settlement à Swan Hill, reconstitution d'un bateau à aube, et Sovereign Hill, reproduction d'une cité aurifère.

QUAND EST-CE QU'ON PART ?

» Vacances : toutes.

» On peut voyager en Australie toute l'année, car il fait toujours beau quelque part. Dans le centre et le Sud, les saisons sont inversées par rapport à nos latitudes (été de décembre à février et hiver doux de juin à août). Dans le Nord, il existe deux saisons, sèche (mai à octobre) et humide (novembre à avril).

COMBIEN ÇA COÛTE ?

» Vol A/R Paris-Sydney : 1 000 à 2 000 €

» Prix moyen d'un séjour "tout compris" : à partir de 2 000 € la semaine

» Chambre double catégorie moyenne : 60 à 125 €

» Repas dans un établissement de catégorie moyenne : 14 à 20 €

» Location de voiture : 58 à 105 €/jour pour un petit 4x4

» Location de camping-car : à partir de 60 €/jour pour 4 couchettes

» Un tarif "famille" avantageux (jusqu'à 50% de réduction) est proposé pour de nombreuses attractions, hôtels et transports

❶ Précautions

Ne sous-estimez pas les distances et les durées des trajets dans l'organisation de votre voyage, surtout avec des enfants.

Si vous voyagez en voiture dans les zones désertiques et isolées de l'Outback, prévoyez d'importantes réserves d'eau et un bidon d'essence.

🕐 Décalage horaire

Décalage horaire : +8 heures à +10 heures

Durée moyenne d'un vol "direct" (il y a toujours au moins 1 escale technique) Paris-Sydney : 22 heures

CARNET DE SANTÉ

Outre les vaccins obligatoires en France, il est conseillé de faire vacciner les enfants contre l'hépatite B.

SE DÉPLACER SANS GALÉRER

Si votre temps est limité, un vol intérieur sera sans doute incontournable. Si le bus peut s'avérer pratique (contrairement au train), l'idéal est encore de louer son propre véhicule. Compte tenu des distances, les enfants apprécieront le confort d'un camping-car, d'autant que les campings offrent de bonnes infrastructures (piscine, barbecue) pour pas trop cher. Il est conseillé de réserver depuis la France, surtout pendant les périodes de vacances. Une seule chose à retenir : on roule à gauche !

BIBLIOTHÈQUE DU PETIT VOYAGEUR

> *Une peinture de rêve, un voyage en Australie*, C. Hahn (Nathan, coll. Albums du monde, 2007). Dès 3 ans

> *Tinkiri, Lachian et Liang vivent en Australie*, A. Langlois, illustré par S. Duffet (La Martinière, coll. Enfants d'ailleurs, 2008). Dès 8 ans

> *Contes aborigènes*, James Vance Marshall, illustré par Francis Firebrace (Circonflexe, coll. Contes du monde, 2010). Dès 7 ans

À ÉCOUTER

> *Un conte des Aborigènes d'Australie. La couleur des oiseaux* (livre + CD, Nathan, 2003)

SOUVENIRS D'ENFANTS

Un didjeridoo, l'incontournable instrument à vent aussi agréable au son qu'à l'œil

Un adorable koala en peluche

Un boomerang

NOUVELLE-CALÉDONIE ET VANUATU

Un voyage au bout du monde dans la France d'outre-mer : une façon dépaysante mais rassurante de partir en famille dans le Pacifique. Des paysages vierges, une mer turquoise oscillant entre 21 et 28°C… et la coexistence complexe des cultures kanakes, polynésiennes, européennes et asiatiques. L'"île de l'éternel printemps" mérite bien son surnom, et que ce soit sur le Caillou (l'île principale) ou sur les autres îles de l'archipel, les Métros (Français de métropole) sont toujours bien accueillis.

LES ENFANTS ADORERONT…
La nature pour terrain de jeu

» Les lagons ceinturés par les récifs coralliens où s'épanouissent plus de 2 000 espèces de poissons, idéaux pour initier les enfants à la plongée ou faire une balade en bateau ; les plages pour jouer et collectionner les coquillages.

» Les îles à explorer : l'île des Pins, les îles Loyauté et, plus loin, l'archipel volcanique du Vanuatu, qui forme un État indépendant.

» La montagne calédonienne, pour faire des balades à cheval ou une descente en canoë en famille.

» Le parc provincial de la Rivière Bleue, dans le Grand Sud, où alternent collines de terre rouge, lacs et rivières.

» La brousse où pousse le niaouli, arbre de la savane.

» La forêt tropicale, ponctuée de cascades, de pics rocheux et de baies splendides.

Le "poil au nez" et autres curiosités

» Le cagou, un oiseau qui ne vole pas et dont le cri ressemble à un jappement de chien : il est joliment surnommé "poil au nez" ; c'est l'emblème de la Nouvelle-Calédonie !

» Le crabe des cocotiers… en fait un gigantesque (mais vraiment gigantesque) bernard-l'ermite.

» Le dugong ou "vache marine", un mélange entre le dauphin et le lamantin, dont les derniers survivants peuplent les lagunes.

» Le nautile, animal fossile à découvrir à l'aquarium de Nouméa – ou par 600 mètres de profondeur.

» Le poisson-feuille, le poisson-papillon, le poisson-ballon, le poisson-pierre, le poisson-vache… les mérous, les tortues, les raies, les requins, les baleines, les dauphins…

Les enfants établiront facilement le contact dans ce territoire français

Partager le quotidien des Kanaks et des *stockmen*

» Découvrir la culture kanake au centre culturel Tjibaou de Nouméa, magnifique édifice conçu par Renzo Piano. Les enfants seront séduits par les cases traditionnelles typiques de chaque province présentées dans le parc.

» Aller à la rencontre des tribus dans les villages traditionnels et participer à des activités de tressage, pêche, sculpture…

» Les excursions en pirogue traditionnelle dans les lagons.

» Partir à cheval avec les *stockmen* (cow-boys calédoniens).

QUAND EST-CE QU'ON PART ?

» Vacances : printemps, été, Toussaint.
» 18°C en juillet et 25°C en février : avec de telles températures moyennes, on part toute l'année, mais les conditions sont optimales entre fin septembre et fin novembre (et les vols moins chers). Il existe bien sûr des variations selon la région et l'altitude : la côte ouest est, de manière générale, moins arrosée. Quelques courtes précipitations tropicales ponctuent l'été austral (décembre à mars), qui est aussi la saison des cyclones.

COMBIEN ÇA COÛTE ?

» Vol A/R Paris-Nouméa : de 1 500 à 2 000 €
» Prix moyen d'un séjour organisé "tout compris" avion + hôtel : 2 500 €/semaine
» Chambre double catégorie moyenne : 50 à 100 €
» Repas dans un établissement de catégorie moyenne : 8 à 16 €
» Location de voiture : à partir de 25 €/jour

ⓘ Précautions

➤ Prévoyez du temps à l'arrivée pour que les enfants se remettent du décalage. Un peu de farniente en bord de plage, c'est l'idéal : par exemple à l'île Canard, à 5 minutes en bateau de Nouméa.
➤ Attention à la climatisation. Prévoyez une petite laine pour les enfants.
➤ Désinfectez bien les blessures dues aux coraux.

🕑 Décalage horaire

➤ Décalage horaire : +9 heures en été, +10 heures en hiver
➤ Durée moyenne d'un vol "direct" (il y a toujours au moins 1 escale technique) Paris-Nouméa : 22 heures

À table !

Le riz accompagne sans modération viandes (poulet, cerf, bœuf calédonien), poissons et crustacés – le tout préparé de manières très diverses, car la cuisine calédonienne intègre les influences française, kanake, indonésienne (souvent très épicée), polynésienne et asiatique. À Nouméa, où les restaurants sont nombreux, vous aurez l'embarras du choix pour satisfaire les enfants. Faites goûter aux petits le *bougna*, un plat kanak très répandu, sorte de ragoût de viande ou de poisson au lait de coco cuit à l'étouffée dans des feuilles de bananier.

CARNET DE SANTÉ

» Les vaccins contre les hépatites A et B peuvent être conseillés selon la durée du séjour.
» Prenez garde aux piqûres d'insectes, fréquentes en forêt – certaines peuvent être douloureuses.
» Les moustiques sont voraces à la saison des pluies. Ils peuvent transmettre la dengue – une fièvre parfois dangereuse –, mais pas le paludisme.

SE DÉPLACER SANS GALÉRER

Des vols relient plusieurs villes de Grande-Terre et certaines îles – le pass touristique peut être une option intéressante (réserver à l'avance pour l'île des Pins, très prisée). Le Betico est un grand catamaran rapide permettant d'accéder à l'île des Pins et aux îles Loyauté. Pour visiter Grande-Terre, le bus est une solution pratique et fiable, mais la location d'une voiture demeure idéale. Évitez toutefois de rouler de nuit (les routes sont mal éclairées, les piétons et animaux fréquents).

BIBLIOTHÈQUE DU PETIT VOYAGEUR

» *Lifou*, Didier Lévy (Sarbacane, 2004). Dès 6 ans
» *Meyeno*, Réséda Lagabrielle (livre-CD ; Grain de Sable – Centre culturel Tjibaou, 2006). Dès 5 ans
» *Le Petit Marcel illustré, encyclopédie revisitée de Nouvelle-Calédonie*, Bernard Berger (La Brousse en folie, 2009). Dès 12 ans

SOUVENIRS D'ENFANTS

» Des petites sculptures traditionnelles en bois

NOUVELLE-ZÉLANDE

Envie de se retrouver enfin en famille au calme, seuls au sein de grands espaces sauvages ? Optez pour la Nouvelle-Zélande et pourquoi pas en camping-car ! Patrie des Maoris et des All Blacks, lieu de tournage du *Seigneur des Anneaux*, la Nouvelle-Zélande est surtout une destination nature, véritable cocktail énergisant pour petits et grands. Au programme : sport, aventure et paysages grandioses, le tout dans des conditions de confort optimales.

LES ENFANTS ADORERONT...
Se dépenser sans compter

»   Descendre les rivières en rafting, canoë, kayak, jet boat ou surf rafting.
»   Plonger avec ou sans bouteille.
»   Pratiquer la voile ou le ski nautique.
»   Descendre les pistes des Alpes néo-zélandaises entre juin et octobre.
»   Randonner à pied, à VTT, à ski ou à cheval.

Les paysages du *Seigneur des Anneaux*

»   Le sublime Tasman Glacier, le plus long du pays, à découvrir lors d'une excursion en Zodiac. Pour tout connaître des glaciers, l'Antarctic Center, à Christchurch, est incontournable.
»   La Waipoura Forest, le royaume des Kauri – ces arbres géants qui, pour certains, ont 2 000 ans !
»   Les fjords et les cascades à l'occasion d'une mini-croisière dans le Doubtful Sound.

> ### À table !
> De nombreux restaurants prévoient une aire de jeux pour les enfants et un menu leur est généralement destiné – le plus souvent un *fish and chips* (poisson pané avec des frites) ou des burgers. La viande, notamment l'agneau, est d'excellente qualité, comme de nombreux autres produits locaux : fruits, légumes, mais aussi une grande variété de fromages ! Les poissons et les fruits de mer sont aussi fameux : les enfants vont ouvrir de grands yeux devant les moules, délicieuses mais… géantes ! Côté dessert, les enfants plébisciteront les glaces savoureuses et la pâtisserie nationale, la *pavlova*, une meringue aux fruits.

»   La plage des Moeraki Boulders, énormes rochers en forme de boules, et la colonie de manchots bleus d'Oamaru.
»   Les geysers du Blowhole et de Te Puia, et bien d'autres phénomènes géologiques à la Wai-O-Tapu Thermal Reserve.
»   Les volcans majestueux, tels le Ruapehu et le Ngauruhoe du Tongariro National Park.
»   L'avancée sur le ponton de 660 mètres de longueur de Tolaga Bay.

Les Kiwis, les kiwis et... les kiwis

»   Les Kiwis (surnom des Néo-Zélandais), dont la culture mêle les apports anglo-saxons et les traditions maories : danse, chant et tatouage, et bien sûr l'impressionnant *haka* des guerriers.
»   Les kiwis (les fruits) : ne pas manquer le Kixi 3620 à Te Puke, une visite des vergers à bord de petits wagons en forme de… kiwi !
»   Embarquer pour Kapiti Island, réserve naturelle abritant plus de 1 000 kiwis – le petit oiseau symbole du pays.

La Nouvelle-Zélande, terre de choix pour vos Hobbits

QUAND EST-CE QU'ON PART ?

» Vacances : hiver, printemps, Toussaint, Noël.
» Les mois chauds (de novembre à avril) sont propices à l'exploration de la nature ; c'est aussi la saison des festivals et des événements sportifs. Entre juin et août, les stations de ski sont très fréquentées, alors que les villes balnéaires tournent un peu au ralenti. Attention, un séjour au moment des fêtes de fin d'année se prévoit bien en avance, les hébergements comme les transports sont pris d'assaut à cette période. D'une manière générale, il fait toujours un peu plus froid au sud qu'au nord du pays, plus pluvieux à l'ouest qu'à l'est et, le climat étant océanique, le temps peut changer à une vitesse étonnante.

CARNET DE SANTÉ

» Le vaccin contre l'hépatite B est recommandé.
» Dans les zones rurales, où les cas de rage existent, évitez le contact avec les animaux.

COMBIEN ÇA COÛTE ?

» Vol A/R Paris-Auckland : 1 100 à 1 500 €
» Chambre double catégorie moyenne : 45 à 80 €
» Repas dans un établissement de catégorie moyenne : 8 à 16 €
» Location de voiture : à partir de 25 €/jour
» Locatin d'un camping-car 4 places : 250 €/jour

SE DÉPLACER SANS GALÉRER

La meilleure façon de sillonner la Nouvelle-Zélande est la voiture, la location est peu chère et les routes en bon état (attention, la conduite est à gauche). Mais la manière de visiter la Nouvelle-Zélande de plus en plus populaire, surtout en famille, c'est en camping-car ! Des ferries assurent les navettes entre les deux îles à une fréquence élevée, mais, si l'on dispose de peu de temps, on peut traverser le pays sur des vols domestiques à des prix très corrects. Le train est rapide, mais le réseau est insuffisant sur l'île du Sud, contrairement au réseau de bus, transport qui peut toutefois s'avérer assez lent et même coûteux.

❗ Précautions

⤳ "*Lock it or lose it*" : ce panneau répandu sur les aires de parking résume bien le risque qui pèse sur les objets que vous laisseriez dans votre véhicule.
⤳ Même en été, le soleil peut faire place en quelques minutes à de fortes pluies et à des vents violents. Équipez-vous en conséquence.
⤳ La baignade n'est pas autorisée sur toutes les plages : toujours bien se renseigner et ne jamais laisser les enfants sans surveillance.

🕓 Décalage horaire

⤳ Décalage horaire : +10 heures en été, +12 heures en hiver
⤳ Durée moyenne d'un vol Paris-Auckland : environ 25 heures (avec escale)

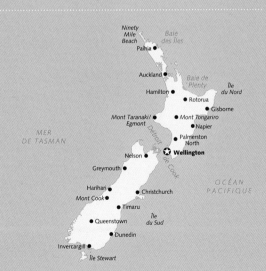

BIBLIOTHÈQUE DU PETIT VOYAGEUR

› *Histoires des Maori, un peuple d'Océanie*, Claire Merleau-Ponty, Cécile Mozziconacci, Joëlle Jolivet (Actes Sud Junior, 2006). Dès 11 ans
› *Kahu, fille des baleines*, Witi Ihimaera (Au vent des îles, 2009). Dès 6 ans
› *Taonga, trésor des peuples*, C. Lavaquerie-Klein (Réunion des musées nationaux, 2006). Dès 9 ans

SOUVENIRS D'ENFANTS

› Un *kiwido*, jeu d'adresse maori consistant à faire tourner des rubans à toute vitesse, ou un poi, une paire de balles attachées au bout de ficelles
› Un petit kiwi en peluche
› Un maillot des All Blacks

TAHITI ET LA POLYNÉSIE FRANÇAISE

Tahiti, Bora Bora… les vahinés et la suave odeur du monoï… Un rêve pour les parents et un paradis pour les enfants. Climat, cadre naturel, joies de l'eau et confort général : ces îles françaises situées aux antipodes n'usurpent pas leur réputation. Moins fréquentées, tout aussi splendides, les autres îles polynésiennes séduiront les enfants par leur authenticité, et les parents par des prix moins prohibitifs.

LES ENFANTS ADORERONT…

Un univers entre terre et mer

» Tahiti, la plus célèbre île de Polynésie, et Papeete, la capitale. À une heure de bateau, Moorea, avec ses lagons et vestiges archéologiques, est la seconde des îles du Vent.

» Huahine, Raiatea et Tahaa, Bora Bora (la plus touristique) et Maupiti : ces îles aux noms de princesses forment l'archipel des îles Sous-le-Vent, aux lagons splendides.

» Les Tuamotu, un archipel de 77 atolls et les lagons les plus poissonneux du monde.

» Les Gambier, minuscule archipel à 1 700 km de Papeete : un authentique bout du monde.

» Les Marquises, tout en reliefs hérissés couverts de forêts épaisses, avec des falaises tombant dans la mer et de nombreux sites archéologiques.

» Les Australes, à 1 heure 30 en avion de Papeete : le royaume de l'écotourisme.

Les expéditions sous l'eau

» Les amis de Némo, bien visibles même la tête hors de l'eau dans la transparence des lagons.

» La plongée, possible à partir de 8 ans, et proposée par de nombreux centres agréés.

» Marcher sous l'eau à trois mètres de profondeur dans un jardin de corail ! Une expérience étonnante ouverte à toute la famille (à partir de 6 ans) grâce à un casque de scaphandrier (avec Aqua Safari, à Bora Bora, et Aqua Blue, à Moorea).

Les aventures insulaires

» Les balades en trucks (de gros bus multicolores équipés de planches de bois), à vélo ou en 4x4 pour découvrir l'intérieur des îles.

» Dormir dans un bungalow sur pilotis.

» Accéder en pirogue ou en bateau à moteur à un *motu*, ces îlots sauvages posés sur les barrières de corail où se nichent les plus belles plages.

La faune maritime est à portée de main dans les lagons polynésiens

» Observer les baleines à bosse et les dauphins lors d'une excursion en bateau, et même participer à un *ray feeding*.

Les tikis et les fêtes ma'ohi

» Partir à la chasse aux tikis (statues traditionnelles) dans la jungle. Les plus grands se trouvent dans l'île d'Hiva Oa (Marquises), sur les sites archéologiques de Taaoa et de Lipona.

» Assister au *heiva* ("fête") à Papeete et dans les autres îles entre fin juin et fin juillet : au programme, concours de danse et de chants polyphoniques polynésiens, courses de va'a (pirogues) et sports traditionnels, dont le lever de pierre.

QUAND EST-CE QU'ON PART ?

» Vacances : printemps, été, Toussaint.
» Même s'il existe des différences de climat d'une île à l'autre, les températures sont clémentes toute l'année. La période la plus agréable correspond à la saison sèche, entre juin et octobre, où les températures sont plus douces. Évitez la saison des pluies entre novembre et mars, où il peut pleuvoir plusieurs jours sans interruption.

COMBIEN ÇA COÛTE ?

» Vol A/R Paris-Papeete : 1 500 à 2 200 €
» Prix moyen d'un séjour ou circuit "tout compris" avion + hôtel : à partir de 3 200 €/2 semaines
» Chambre double catégorie moyenne : 80 à 170 €
» Repas dans un établissement de catégorie moyenne : 13 à 26 €
» Location de voiture : à partir de 80 €/jour
» Pass inter-îles (avion) : à partir de 250 € pour un adulte, valable 28 jours

❗ Précautions

→ Pour la plongée, veillez à ce que le matériel soit adapté à la morphologie de l'enfant (masque, taille de la bouteille, etc.).

🕐 Décalage horaire

→ Décalage horaire : -12 heures en été, -11 heures en hiver
→ Durée moyenne d'un vol "direct" (il y a toujours au moins 1 escale technique) Paris-Papeete : 22 heures

À table !

Même si volailles et viandes rouges sont présentes (et savoureuses), le poisson, cuit ou cru (les enfants, souvent, adorent), est incontournable. C'est à Tahiti, Bora Bora et Moorea que l'offre culinaire est la plus variée, avec de nombreux restaurants servant des spécialités françaises, chinoises et polynésiennes, tandis que le duo riz-poisson domine, par exemple, dans les atolls de Tuamotu. Plat de fête, le *ahima'a* (cochon de lait cuit à l'étouffée) aura sans doute du succès. Côté dessert, les petits auront le choix entre les pâtisseries "à la française", les fruits, mais aussi des saveurs plus typiques comme le *faraoa coco*, un savoureux gâteau au coco.

CARNET DE SANTÉ

» À part les coups de soleil et les piqûres de moustique, les enfants n'ont pas grand-chose à redouter sur ces îles.
» Veillez à bien nettoyer les plaies et coupures dues aux coraux.

SE DÉPLACER SANS GALÉRER

Les pass inter-îles proposés par Air Tahiti sont un moyen efficace et rapide pour planifier son séjour. Le bateau est l'autre moyen de circuler d'une île à l'autre. Pour parcourir une île, privilégiez les trucks (bus) et le vélo pour les petites virées. La location d'une voiture est facilement envisageable, mais sachez que les conditions de circulation (qualité des routes, relief) sont très variables d'une île à l'autre.

BIBLIOTHÈQUE DU PETIT VOYAGEUR

» *Les Jumeaux du Temehani*, Odette Teipoite Marama Frogier (Au vent des îles, 2002). Dès 7 ans
» *Le Marar du grand banian*, Patrick Chastel (Au vent des îles, 2009). Dès 8 ans
» *Kahu, fille des baleines*, Witi Ihimaera (Au vent des îles, 2009). Dès 10 ans

À ÉCOUTER

» *Voyages et rencontres à Tahiti* (livre-CD, Enfance & découvertes, 2007)

SOUVENIRS D'ENFANTS

» Un ukulélé ou un pu – un coquillage dans lequel on souffle, et ça fait… "puuu" !

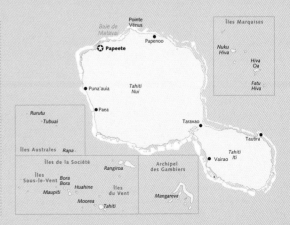

INDEX

→ PAR PAYS

→ PAR VACANCES

VOYAGER AVEC SES ENFANTS
La bible des parents voyageurs
1re édition, octobre 2010

place
des
éditeurs

© Lonely Planet 2010,
12 avenue d'Italie, 75627 Paris Cedex 13
☎ 01 44 16 05 00
🖳 www.lonelyplanet.fr

Photogravure Nord Compo
Imprimé par Chirat
Saint-Just-La-Pendue, France

La plupart des photos publiées
dans ce guide sont disponibles auprès
de Lonely Planet Images
www.lonelyplanetimages.com

Dépôt légal
Octobre 2010
ISBN 978-2-81610-608-4

Responsable éditorial Didier Férat
Coordination éditoriale Dominique Bovet
**Conception graphique
et mise en page** Valérie Police
Création couverture Alexandre Marchand
Rédaction Sandrine Gallotta
Cartographie Wayne Murphy et Paul Piaia,
adaptation française Afdec
Relecture Marjorie Bensaada

Un grand merci à Gudrun Fricke pour avoir endossé avec brio la tenue de Zoro
Merci également à Dominique Spaety et à toute l'équipe Lonely Planet

Photographies de 1re de couverture
(de gauche à droite)
1 : David Tomlinson / LPI, Navigation sur la Méditerranée
2 : Philip et Karen Smith / LPI, Rencontre avec un perroquet à Cuba
3 : Philip et Karen Smith / LPI, Des enfants courent sur une plage de Tahiti
4 : Jane Sweeney / LPI, Dans le Chitwan National Park, au Népal

Photographies de 4e de couverture
(de gauche à droite)
1 : Frédérique Sarfati-Romano, Dans le désert de Wadi Rum, en Jordanie
2 : Guylain Doyle / LPI, Sur l'île de la Madeleine, au Québec
3 : David Wall / LPI, Au bout d'une jetée, île du Sud, Nouvelle-Zélande
4 : Philip et Karen Smith / LPI, VTT près de Moab, Utah, États-Unis

**Photographies de l'intérieur (toutes ces photographies sont disponibles
auprès de Lonely Planet Images)**
p. 4, 6, 18, 20, 30, 34, 36, 40 g, 41 g, 41 m, 42 d, 43 g, 80, 104, 114, 118, 126, 136, 196,
204, 212-213, 220 Philip et Karen Smith, p. 8, 28 Cheyenne Rouse, p. 9 Guy Moberly,
p. 11, 218 David Wall, p. 14, 38 Andrew Peacock, p. 16, 23, 42 m, 166 Greg Elms, p. 17,
21 Cathy Finch, p. 19 Chris Mellor, p. 22 Sally Dillon, p. 24, 98 Corinne Humphrey,
p. 27 Richard Nebesky, p. 32, 64, 82, 128 Holger Leue, p. 40 m Michael Coyne, p. 40 d
Ricardo Gomes, p. 41 d David Peevers, p. 42 g Richard Cummins, p. 43 m Oliver
Strewe, p. 43 d Anthony Plummer, p. 44 Brian Cruickshank, p. 46-47 Krzysztof
Dydynski, p. 48 Dennis Johnson, p. 50, 76 Doug McKinlay, p. 52, 60, 62 Ruth Eastham
et Max Paoli, p. 54 Veronica Garbutt, p. 56 Wayne Walton, p. 58 David Ryan, p. 66
Paul Kennedy, p. 68 Rachel Lewis, p. 70 John Borthwick, p. 72 George Tsafos, p. 74
Wade Eakle, p. 78, 116 Frans Lemmens, p. 84, 88 Jean-Pierre Lescourret, p. 86, 162, 206
Richard l'Anson, p. 90, 152 Izzet Keribar, p. 92 Will Salter, p. 94, 140 Craig Pershouse,
p. 96 Bethune Carmichael, p. 100, 102, 106 Jonathan Smith, p. 108, 110 Martin Moos,
p. 112-113, 130, 132 Olivier Cirendini, p. 120 Tom Cockrem, p. 122 Ariadne Van
Zandbergen, p. 124 David Else, p. 134, 142-143, 144 Christian Aslund, p. 146 Lou
Jones, p. 148 Clint Lucas, p. 150 Christina Dameyer, p. 154-155 Bernard Napthine,
p. 156, 170, 172, 176 Felix Hug, p. 158 Keren Su, p. 160, 168 Anders Blomqvist, p. 164
Gregory Adams, p. 174 Jane Sweeney, p. 178 Juliet Coombe, p. 180 Austin Bush, p. 182
John Sones, p. 184-185 Eric Wheater, p. 186 Mark Newman, p. 188 Karl Lehmann,
p. 190 Viviane Ponti, p. 192 Christopher Herwig, p. 194 Roberto Gerometta, p. 198
Christopher Baker, p. 200, 210 Ralph Hopkins, p. 202 Dan Herrick, p. 208 Dan Gair,
p. 214 Oliver Strewe, p. 216 Leanne Logan